Liden & Denz
Межкультурный институт языков

Я ♥ Русский Язык
14 уроков для начинающих

I love Russian
14 lessons for Beginners

Учебное пособие
2-е издание

2017

Как распознать QR-код
Инструкция

Задания с использованием аудио-материалов обозначены специальным значком 🔊

1 Установите программу для сканирования QR-кодов на свое мобильное устройство и запустите ее.

2 Наведите объектив камеры на картинку QR-кода. Код распознается втоматически, либо нажмите на соответствующую кнопку для активации сканера.

3 Ваше мобильное устройство запустит плеер и воспроизведение соответствующего модуля.

4 Для дальнейшей навигации между уроками и модулями можно воспользоваться верхним меню.

Если Вы хотите прослушать задания на компьютере, полный список адресов библиотеки заданий находится в конце учебного пособия на странице 190.

Дорогие друзья и коллеги!

Предлагаем вашему вниманию наше учебное пособие «Я ❤ Русский Язык», предназначенное для обучения иностранных граждан русскому языку на начальном этапе обучения и адресованное взрослой аудитории.

«Я ❤ Русский Язык» состоит из вводного фонетического курса и 14 уроков, рассчитанных на 100–120 часов аудиторного времени. В конце каждого урока помещен список изученных на уроке слов и конструкций, а также задания для домашней и самостоятельной работы.
В приложении вы найдете общие сведения по русской грамматике.
Нами также подготовлена книга для преподавателя, в которой вы найдете рекомендации по ведению каждого урока, ключи к заданиям, тексты для аудирования, промежуточные тесты при прохождении уроков (1-3; 4-5, 8-9; 10-11, 12-13), переходные тесты (уровни А1 и А1+).

Согласно общей европейской системе оценки владения языком (CEFR) полученные в результате обучения знания и сформированные навыки и умения соответствуют уровню А1. В российской системе оценки знаний это элементарный уровень владения русским языком как иностранным.

Учебное пособие «Я ❤ Русский Язык» может быть использовано на групповых и индивидуальных занятиях не только на начальном этапе, но и избирательно для повторения изученного ранее материала в зависимости от индивидуальных потребностей учащихся.

Будем благодарны, если вы поделитесь с нами своими замечаниями и предложениями.

Электронная почта для связи по всем вопросам, касающимся данного данного учебного пособия: textbook@lidenz.ru.

Желаем вам успехов!
Авторский коллектив Liden & Denz

аудио

1 Слушайте и повторяйте.

Аа	Бб	Вв	Гг	Дд	Ее	Ёё	Жж

Зз	Ии	Йй	Кк	Лл	Мм	Нн	Оо
		и краткое					

Пп	Рр	Сс	Тт	Уу	Фф	Хх	Цц

Чч	Шш	Щщ	Ъъ	Ыы	Ьь	Ээ	Юю	Яя
			твёрдый знак		мягкий знак			

2 Слушайте и повторяйте.

  Апте́ка

 Бана́н

 Вода́

 Го́род

 Дом

 Е́вро

 Ёж

 Жира́ф

 Зонт

 Икра́

 Йо́гурт

 Кот

 Ла́мпа

 Москва́

 Но́мер

 Окно́

 Парк

 Рестора́н

 Сок

 Торт

 Уро́к

 Флаг

 Хлеб

 Цирк

 Часы́

 Шко́ла

 борЩ

 подЪезд

 сЫр

 денЬ

 Эта́ж

 Юг

 Я́блоко

🔊 3 Слушайте, повторяйте, читайте.

А — Я   О — Ё   У — Ю   Э — Е   Ы — И

А – У   А – Ю   А – О   А – Ё
А – Э   А – Е   А – Ы   А – И

О-Ы   О-И   У-Ы-И   Э-И-Ы

А-О-У   О-У-Ы   Ы-Э-И

Э-Ы-И   И-А-Ы

🔊 4 Слушайте, повторяйте, читайте.

Б — П   М — Н   Д — Т   В — Ф

па–по–пу–пы   па́па по́лка
ап–оп–уп   путь пыл

ба–бо–бу–бы   банк бо́мба
аб–об–уб   бу́ква был
ба–па бо–по бу–пу

ма–мо–му–мы   ма́ма мо́ре
ам–ом–ум   му́ха мы́ло

на–но–ну–ны   А́нна но́та
ан–он–ун   мину́та сны

да–до–ду–ды   да́та дом
ад–од–уд   дуб   дым

та–то–ту–ты   там   тот
ат–от–ут   тут   коты́
да–та до–то ду–ту

ва–во–ву–вы   два   вот
ав–ов–ув   звук бу́квы

фа–фо–фу–фы   факт фо́то
аф–оф–уф   шкафы́
ва–фа во–фо ву–фу

🔊 5 Слушайте, повторяйте, читайте.
Ставьте ударения.

●	●.	.●
до́м	А́нна	она́
То́м	ма́ма	кафе́
кот	папа	метро
год	сумка	окно

●..	..●	.●.
ко́мната	шокола́д	соба́ка
му́зыка	телефо́н	пого́да
холодно	магазин	аптека
яблоко	ресторан	минута

🔊 6 а) Слушайте и читайте. Соедините предложения с фотографиями.

Это ма́ма. Это ма́ма и па́па. – в
Это Ива́н. Это Ива́н и И́нна. д
Это го́род. Это го́род Москва́. д
Это сад. Там кот и соба́ка. б
Это дом. Там Анто́н и А́нна. г

а

Фонетика
Это Анто́н.

в

б

г

д

6 б) Пишите предложения из задания 6а).

аудио

Фонетика

1 Слушайте, повторяйте, читайте.

за–зо–зу–зы	зал	зонт
аз–оз–уз	зуб	язы́к
са–со–су–сы	сад	сок
ас–ос–ус	суп	сын
ра–ро–ру–ры	рад	рот
ар–ор–ур	рок	рык

пра–про–пру–при   приве́т
приятно

стра–стро–стру–стры

страна́

ства–ство–ству–ствы

здра́вствуй

здра–здро–здру–здры

2 Слушайте и читайте диалоги.

Фонетика
Как Вас зову́т?

Здра́вствуйте!

Здра́вствуйте!

Меня́ зову́т Алексе́й. А как Вас зову́т?

Меня́ зову́т Еле́на.

О́чень приятно!

О́чень приятно!

Приве́т!

Приве́т!

Как тебя́ зову́т?

Меня́ зову́т Ко́ля. А как тебя́ зову́т?

Меня́ зову́т Ната́ша!

О́чень приятно!

О́чень приятно!

3 Слушайте диалоги 1-4 и соедините их с картинками а-г.

а

б

в

г

1 — Здра́вствуйте! Меня́ зову́т Еле́на. Я ваш преподава́тель. – в

2 — Приве́т!
— Приве́т!
— Меня́ зову́т Ка́тя.
— О́чень приятно! А меня́ зову́т А́нна. *а*

3 — Здра́вствуйте! Меня́ зову́т Алекса́ндр.
— Здра́вствуйте! Меня́ зову́т Михаи́л. *г*
— О́чень приятно!

4 — Приве́т!
— Приве́т!
— Меня́ зову́т Никола́й. А как тебя́ зову́т?
— Меня́ зову́т Ма́ша. *б*

4 a) Дополните диалоги.

1 —Приве́т!
 —<u>Приве́т</u>!
 —Меня́ <u>ЗОВУ́Т</u> Ната́ша.
 А как <u>те бя́</u> зову́т?
 —Ка́тя.
 —О́чень прия́тно!
 —О́чень <u>ПРИЯ́ТНО</u>!

2 —Здра́вствуйте!
 —<u>ЗДРА́ВСТВУЙТЕ</u>!
 —<u>МЕНЯ́</u> зову́т Влади́мир.
 А <u>КАК</u> Вас зову́т?
 —Меня́ <u>ЗОВУ́Т</u> О́льга.
 —<u>О́ЧЕНЬ</u> прия́тно!
 —О́чень прия́тно!

4 б) Слушайте и проверяйте.

5 Спрашивайте и отвечайте.

Приве́т! Меня́ зову́т _____.
Как тебя́ зову́т?

Меня́ зову́т ____.

О́чень прия́тно!

Homework

6 Найдите имена в заданиях 2) и 4а).
Дополните таблицу.

Имя ♀	Имя ♂
<u>Алекса́ндр</u> — Са́ша	Мари́я — Ма́ша
<u>Влади́мир</u> — Воло́дя	Екатери́на — <u>Ка́тя</u>
Никола́й — <u>Ко́ля</u>	<u>Еле́на</u> — Ле́на
<u>Алексе́й</u> — Лёша	Ната́лья — <u>Ната́ша</u>
Михаи́л — Ми́ша	<u>О́льга</u> — О́ля
Серге́й — Серёжа	А́нна — А́ня

7 Пишите, как вас зовут.

Имя <u>Матт Матве́й</u>
Фами́лия <u>Scott Скот</u>

8 Слушайте диалог, повторяйте.

Приве́т!

Приве́т! Как дела́?

Спаси́бо, хорошо́. А у тебя́?

Спаси́бо. Норма́льно.

9 a) Слушайте и повторяйте слова.

о́чень хорошо́   хорошо́

норма́льно   так себе́   пло́хо

9 б) Спрашивайте и отвечайте.

Приве́т!
Как дела́?

Спаси́бо, норма́льно.
А у тебя́?

аудио

  1 **а)** Слушайте, повторяйте, читайте слова.

окно́ [акно]

[о]	[а] [о]	[о] [а]	[а]__[а]
о́н	оно́	сло́во	рабо́та
со́н	окно́	пло́хо	соба́ка
го́д	молоко́	мно́го	пого́да
ко́т	хорошо́		поня́тно

1 **б)** Слушайте, ставьте ударения. Пишите [о] или [а].

хорошо́ город спасибо
[а][а][о] [о][а] [а]

холодно плохо пока
[о][а] [а] [о][а] [а]

очень приятно Москва
[о] [а] [а]

спортсмен оно очки
[а] [а][о] [а]

пожалуйста она молоко
[а] [а] [а][а][о]

2 Слушайте диалоги. Кто эти люди?

Я студе́нт. А **ты**? Кто **ты**?

Я то́же студе́нт.

Извини́те, **Вы** дире́ктор?

Нет, я секрета́рь.

Кто э́то?

Э́то Алексе́й. **Он** бизнесме́н.

Кто э́то?

Э́то Ли́за. **Она́** студе́нтка.

Извини́те, **вы** студе́нты?

Да, **мы** студе́нты. И **они́** то́же студе́нты.

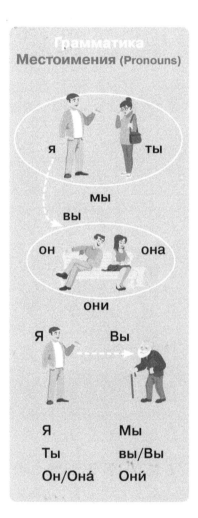

Грамматика
Местоимения (Pronouns)

я ты
мы
вы
он она
они

я Вы

Я	Мы
Ты	вы/Вы
Он/Она́	Они́

3 Дополните диалоги.

1 — Здра́вствуйте. Меня́ зову́т Ле́на.
— О́чень прия́тно. А меня́ зову́т Анто́н. Ле́на, <u>Вы</u> преподава́тель?
— Нет, _Я_ студе́нтка. А кто она́?
— _Она́_ преподава́тель.

2 — Приве́т. Меня́ зову́т Марк.
— А меня́ зову́т Дени́с.
— Ты студе́нт?
— Да, _Я_ студе́нт. А кто _Ты_ ?
— _Я_ то́же студе́нт. А кто они́?
— _Они́_ то́же студе́нты.

3 — Здра́вствуйте. Меня́ зову́т Алекса́ндр. _Я_ ме́неджер.
— О́чень прия́тно. А меня́ зову́т Мари́я. _Я_ секрета́рь.
— Извини́те, кто э́то?
— Э́то Ната́лья. _Она́_ то́же секрета́рь.
— А кто э́то?
— Э́то Бори́с.
— Кто _он_ ?
— _Он_ дире́ктор.

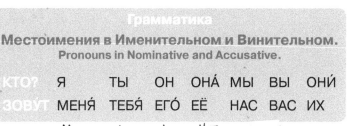

Грамматика

Местоиме́ния в Имени́тельном и Вини́тельном.
Pronouns in Nominative and Accusative.

КТО?	Я	ТЫ	ОН	ОНА́	МЫ	ВЫ	ОНИ́
ЗОВУ́Т	МЕНЯ́	ТЕБЯ́	ЕГО́	ЕЁ	НАС	ВАС	ИХ

Me   You   Him   Her   WE US   You SIR MADAM   THEM

4 а) Соедини́те предложе́ния с фотогра́фиями.

1 Её зову́т Мише́ль Бачеле́т. Она́ президе́нт. – д

2 Его́ зову́т Алекса́ндр Ове́чкин. Он спортсме́н.

3 Их зову́т Татья́на На́вка и Рома́н Костома́ров.
Они́ спортсме́ны.

4 Его́ зову́т Влади́мир Пота́нин. Он бизнесме́н.

5 Её зову́т Мари́я Шара́пова. Она́ спортсме́нка.

6 Их зову́т Билл и Хи́лари Кли́нтон. Они́ поли́тики.

4 б) Смотри́те фотогра́фии.
Спра́шивайте и отвеча́йте.

Кто он/она́/они́?

Как его́/её/их зову́т?

5 Дополните таблицу.

Я студент.	Меня зовут __Матвей__
Кто _он_ ? _Они_	Как тебя зовут?
Он бизнесмен.	_Меня_ зовут Владимир.
Она спортсменка.	_Меня_ зовут Мария.
_Он_ студенты.	Нас зовут Каспер и Штефан.
Кто вы?	Как _их_ зовут?
_Мы_ спортсмены.	Их зовут Татьяна и Максим.

6 Пишите вопросы.

1 — Как его зовут?
— Его зовут Сергей.

2 — __Кто ~~это~~ он__ ?
— Он преподаватель.

3 — __Как ~~его~~ её зовут__ ?
— Её зовут Катя.

4 — __Кто она__ ?
— Она спортсменка.

5 — __Кто они__ ?
— Они политики.

6 — __Как их зовут__ ?
— Их зовут Ирина и Антон.

7 — __Как ~~вы~~ вас зовут__ ?
— Нас зовут Миша и Наташа.

8 — __Кто вы__ ?
— Мы студенты.

7 Подчеркните правильную форму.

а Я/меня зовут Марк. Я/меня бизнесмен.
б Он/Его студент. Он/его зовут Тим.
в Они/Их зовут Михаэль и Ральф. Они/Их спортсмены.
г Как ты/тебя зовут? Ты/тебя тоже студент?
д Кто Вы/Вас? Как Вы/Вас зовут?
е Она/Её зовут Елена. Она/её преподаватель.
ж Мы/Нас зовут Макс и Сара. Мы/нас студенты.

8 а) Спрашивайте и отвечайте.

Как Вас/тебя зовут?

Меня зовут Том.

Кто ты/ Вы?

Я студент.

8 б) Скажите, как зовут студентов в группе. Кто они?

**Его/Её зовут…
Он/Она …**

*Его зовут Том.
Он студент.*

где ___
вот

1 🔊 Слушайте и повторяйте.

0	1	2	3	4	5	6	7	8	9	10
ноль	оди́н	два	три	четы́ре	пять	шесть	семь	во́семь	де́вять	де́сять

2 а) Пишите числа.

11 — Один + надцать = оди́н**надцать**

15 — Пять + надцать = пятн**а́**дцать

11 — оди́н**надцать**
12 — дв**ена́**дцать
13 — три*надцать*
14 — четы́р**надцать**
15 — пятн**а́**дцать

16 — *шестна́дцать*
17 — *семна́дцать*
18 — *восемна́дцать*
19 — *девятна́дцать*
20 — два́дцать

2 б) 🔊 Слушайте и повторяйте.

1	оди́н	—	11	оди́ннадцать
2	два	—	12	двена́дцать
3	три	—	13	трина́дцать
4	четы́ре	—	14	четы́рнадцать
5	пять	—	15	пятна́дцать
6	шесть	—	16	шестна́дцать
7	семь	—	17	семна́дцать
8	во́семь	—	18	восемна́дцать
9	де́вять	—	19	девятна́дцать

3 а) 🔊 Слушайте и повторяйте.

 каранда́ш
 соба́ка
 окно́
 ра́дио
 часы́
 журна́л
 студе́нт
 телефо́н

 мо́ре
 А́нна
 кафе́
  ма́ма и па́па
 тетра́дь
 ла́мпа
 Ива́н
 стол

 кни́га
 преподава́тель
 ко́фе

 метро́
 очки́
 спортсме́н
 стул

3 б) Заполните таблицу.

Что э́то?		Кто э́то?
стол	ла́мпа	соба́ка
каранда́ш	*стол*	*студе́нт*
окно́	*кни́га*	*А́нна*
ра́дио	*ко́фе*	*ма́ма*
часы́	*метро́*	*па́па*
журна́л	*очки*	*Ива́н*
телефо́н	*очки́*	*преподава́тель*
мо́ре	*стул*	*спортсме́н*
кафе́		
тетра́дь		

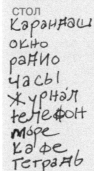

4 а) Спрашивайте и отвечайте. Используйте картинки задания 3а).

Фонетика
Это стол?

— Что это?
— Это стол.

— Кто это?
— Это ма́ма.

4 б) Спрашивайте и отвечайте. Используйте картинки задания 3а).

— Это ра́дио?
— Да, это ра́дио.

— Это спортсме́н?
— Нет, это не спортсме́н, это студе́нт.

Грамматика
Род существительных (The Gender of Nouns)

он	она́	оно́	они́
ø телефо́н	-а кни́га	-о окно́	-ы часы́
	-я Росси́я	-е кафе́	-и очки́
-й музе́й			
-ь слова́рь	-ь тетра́дь		
преподава́тель	крова́ть		
consonants			
• па́па		• вре́мя	
• де́душка		• и́мя	
• ко́фе			

5 Заполните таблицу. Используйте слова из задания 3а).

Он	Оно́
каранда́ш	

Она́	Они́

6 Слушайте диалоги. Подчеркните правильный вариант.

1 — Где каранда́ш?
— Вот <u>он</u>/она́.

2 — Где су́мка?
— Вот она́/он.

3 — Где метро́?
— Он/оно́ там.

4 — Где часы́?
— Она́/они́ здесь.

7 Смотрите картинку. Спрашивайте и отвечайте.

Извини́те, где апте́ка?

Она́ там, <u>сле́ва</u>.

Здесь (тут)

Сле́ва		Спра́ва
апте́ка		музе́й
магази́н		шко́ла
кино́		рестора́н
кафе́	**Там**	метро́

1 Слушайте слова, ставьте ударения.

до́м, ко́мната, кни́га, молоко́, ру́чка, го́род, Москва́, шокола́д, кафе́, сто́л, телефо́н, ра́дио, су́мка, апте́ка, слова́рь, каранда́ш, студе́нт, ко́фе, музе́й, окно́, соба́ка, часы́

2 Дополните диалоги. Слушайте и проверяйте.

1 — Приве́т!
— Приве́т!
— Меня́ зову́т Ко́ля. __Как__ тебя́ зову́т?
— Меня́ __зову́т__ Алексе́й.
— __О́чень__ прия́тно!
— О́чень прия́тно!

2 — __Здра́вствуйте__!
— Здра́вствуйте! Меня́ __зову́т__ Алекса́ндр. А как __Вас__ зову́т?
— __Меня́__ зову́т Еле́на.
— О́чень __прия́тно__!
— __о́чень__ прия́тно!

3 Дополните предложения.

Он/Его́ 1 Его́ зову́т Анто́н.
__Он__ спортсме́н.

Она́ / Её 2 __Она́__ секрета́рь.
__Её__ зову́т Мари́я.

Они́/Их 3 __Их__ зову́т Ива́н и А́нна.
__Они́__ студе́нты.

Она́ / Её 4 __Её__ зову́т Ири́на.
__Она́__ преподава́тель.

Они́/Их 5 __Они́__ спортсме́ны.
__Их__ зову́т Ната́лья и Алекса́ндр.

4 Дополните диалоги. Слушайте и проверяйте.

1 — Приве́т, как тебя́ зову́т?
— Меня́ зову́т Са́ша. __Я__ студе́нт. А кто __Ты__?
— Я то́же студе́нт.

2 — Здра́вствуйте. Как __Вы__ зову́т?
— __Меня́__ зову́т Алекса́ндр.
— __Вы__ бизнесме́н?
— Нет, __я__ поли́тик.

3 — Это дире́ктор. __Его́__ зову́т Михаи́л Серге́евич. А э́то Еле́на. __Она́__ секрета́рь.
— А кто __они́__?
— __Они́__ ме́неджеры. __Их__ зову́т Алексе́й и Влади́мир.

4 — Как __Вас__ зову́т?
— __Меня́__ зову́т Ма́йкл Джо́рдан.
— Кто __Вы__?
— __Я__ спортсме́н.

5 а) Опиши́те карти́нку. Испо́льзуйте слова́ в ра́мке.

Это я. Меня́ зову́т Алекса́ндр. Я студе́нт.
Это моя́ семья́.
Это ма́ма. Её зову́т А́нна. Она́ преподава́тель.

| ма́ма па́па де́душка ба́бушка брат сестра́ соба́ка кот |

5 б) Расскажи́те о свое́й семье́.

Это я. Меня́ зову́т Кла́ус. Я бизнесме́н. Это ма́ма. Её зову́т И́нгрид. Она́ ме́неджер.

6 Соедините слова с числами.

9 • девятна́дцать
13 пятна́дцать
5 семь
7 трина́дцать
11 во́семь
4 оди́ннадцать
15 • де́вять
8 четы́ре
12 двена́дцать
19 пять

7 Пишите ответы.

1+1= <u>два</u> 5+4= <u>девять</u>

1+5= <u>шесть</u> 11−9= <u>два</u>

10+4= <u>четырнадцать</u> 15+2= <u>семнадцать</u>

8+8= <u>шестнадцать</u> 11+8= <u>девятнадцать</u>

19−5= <u>четырнадцать</u> 14−3= <u>одиннадцать</u>

8 Заполните таблицу.

очки́, па́па, тетра́дь, кафе́, су́мка, кот, крова́ть, ме́неджер, словарь, рестора́н, метро́, преподава́тель, шко́ла, вре́мя, сестра́, и́мя, ко́фе, музе́й, де́душка, кино́, ма́ма, кни́ги, каранда́ш, часы́, вино́, магази́н, студе́нты

Он	Она́
папа	тетрадь
кот	сумка
тенеджер	кровать
словарь	школа
ресторан	время,
преподаватель	сестра
карандаш	дедушка
магазин	мама

Оно́	Они́
кафе	очки
метро	имя
кофе	музей
кино	книги
вино	часы
	студейты

9 Пишите вопросы. Используйте слова в рамке.

апте́ка, ~~метро́~~, музе́й, ~~рестора́н~~, ~~шко́ла~~, кафе́

1 — Извини́те, где <u>апте́ка</u>?
— Вот она́, спра́ва.

2 — <u>Извините, где ресторан</u>?
— Вот он, сле́ва.

3 — <u>Извините, где кафе</u>?
— Оно́ там, сле́ва.

4 — <u>Извините, где музей</u>?
— Он там, спра́ва.

5 — <u>Извините, где школа</u>?
— Она́ тут, спра́ва.

6 — <u>Извините, где метро</u>?
— Вот оно́, сле́ва.

10 **а)** Читайте текст.

Э́то Москва́. Там дом. Э́то Йра и Ко́ля. Они́ студе́нты. Они́ до́ма.

Вот их ко́мната. Сле́ва шкаф и окно́. Спра́ва крова́ть и кре́сло.

Вот стол. Сле́ва кни́ги и тетра́ди, спра́ва ла́мпа.

10 **б)** Пишите ответы.

— Что э́то?

— Где дом?

— Как их зову́т?

— Кто они́?

— Где они́?

— Что э́то? <u>Это их комната.</u>

— Где шкаф и окно́?

— Где крова́ть и кре́сло?

— Где кни́ги и тетра́ди?

— Где ла́мпа?

Слова́рь

🔊 1 Слу́шайте, чита́йте, повторя́йте.

апте́ка	pharmacy
бизнесме́н	businessman
дире́ктор	director
дом	home
журна́л	magazine
каранда́ш	pencil
кафе́	cafe
кино́	movie theatre
кни́га	book
ко́фе	coffee
крова́ть	bed
ла́мпа	lamp
магази́н	grocery store
ма́ма	mom
метро́	metro
мо́ре	~~beach~~ sea
музе́й	~~bed~~ museum
окно́	window
очки́	glasses
ра́дио	radio
рестора́н	restaurant
сад	garden
секрета́рь	secretary
слова́рь	dictionary
соба́ка	dog
спортсме́н	sportsman
стол	table
студе́нт	student
стул	chair
су́мка	bag
телефо́н	telephone
тетра́дь	notebook
часы́	clock
шко́ла	school

Как?

о́чень хорошо́	very good
хорошо́	good
норма́льно	average/okay
так себе́	so-so
пло́хо	bad

— Приве́т!

— До́брое у́тро!

— До́брый день!

— До́брый ве́чер!

— Здра́вствуйте!

— Пока́!

— До свида́ния!

— Как дела́?

— Хорошо́, спаси́бо!

— Извини́те, где метро́?

— Там, спра́ва.

— Биле́т, пожа́луйста!

— Пожа́луйста.

— Спаси́бо!

— Спаси́бо!

— Пожа́луйста.

Тепе́рь вы мо́жете сказа́ть:

— Как тебя́ зову́т?
— Меня́ зову́т Джим.

— Как дела́?
— Хорошо́, спаси́бо!

— Кто ты?
— Я студе́нт.

— Что э́то?
— Э́то стол.

— Кто э́то?
— Э́то студе́нт.

— Извини́те, где апте́ка?
— Она́ там, сле́ва.

🔊 аудио

Фонетика

🔊 1   **Слушайте и повторяйте.**

Шш

у — шу — кшу	ушу́ пишу́
а — ша — кша	шар ша́пка
о — шо — шё	хорошо́ шов шёл
э — ше	шесть шеф шери́ф
ы — ши	пиши́ оши́бка шип

Щщ

ши — щи — ищи́	шик — щит — пищи́т
що — щё	шо́рты – щётка – ещё
шу — щу — ищу́	шу́тка – щу́ка – йщут
	плащ пло́щадь борщ о́вощи

сч, жч — [Щ]   сча́стье – же́нщина – мужчи́на

Жж
Зз

ж-ж-ж жук	з-з-з звук
да — за — жа	
ша — жа	Да́ша Ната́ша Жа́нна са́жа
шу — жу	шу́тка – жу́тко
	журна́л жужжа́л
жи — ши	скажи́ коржи́ Са́ши ка́ши

ужу́ — ужо́ — ужа́ — уже́

пожа́луйста уже́ у́жас жить то́же жар
[пажалуста]

душ муж [ш] гара́ж [ш] эта́ж [ш] нож [ш]

Цки — ски

по-неме́цки – по-туре́цки
по-ру́сски – по-францу́зски
по-слова́цки – по-ара́бски – по-че́шски
                 [п]

Цц

ац — оц — уц	цы — ца — цо
цы — цу — цецы — це — цо	
отец – отцы́ у́лица – у́лицы	
столи́ца ста́нция организа́ция	
цирк центр	

🔊 1 **а)**   **Слушайте названия профессий и ставьте ударения.**

✓ юрист — 1	✓ инженер
✓ писатель	✓ журналист
✓ программист	✓ преподаватель
✓ музыкант	✓ актёр
✓ певец	✓ художник
✓ официант	✓ домохозяйка
✓ врач	

б)   **Соедините профессии из задания 1а) и изображения.**

1 — юрист
2 — программист
3 — инжер
4 — врач
5 — музыкант
6 — певец
7 — официант
8 — преподаватель
9 — актёр
10 — художник
11 — писатель
12 — домохозяйка
13 — журналист

2 Читайте названия профессий.

♂ Он	♀ Она
юри́ст	
вра́ч	
программи́ст	
инжене́р	
поли́тик	
ме́неджер	
музыка́нт	
писа́тель	
преподава́тель	
секрета́рь	
худо́жник	
официа́нт	официа́нтка
журнали́ст	журнали́стка
спортсме́н	спортсме́нка
актёр	актри́са
певе́ц	певи́ца
	домохозя́йка

3 а) Спрашивайте и отвечайте.

Кто Вы по профе́ссии?

Я программи́ст.

б) Представьте других студентов.
Скажите, кто они по профессии.

Его́/Её зову́т…
Он/Она́ …

4 а) Скажите, как зовут этих людей?
Кто они по профессии?

1 Его́ зову́т Ю́рий Гага́рин.
Он космона́вт.

Ю́рий Гага́рин
(космона́вт)

А́нна Нетре́бко
(певи́ца)

Фёдор Достое́вский
(писа́тель)

О́льга Куриле́нко
(актри́са)

Владисла́в Третьяк
(спортсме́н)

Влади́мир Спивако́в
(музыка́нт)

Илья́ Ре́пин
(худо́жник)

Леони́д Роша́ль
(врач)

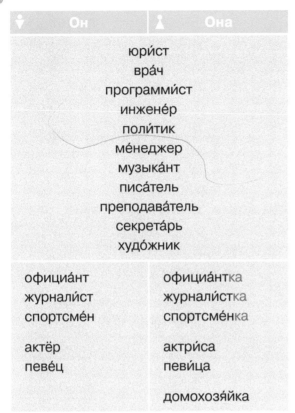

б) Соедините вопросы и ответы.

Вы зна́ете,
кто э́то?

Вы не зна́ете,
кто э́то?

Как Вы ду́маете,
кто э́то?

Да, я зна́ю. Э́то А́нна
Нетре́бко.

Я ду́маю, э́то А́нна
Нетре́бко.

Нет, я не зна́ю,
кто э́то.

5 а) Дополните таблицу.

Грамматика			
знать (I)		**думать (I)**	
я зна**Ю**	мы зна**ЕМ**	я дума**Ю**	мы дума**ЕМ**
ты зна**ЕШЬ**	вы зна**ЕТЕ**	ты дума**ЕШЬ**	вы дума**ЕТЕ**
он зна**ЕТ**	они зна**ЮТ**	он дума**ЕТ**	они дума**ЮТ**

б) Пишите окончания глаголов.

— Са́ша, ты не зна**ешь**, кто э́то?
— Я ду́ма**Ю**, э́то Ю́рий Гага́рин.

— Вы не зна́**ЕТЕ**, как его́ зову́т?
— Нет. Мы не зна́**ЕМ**. Мы ду́ма**ЕМ**
А́нна зна́**ЕТ**.

— Ле́на зна́**ЕТ**, где банк?
— Нет, она́ не зна́**ЕТ**. Я ду́ма**Ю**
Ка́тя и Серге́й зна́**ЮТ**, где банк.

— Ты не зна́**ЕШЬ**, что э́то?
— Нет, я не зна́**Ю**. Никола́й зна́**ЕТ**,
что э́то.

6 а) *Read* Смотри́те таблицу, читайте предложения.

Грамматика		
Э́то		
Он	Она́	Они́
Э́тот	**Э́та**	**Э́ти**

Э́то же́нщина. — **Э́та** же́нщина певи́ца.
Э́то мужчи́на. — **Э́тот** мужчи́на актёр.
Э́то лю́ди. — **Э́ти** лю́ди юри́сты.

б) Читайте слова.

Он	Она́
ма́льчик	де́вочка
молодо́й челове́к	де́вушка
мужчи́на	же́нщина
челове́к – лю́ди	

Youngest ↓ Oldest

в) *listen* Слушайте диалоги. Дополните их.

— Вы не зна́ете, кто э́тот **ма́льчик** ?
— Коне́чно, зна́ю. Это актёр Дэ́ниэл
Ре́дклифф. – б

г –
— Ты не зна́ешь, кто э́та **де́вочка** ?
— Я ду́маю, это актри́са Кристи́на Ри́ччи.

д –
— Ты не зна́ешь, кто э́тот **мужчи́на** ?
— Как, ты не зна́ешь?! Это Джон Ма́лкович!
— А кто он?
— Он актёр.

в –
— Вы не зна́ете, кто э́та **де́вушка** ?
— Мо́жет быть, Натали́ По́ртман?
— Нет.
— А, э́то Ки́ра На́йтли. Она́ актри́са.

е –
— Ты не зна́ешь, кто э́та **же́нщина** ?
— Я ду́маю, э́то А́лла Пугачёва.
— Как её зову́т?
— А́лла Пугачёва. Она́ певи́ца.

— Вы не зна́ете, кто э́тот **молодо́й**
челове́к ?
а –
— Коне́чно, зна́ю. Это Джа́стин.
— Джа́стин?
— Джа́стин Ти́мберлейк. Он певе́ц.

— Вы не зна́ете, кто э́ти **лю́ди** ?
— Коне́чно, зна́ю. Это Брэд Питт и
Анджели́на Джоли́. Они́ актёры.

1 а) Слушайте, читайте и повторяйте названия стран. Соедините названия с номерами на карте.

Россия — 1
Áнглия – 2
Фрáнция – 5
Германия – 4   США – 13
Итáлия – 8   Австрáлия 10
Испáния – 6   Бразилия 11
Швéция – 3   Швейцáрия – 9
Япóния – 12   Китáй – 14
Португáлия – 7   Нóвая Зелáндия – 15

! Обратите внимание!

Амéрика	США
Áнглия	Великобритáния

! США – **С**оединённые **Ш**тáты **А**мéрики

2 а) Скажите, откуда эти люди.

Откýда Жаклин?

Онá из Фрáнции.

Жаклин

Том

Лоренцо

Акико

Джейн

Хуан

Кристина и Кристоф

Клаус и Ханс

Аня и Сергей

из Амéрики   из Германии   из Áнглии
из России   из Фрáнции   из Испáнии
из Итáлии   из Япóнии   из Швейцáрии

! Обратите внимание!

Это Россия. — Я из России.
Это Амéрика. — Я из Амéрики.
Это Китáй. — Я из Китáя.

б) Спрашивайте и отвечайте.

Откýда Вы?

Я из …

3 Как вы думаете, это правда или нет? Исправьте ошибки.

Хилари Клинтон актриса. Онá из Áнглии.

Нет, Хилари Клинтон не актриса, а политик. Онá не из Áнглии, а из Амéрики.

Алексáндр Пýшкин спортсмéн. Он из Германии.

Пенелóпа Крус певица. Онá из Амéрики.

Áнгела Мéркель музыкáнт. Онá из России.

Криштиáну Рональду актёр. Он из Бразилии.

Стинг худóжник. Он из Швéции.

Поль Гогéн писáтель. Он из Итáлии.

4
а) Дополните таблицу.

Страна	Он	Она	Они	Говорить
Росси́я	ру́сский	ру́сская	ру́сские	по-ру́сски
А́нглия	англича́нин	англича́нка	англича́не	по-англи́йски
Аме́рика	америка́нец	америка́нка	америка́нцы	по-...
Ита́лия	италья́нец	италья́нка	италья́нцы	по-италья́нски
Япо́ния	япо́нец	япо́нка	япо́нцы	по-япо́нски
Испа́ния	испа́нец	испа́нка	испа́нцы	по-испа́нски
Герма́ния	не́мец	не́мка	не́мцы	по-неме́цки
А́встрия	австри́ец	австри́йка	австри́йцы	по-...
Фра́нция	францу́з	францу́женка	францу́зы	по-францу́зски
Швейца́рия	швейца́рец	швейца́рка	швейца́рцы	по-...

б) Дополните предложения.

Он из Аме́рики. Он америка́нец. Он говори́т по-англи́йски.
Она́ из Япо́нии. Она́ __Япо́нка__. Она́ говори́т __по-япо́нски__.
Я из Швейца́рии. Я __швейца́рец__. Я говорю́ __по-францу́зски__.
Вы из Испа́нии? Вы __испа́нцы__? Вы говори́те __по-испа́нски__?
Мы из Герма́нии. Мы __не́мцы__. Мы говори́м __по-неме́цки__.
Ты из Фра́нции. Ты __францу́зы__. Ты говори́шь __по-францу́зски__.

5
а) Дополните фразы глаголом **говорить** в правильной форме.

б) Дополните диалог глаголом говорить в правильной форме.

— Извини́те, Вы говори́те по-ру́сски?
— Да, я __говорю́__ по-ру́сски и по-англи́йски.
— А ваш преподава́тель __говори́т__ по-англи́йски?
— Нет, он не __говори́т__ по-англи́йски.
Мы __говори́м__ то́лько по-ру́сски.
— А э́ти студе́нты то́же __говоря́т__ по-ру́сски?
— Нет, они́ из Япо́нии. Они́ __говоря́т__ то́лько по-япо́нски.

Грамматика

говори́ть (II)

я говор**Ю**	мы говор**И́М**
ты говор**И́ШЬ**	вы говор**И́ТЕ**
он говор**И́Т**	они́ говор**Я́Т**

Я __говорю́__ по-англи́йски. Мы __говори́м__ по-италья́нски.
Ты __говори́шь__ по-неме́цки? Вы __говори́те__ по-испа́нски?
Он __говори́т__ по-францу́зски. Они́ __говоря́т__ по-ру́сски.

в) Слушайте и проверяйте задание 5б).

6
а) Как вы говорите по-русски?

Я о́чень хорошо́ говорю́ ...
Я совсе́м не говорю́...

+
о́чень хорошо́
неплóхо
немнóго
чуть-чуть
плóхо
−
совсéм не говорю́

б) Соедините вопросы и ответы.

Вы говори́те по-ру́сски?
Ты говори́шь по-ру́сски?

Нет, совсéм не говорю́.
Да, говорю́.
Да, чуть-чуть.
Да, я немнóго говорю́ по-ру́сски.

1 a) Слушайте и повторяйте числа.

20 — два**дцать**	21 — два́дцать оди́н
30 — три**дцать**	22 — два́дцать два
40 — со́рок	
50 — пять**деся́т**	
60 — шесть**деся́т**	
70 — се́мь**десят**	
80 — во́семь**десят**	
90 — девяно́**сто**	
100 — сто	

б) Читайте числа.

23, 48, 91, 56, 79, 105, 67, 34, 82, 138

2 Слушайте и повторяйте.

12 две**на́**дцать	**20** два́дцать
13 три**на́**дцать	**30** три́дцать
15 пят**на́**дцать	**50** пятьдеся́т
16 шест**на́**дцать	**60** шестьдеся́т
17 сем**на́**дцать	**70** се́мьдесят
18 восем**на́**дцать	**80** во́семьдесят

3 a) Слушайте и читайте тексты. Соедините их с фото.

Меня́ зову́т А́нна. Я из Бе́льгии. Мне 24 го́да. Я студе́нтка. Я непло́хо говорю́ по-францу́зски, по-англи́йски и чуть-чуть по-испа́нски. — в

Меня́ зову́т Ште́фан. Мне 41 год. Я программи́ст. Я хорошо́ говорю́ по-неме́цки и по-францу́зски. Я из Швейца́рии. — б

Меня́ зову́т О́льга. Мне 50 лет. Я из Росси́и. Я домохозя́йка. Я совсе́м не говорю́ по-англи́йски. — а

Меня́ зову́т Франсуа́. Я худо́жник. Я из Фра́нции. Мне 35 лет. Я немно́го говорю́ по-ру́сски, о́чень хорошо́ говорю́ по-италья́нски и о́чень пло́хо по-неме́цки. — г

б) Заполните таблицу, используйте информацию из задания 3а).

и́мя	профе́ссия	во́зраст	отку́да?	говори́т
А́нна	студе́нтка	24	Бе́льги	по-францу́зски, по-англи́йски, по-испа́нски
Ште́фан	Программи́ст	41	Швейца́рки	по-неме́цки, по-францу́зски
О́льга	домохозя́йка	50	Росси́и	—
Франсуа́	худо́жник	35	Фра́нции	по-италья́нски, по-ру́сски

4 а) Грамматика

Мне		
	1,21,31	**год**
Тебе́	2,22,32...	
Ему́	3,23,33...	**го́да**
Ей	4,24,34...	
Нам		
Вам	5, 6...20	
Им	25...30	**лет**
	35...40	

б) Дополните предложения словами год/года/лет.

Я журнали́ст. Мне 41 <u>год</u>.

Отку́да ты?
Ско́лько тебе́ _Лет_?

Он худо́жник. Ему́ 52 _года_.

Она́ певи́ца. Ей 30 _лет_.

Мы спортсме́ны.
Нам 21 _год_ и 33 _года_

Кто Вы? Ско́лько Вам _Лет_?

Они́ студе́нты.
Им 22 и 23 _года_

в) Подчеркните правильный вариант.

Я/<u>меня́</u>/мне зову́т Ива́н.
Я/меня́/мне 31 год.

Ско́лько ты/тебя́/тебе́ лет?
Кто ты/тебя́/тебе́?

Ему́/его́/он зову́т А́лекс.
Ему́/он/его́ 23 го́да.

Как она́/её/ей зову́т?
Ско́лько её/ей/она́ лет?

Они́/их/им студе́нты?
Как им/они́/их зову́т?

Как Вы/Вам/Вас зову́т?
Ско́лько Вам/Вы/Вас лет?

5 а) Спрашивайте и отвечайте.

Ско́лько Вам лет?
Мне 21 год.

б) Угадайте, сколько лет студентам в группе.

Ско́лько ему́/ей лет?
Я ду́маю, ей 32 го́да.

в) Скажите, сколько им лет.

Его́ зову́т Том.
Ему́ 20 лет.

аудио

1 Соедините вопросы 1–5 с ответами а–д. *Match*

Как тебя зовут? — г
Откуда ты? — д
Кто ты по профессии? — а
Ты говоришь по-русски? — в
Как ты говоришь по-русски? — в

Я врач.
Чуть-чуть.
Да, я говорю по-русски.
Александр.
Я из Италии.

2 Дополните диалоги словами из рамки. *Complete dialogues*

этот мужчина
этот молодой человек
эта женщина
эта девушка
эти люди

— Вы знаете, кто <u>этот мужчина</u>?
— Конечно, знаю, это Диего Марадона. Он спортсмен.

— Вы знаете, кто <u>эта женщина</u>?
— Я думаю, это Мадонна. Она певица и актриса.

— Вы не знаете, кто <u>эти люди</u>?
— Конечно, знаю, это Майкл и Анна. Они студенты.

— Вы знаете, кто <u>этот молодой человек</u>?
— Может быть, это Орландо Блум. Он актёр.

— Ты не знаешь, кто <u>эта девушка</u>?
— Конечно, знаю. Это Скарлетт Йоханссон. Она актриса.

— Ты знаешь, кто <u>этот мужчина</u>?
— Я думаю, это Стивен Кинг. Он писатель.

3 Восстановите правильный порядок диалога. Слушайте и проверяйте. *Restore correct order of dialogues*

1 — Откуда Вы?
 — А я из Швейцарии.
 — А я инженер.
 — Кто Вы по профессии?
2 — Я из Германии. А Вы?
 — Я юрист. А Вы?

1) Откуда Вы?
2) Я из Германии. А Вы?
3) А я из Швейцарии
4) Кто Вы по профессии?
5) А юрист. А Вы?
6) А я инженер

4 Скажите, кто они по профессии. *prepare p.17 (ex.2)*

1 юрист

2 программист

3 журналистка

4 врач

5 музыкант

6 певец

7 официант

8 преподаватель

9 инженер

10 художник

11 писатель

12 домохозяйка

13 актёр

5 **Дополните диалоги глаголами из рамки в правильной форме.**

знать   думать   говорить

— Ты <u>знаешь</u>, кто эта девушка?
— Нет, я не <u>знаю</u>.

— Ты <u>говоришь</u> по-испански?
— Да, я очень хорошо <u>говорю</u> по-испански.

— Вы <u>знаете</u>, кто этот мужчина?
— Я <u>думаю</u>, он журналист.

— Вы хорошо <u>говорите</u> по-русски?
— Нет, мы <u>говорим</u> плохо. Но Анна хорошо <u>говорит</u> по-русски.

6 **Дополните диалоги.**

Лёша (Л), Саша (С) и Кэтрин (К)

Л — Привет, Саша!
С — Привет, Лёша!
Л — Саша, это Кэтрин. Кэтрин, это Саша.
С — Очень приятно.
К — Очень <u>приятно</u>.
С — Кэтрин, <u>откуда</u> ты?
К — Я <u>из</u> Англии.
С — <u>Кто</u> студентка?
К — Нет. Я музыкант. А кто ты <u>по профессии</u>?
С — <u>Я</u> врач. А ты хорошо <u>говоришь</u> по-русски.
К — Спасибо. Сколько тебе <u>год</u>?
С — <u>Мне</u> 27 <u>год</u>. А <u>ты</u>?
К — Мне 22 <u>лет</u>.

7 **Составьте предложения.** *Compose sentences*

Андрей, студент, Россия, 21
Его зовут Андрей. Он студент. Он из России. Он русский. Он говорит по-русски. Ему двадцать один год.

Тара, домохозяйка, Америка, 40

Валерио и Фабио, художники, Италия, 30 и 35

Мики, певица, Япония, 23

Роберт, юрист, Швейцария, 62

Мария и Фернандо, преподаватели, Испания, 52 и 54

*8 **Пишите глагол читать (I) в правильной форме.**

Лена <u>читит</u> письмо.   Мы <u>читим</u> текст.
Ты <u>читишь</u> журнал.   Марта и Джон <u>читят</u> упражнение.
Я <u>читю</u> книгу.   Вы <u>читите</u> роман.

*9 **Пишите глагол слушать (I) в правильной форме.**

Они <u>слушят</u> радио.   Я <u>слушю</u> эту передачу.
Когда ты <u>слушишь</u> музыку?   Вы это <u>слушите</u>?
Он <u>слушит</u> оперу?   Мы <u>слушим</u> новости.

*10 **Пишите глагол строить (II) в правильной форме.**

Ты <u>строишь</u> дом.   Мы <u>строим</u> школу.
Они <u>строят</u> метро?   Я <u>строю</u> это здание.
Лёша <u>строит</u> ресторан?   Вы <u>строите</u> кафе.

*11 **Пишите глагол курить (II) в правильной форме.**

Мы <u>курим</u> табак.   Вы <u>курите</u> трубку?
Ты <u>куришь</u>?   Илья <u>курит</u> сигареты.
Они <u>курят</u> кальян.   Я не <u>курю</u>.

🔊 *12 **Слушайте диалоги и пишите числа.** *listen and write numbers*

а 60, 6   г _____
б _____   д _____
в _____   е _____

13 **Читайте текст и отвечайте на вопросы.**

Здравствуйте! Меня зовут Дмитрий Быков. Мне 47 лет. Я русский и живу в России. Я очень хорошо говорю по-русски, неплохо по-английски и совсем не говорю по-японски. Я журналист, писатель и преподаватель. Думаю, это всё.

Вопросы:

Откуда он? <u>России</u>
Сколько ему лет? <u>47</u>
Как его зовут? <u>Дмитрий</u>
Он говорит по-английски?
А по-японски? <u>Аа</u>
Кто он по профессии?
<u>журналист, писатель и преподаватель</u>

1 **Заполните анкету для сайта «В контакте».**

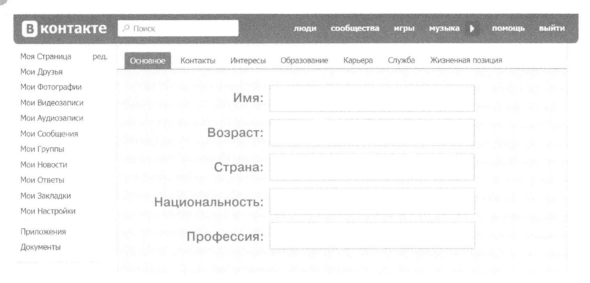

2 **Спросите, что написано в анкете у других студентов. Расскажите о них.**

Слова́рь

актёр	лю́ди	как?	оди́ннадцать
актри́са	ма́льчик	кто?	двена́дцать
врач	молодо́й челове́к	отку́да?	трина́дцать
домохозя́йка	мужчи́на	ско́лько?	четы́рнадцать
журнали́ст	челове́к		пятна́дцать
журнали́стка		э́то	шестна́дцать
инжене́р	Австра́лия	э́тот	семна́дцать
музыка́нт	Аме́рика (США)	э́та	восемна́дцать
официа́нт	Брази́лия	э́ти	девятна́дцать
официа́нтка	Великобрита́ния		два́дцать
певе́ц	(А́нглия)	по-англи́йски	три́дцать
певи́ца	Герма́ния	по-испа́нски	со́рок
писа́тель	Испа́ния	по-италья́нски	пятьдеся́т
преподава́тель	Ита́лия	по-неме́цки	шестьдеся́т
программи́ст	Португа́лия	по-ру́сски	се́мьдесят
спортсме́н	Росси́я	по-францу́зски	во́семьдесят
спортсме́нка	Фра́нция	по-япо́нски	девяно́сто
худо́жник	Шве́ция		сто
юри́ст	Япо́ния		
		немно́го	
		непло́хо	
де́вочка	знать	пло́хо	
де́вушка	ду́мать	хорошо́	
же́нщина	говори́ть	чуть-чуть	

Теперь вы можете сказать:

Кто Вы?
Кто Вы по профе́ссии?
Кто Вы по национа́льности?

Ско́лько Вам лет?
Мне 26 лет.

Отку́да Вы?
Я из Росси́и.

Вы говори́те по-англи́йски?
Я совсе́м не говорю́ по-англи́йски.

Фонетика

1 Слушайте и повторяйте.

Ч

ча – час – сейча́с
[с'ийча́с]
оч – дочь – ночь
уч – руч – ру́чка
ич – рич – стричь
еч – веч – ве́чер
[в'е́чир]
че – чей
ча – чай

ти – чи – ти – чи
те – че – те – че
тё – чё – те – чу
[т'о] – [ч'о]
тю – чу – тю – чу
[т'у] – [ч'у]
тя – ча – тя – ча
[т'а] – [ч'а]
течь – пить чай

че – чей
ча – чья [чйа]
чё – чьё [чйо]
чи – чьи [чйи]

чья – чьё
чей – чьи
чей – чья – чьё
чья – чьё – чьи

чей уче́бник
чья ру́чка
чьи часы́

Ш

ча – ша – ча́ша
аш – наш – ваш
а́ша – на́ша – ва́ша
а́ше – на́ше – ва́ше

а́ши – на́ши – ва́ши
наш – на́ша – на́ше – на́ши
ваш – ва́ша – ва́ше – ва́ши

А – Я

да – дай
да – дая [дайа́]
а – я – ая – моя́
[айа́] [майа́]
а – я – ая – твоя́
[айа́] [твайа́]
моя́ – твоя́

О – Ё

по – пой
по – поё [пайо́]
ой – мой
ой – твой
а – ё – аё – моё
[айо́] [майо́]
а – ё – аё – твоё
[айо́] [твайо́]

и – ё – её [йийо́]
и – во – его́ [йиво́]
и – щё – ещё [йищо́]

мой – моё
твой – твоё
мой – твой – моё – твоё
его́ – её – ещё
мой – мой
твой – твой
мой – мой – твой – твой

та – ца
ца – аца́
нима́ – ца
за-ни-ма́-ца
за-ни-ма́ – ться [цца]

— Чей это уче́бник?

— Это мой уче́бник.

2 а) Слушайте и повторяйте слова.

2 б) Смотрите фотографии.
Пишите и говорите, кто эти люди.

 Ири́на и Алексе́й — ма́ма и па́па.
Ири́на и Алексе́й — роди́тели.

ма́ма и па́па = роди́тели
брат и сестра́
ба́бушка и де́душка

мама и папа
(родители)

Михаи́л

Ольга

4

3 Ири́на

2 Алексе́й

Ка́тя

Илья́ 5 Юля Дени́с 1

3 а) Слушайте диалог. Пишите номера фотографий по порядку, как вы слышите в диалоге.

Денис 1

3 б) Слушайте диалог ещё раз и соедините вопрос и ответ.

Кто этот мальчик? • ┄┄┄• Это мой папа.
Кто этот мужчина? • •Это моя мама.
А кто эта женщина? • •Это я.
Кто эти люди? • Это мой бабушка и дедушка.

мой брат (он)
моя сестра (она)
Я
моё вино (оно)
мой родители (они)

3 в) Пишите рассказ Дениса.

а Алексей — это мой папа.
б Ирина — это _Моя мама_.
в Михаил — это _Мой дедушка_.
г Ольга — это _Моя бабушка_.
д Илья — это _Мой брат_.
е Юля — это _Моя сестра_.
ж Алексей и Ирина — это _Мой родители_.

4 Слушайте и повторяйте слова. Смотрите фотографии задания 2а). Пишите и говорите, кто эти люди.

Михаил и Ольга — муж и жена.

муж и жена: Михаил и Ольга
сын и дочь (дети):   Алексей и Катя
_____
внук и внучка (внуки): _____
   Илья, Юля, Денис

5 а) Слушайте диалог. Отмечайте слова, которые вы слышите в диалоге. Читайте слова, которые вы отметили.

муж ✓   дети ✓   сын ✓   внуки ✓   сестра
дочь ✓   мама   папа   брат   внук ✓

5 б) Слушайте диалог еще раз. Соедините вопрос и ответ.

Кто этот мужчина? • ┄┄• Это мой муж.
Кто эти люди? • • Это я.
А кто этот молодой человек? • • Это мой дети: Алёша и Катя.
Кто эта девочка? • • Это моя дочка.
А кто эта девушка? • • Это мой сын.

5 в) Пишите рассказ Ольги.

а Михаил — это мой муж.
б Катя — _это моя дочь_.
в Алексей — _это мой сын_.
г Денис — _это мой внук_.
д Юля — _это моя внучка_.
е Алексей и Катя — _это мой дети_.
ж Юля, Илья и Денис — _это мой внуки_.

6 Дополните таблицу.

Грамматика		
он мой …	она моя …	они мой …
отец (=папа)	мать (=мама)	родители PARENTS
сын	дочь (=дочка)	дети CHILDREN
брат	сестра	брат и сестра
внук	внучка	внуки GRANDCHILDREN
дедушка	бабушка	дедушка и бабушка
муж	жена	муж и жена HUSBAND & WIFE

27

7 а) Слушайте и читайте диалоги.

— Чей это сын?
— Это мой сын.

— Чья это бабушка?
— Это его бабушка.

— Чья это дочь?
— Это моя дочь.

— Чей это учебник?
— Это твой учебник.

— Чьё это винó?
— Это ваше винó.

— Чьи это родители?
— Это их родители.

— Чьи это дети?
— Это наши дети.

— Чья это сестра?
— Это её сестра.

7 б) Смотрите таблицу. Слушайте диалоги. <u>Подчеркните</u> правильный вариант.

Грамматика

Притяжательные местоимения
(The Possessive Pronouns)

	он	она́	оно́	они́
	ЧЕЙ это брат?	ЧЬЯ это сестра́?	ЧЬЁ это винó?	ЧЬИ это дети?
Я	МОЙ	МОЯ	МОЁ	МОЙ
Ты	ТВОЙ	ТВОЯ	ТВОЁ	ТВОЙ
Мы	НАШ	НА́ША	НА́ШЕ	НА́ШИ
Вы	ВАШ	ВА́ША	ВА́ШЕ	ВА́ШИ
Он Она́ Они́		ЕГО́ ЕЁ ИХ	брат сестра́ винó дети	

1 — Извините, это ваш/ва́ша собака?
— Нет, не наш/наша.
— А чья?
— Я не знаю.

2 — Привет!
— Привет!
— Это твоя/твой брат?
— Где?
— Вон там.
— А, да. Это мой/мой брат.

3 — Извините, это Ваш/Ваше резюме?
— Нет, не моё/мой.
— А чья/чьё?
— Я думаю, это Ваша/Ваше резюме.

4 — Миша, это твоя/твой очки?
— Нет, не моя/мой.
— А чьи/чья?
— Может быть, твой/твоя?
— Да, точно! Это моя/мой очки.

5 — Лёша, это твой/твоё учебник?
— Нет, не мой/моё.
— А чей/чья? Может быть, её/его?
— Нет, это не её/его учебник. Я думаю, это её/его учебник.

7 в) Смотрите таблицу в задании 7б) и читайте модель. Составьте диалоги по модели. Используйте слова для справок.

Чей это брат?

Это мой брат.

Слова для справок:

учебник словарь сумка компьютер винó телефон очки журнал яблоко деньги часы письмо мама дедушка сестра брат папа бабушка родители

8 а) Читайте рассказ. Пишите местоимения в правильной форме.

Здравствуйте. Меня зовут Алексей. Я юрист. Я очень много работаю. А это <u>моя</u> семья. <u>моя</u> жена не работает. Она домохозяйка. <u>Её</u> зовут Ира.

<u>Мой</u> родители уже не работают. <u>Их</u> зовут Ольга Алексеевна и Михаил Сергеевич.

А это <u>Мой</u> дети: Илья, Юля и Денис. <u>Мой</u> сын Илья работает. Он программист, а <u>моя</u> дочь Юля — студентка, <u>она</u> ещё не работает. А <u>Мой</u> сын Денис — школьник.

8 б) Дополните таблицу. Читайте предложения под таблицей.

работать (I)	
Я много <u>работаю</u> Ты уже работаешь? Он/Она мало <u>работает</u>.	Мы работаем хорошо. Вы ещё <u>работаете</u>? Они плохо <u>работают</u>

— Я **ещё** не работаю.
Я студентка.

— Я **уже** не работаю.
Я на пенсии.

9 Дополните фразы словами из рамки.

> уже ≠ ещё   хорошо ≠ плохо   много ≠ мало

Мы <u>уже</u> не работаем.

Они <u>ещё</u> не работают.

Вы <u>плохо</u> работаете!

Ты <u>хорошо</u> работаешь!

Он <u>много</u> работает.

Я <u>мало</u> работаю!

10 Читайте текст. Смотрите план.
Говорите о вашей семье.
Говорите о семьях других студентов.

Меня зовут Александр. Я студент, я ещё не работаю. Моя мама — преподаватель. Мой папа — программист. Мои родители много работают. Мой брат — школьник. Мои бабушка и дедушка уже не работают.

План:
1 Как Вас зовут?
2 Кто Вы по профессии?
3 Вы работаете?
4 Ваша семья: кто они по профессии?
5 Они работают?

1 а) Смотрите картинки. Пишите номер картинки рядом со словами в рамке.

Что Вы делаете?

Я отдыха́ю.

dobryu nat

Что вы де́лаете?

Мы гуля́ем

1

2

отдыха́ть – 1
игра́ть в футбо́л – 6
чита́ть – 4
слу́шать му́зыку – 3
изуча́ть ру́сский язы́к – 7
гуля́ть – 2
занима́ться спо́ртом – 5

Что он де́лает?

он слушает музыку.

Что ты де́лаешь?

Я чуитаю.

3

4

они изучуют Русский язык!

Что она́ де́лает?

она́ занима́ется спортом.

Что вы де́лаете?

Мы играем в футбол.

5

6

7

Что они́ де́лают?

1 б) Пишите ответы на вопросы рядом с картинками. Дополните таблицу.

— Я отдыха́ю.
— Она́ занима́ется спо́ртом.
— Мы гуля́ем!
— Они́ изуча́ют ру́сский язы́к!
— Он слу́шает му́зыку.
— Мы игра́ем в футбо́л!
— Я чита́ю.

1 в) Слушайте и проверяйте.

Грамматика
Глаго́лы (Verbs) + ся

занима́ться (I) спо́ртом/му́зыкой/пе́нием

Я занима́юсь спо́ртом.	Мы занима́емся спо́ртом.
Ты занима́ешься спо́ртом.	Вы занима́етесь спо́ртом.
Он/Она́ занима́ется спо́ртом.	Они́ занима́ются спо́ртом.

2   Пишите окончания глаголов.

1 — Что ты де́ла*ешь*?
2 — Что вы де́ла**ЕТЕ**?
3 — Что он де́ла**ЕТ**?
4 — Что Вы де́ла**ЕТЕ**?
5 — Что они́ де́ла**ЮТ**?
6 — Что она́ де́ла**ЕТ**?

— Я игра́*ю* в футбол.
— Мы изуча́**ЕМ** русский язык.
— Он чита́**ЕТ** журнал.
— Я отдыха́**Ю**.
— Они́ занима́**Ю СЯ** спо́ртом.
— Она́ гуля́**ЕТ** и слу́ша**ЕТ** му́зыку.

3 а)   Дополните диалоги глаголами из задания 1а).

1 — Приве́т, Ка́тя! Что ты здесь де́ла*ешь*?
— Я _____ в футбо́л.
— Ты _____ в футбо́л?!
— Да, а что?
— Я ду́маю, что де́вушки не _____ в футбо́л!
— Де́вушки _____ спо́ртом, пра́вда?
— Да, коне́чно!
— А футбо́л — э́то спорт!

2 — Алло́, Ма́ша! Я ещё рабо́таю. А вы? Что вы _____?
— Я _____ журна́л, а де́ти _____ му́зыку.
— А ба́бушка и де́душка? Что они́ _____?
— Они́ _____ в па́рке.

3 — Извини́те, Вы — иностра́нец?
— Да, я из А́встрии. А что?
— Что Вы здесь _____?
— Я _____ ру́сский язы́к.
— Вы здесь то́лько _____ ру́сский язы́к и́ли ещё _____?
— Нет, я не рабо́таю. Я студе́нт.

3 б)   Слушайте и проверяйте.

4   Дополните диалоги местоимениями.

1 — Почему́ <u>ты</u> не чита́ешь журна́л?
— Потому́ что <u>я</u> слу́шаю му́зыку.

2 — Почему́ _____ не занима́етесь спо́ртом?
— Потому́ что _____ отдыха́ем.

3 — Почему́ _____ не игра́ет в те́ннис?
— Потому́ что _____ игра́ет в футбо́л.

4 — Почему́ _____ не рабо́тают?
— Потому́ что _____ изуча́ют ру́сский язы́к.

5 — Почему́ _____ гуля́ете?
— Потому́ что _____ не рабо́таю.

5 а)   Пишите фразы в правильном порядке.

А — А почему́ ты не изуча́_____ ру́сский язы́к?

А — Что ты здесь де́ла<u>ешь</u>? – 1

А — Нет-нет, сейча́с уже́ уро́к! Все студе́нты чита́_____ текст и говор_____ по-ру́сски!

Б — Я слу́ша_____ му́зыку.

Б — Пра́вда?!

Б — Потому́ что сейча́с переры́в, все студе́нты отдыха́_____.

5 б)   Слушайте и проверяйте.

6 а) Смотрите таблицу. Дополните предложения.

Грамматика			
ГОВОРИ́ТЬ **ЧИТА́ТЬ** } как?		**ИЗУЧА́ТЬ** **ЗНАТЬ** } что?	
ПОНИМА́ТЬ			
по-ру́сски	ру́сский язы́к		
по-англи́йски	англи́йский язы́к		
по-неме́цки	неме́цкий язы́к		
по-францу́зски	францу́зский язы́к		
по-испа́нски	испа́нский язы́к		
по-италья́нски	италья́нский язы́к		
по-япо́нски	япо́нский язы́к		

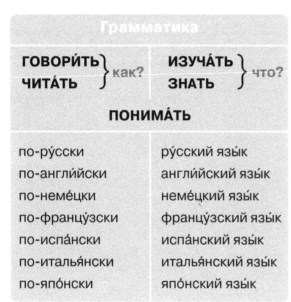

Я пло́хо говорю́ <u>по-ру́сски.</u>   Я изуча́ю <u>ру́сский язы́к.</u>

Ты хорошо́ говори́шь **по-англи́йски**?   Ты зна́ешь **англи́йский язы́к**?

Он не понима́ет **по-неме́цки**?   Он изуча́ет **неме́цкий язы́к**.

Мы пло́хо чита́ем **по-францу́зски**   Мы пло́хо понима́ем **францу́зский язы́к**

Вы чита́ете **по-испа́нски**?   Вы зна́ете **испа́нский язы́к**?

Они́ совсе́м не чита́ют **по-япо́нски**?   Они́ изуча́ют **япо́нский язы́к**

6 б) Читайте модель. Составьте аналогичные диалоги, используйте слова из таблицы 6а).

> *Ты хорошо́ говори́шь по-ру́сски?*

> *Да, я хорошо́ зна́ю ру́сский язы́к.*

7 а) Слушайте диалог. <u>Подчеркните</u> правильный глагол.

— Здра́вствуйте! Меня́ зову́т Алекса́ндр.
— Здра́вствуйте! О́чень прия́тно! Меня́ зову́т Софи́я.
— Вы иностра́нка?
— Да, я из Фра́нции. Я здесь <u>изуча́ю</u>/зна́ю ру́сский язы́к.
— Вы уже́ хорошо́ зна́ете/говори́те по-ру́сски!
— Нет, что́ Вы! Я ещё пло́хо зна́ю/изуча́ю ру́сский язы́к. Вот моя́ ба́бушка хорошо́ говори́т/чита́ет по-ру́сски, потому́ что она́ ру́сская.
— Что Вы говори́те? Пра́вда?
— Да-да, э́то пра́вда. Но мои́ де́ти изуча́ют/говоря́т то́лько по-францу́зски.
— А Ваш муж сейча́с рабо́тает и́ли то́же изуча́ет/понима́ет ру́сский язы́к?
— Нет, мой муж сейча́с отдыха́ет. Я ду́маю, он игра́ет в футбо́л.
— А что ещё Вы здесь де́лаете?
— Я мно́го гуля́ю, слу́шаю му́зыку, чита́ю журна́лы...
— ...и чита́ете/изуча́ете ру́сский язы́к!
— Да, коне́чно!

7 б) Слушайте диалог ещё раз. Отвечайте на вопросы.

1 Софи́я ру́сская?
2 Отку́да она́?
3 Её де́ти говоря́т по-ру́сски?
4 Что сейча́с де́лает её муж?
5 Как говори́т по-ру́сски ба́бушка Софи́и? Почему́?
6 Что Софи́я де́лает здесь?

7 в) Читайте диалог.

8 Составьте свой диалог. Используйте вопросы. Говорите о себе и о других студентах.

Вопро́сы:
— Отку́да вы/ты?
— Ты хорошо́ говори́шь....?
— Ты понима́ешь........?
— Вы зна́ете?.........?
— Вы изуча́ете.......?
— Что вы де́лаете в Росси́и?

1 а) Слушайте и повторяйте.

14:00 · **01:04** · **05:15** · **22:31**

1 б) Смотрите таблицу. Пишите и говорите, сколько времени.

Сколько сейчас времени?	
1 ОДИН ЧАС	1 ОДНА МИНУТА
Сейчас 21 час 31 минута.	
2 ДВА 3 ТРИ 4 ЧЕТЫРЕ } ЧАСА	2 ДВЕ 3 ТРИ 4 ЧЕТЫРЕ } МИНУТЫ
Сейчас 22 часа 44 минуты.	
0 5–20; 30… } ЧАСОВ	0 5–20; 30… } МИНУТ
Сейчас 12 часов 40 минут.	

Сейчас

3 часа́ 48 мину́т. 17 _____ 32 _____.
21 _____ 30 _____. 1 _____ 40 _____.
2 _____ 23 _____. 19 _____ 51 _____.

1 в) Читайте модель. Спрашивайте и отвечайте.

Ско́лько сейча́с вре́мени? — Сейча́с де́вять часо́в.

2 Читайте текст о Джоне. Читайте вопросы и отвечайте.

Э́то Джон. Сейча́с он живёт в Росси́и и изуча́ет ру́сский язы́к.

 Джон слу́шает му́зыку в 9 часо́в.
 Он изуча́ет ру́сский язы́к в 10 часо́в.
 В 16 часо́в Джон рабо́тает.
 В 18 часо́в он гуля́ет и отдыха́ет.
 Он занима́ется спо́ртом в 19 часо́в.
 В 21 час Джон чита́ет.

1 — Когда́ Джон изуча́ет ру́сский язы́к?
— В де́сять часо́в.
2 — Когда́ он слу́шает му́зыку?
3 — Когда́ Джон чита́ет?
4 — Когда́ он рабо́тает?
5 — Когда́ он отдыха́ет?
6 — Когда́ Джон гуля́ет?
7 — Когда́ он занима́ется спо́ртом?

3 Спрашивайте и отвечайте.

1 — Когда́ вы изуча́ете ру́сский язы́к?
— В де́сять часо́в.
2 — Когда́ вы чита́ете?
3 — Когда́ вы занима́етесь спо́ртом?
4 — Когда́ вы рабо́таете?
5 — Когда́ вы отдыха́ете?
6 — Когда́ вы гуля́ете?
7 — Когда́ вы слу́шаете му́зыку?

1 а) Смотрите картинки. Читайте слова. Соедините слова с номерами на картинках.

друг – 2
подру́га
рюкза́к
ноутбу́к
пиани́но
гита́ра
ребёнок
ка́рта
ко́шка
уче́бник
соба́ка
карти́на

а

Артём, 21, студе́нт

б

Светла́на, 34, домохозя́йка

1 б) Читайте диалоги.
Соедините диалоги с картинками.

1 — У Вас есть карти́на?
— Да, у меня́ есть карти́на. – б

2 — У тебя́ есть друг?
— Да, у меня́ есть друг.

3 — У тебя́ есть уче́бники?
— Да, у меня́ есть уче́бники.

1 в) Читайте предложения. Кто говорит?

а У меня́ есть соба́ка и ко́шка.
 – Светла́на

б У меня́ есть компью́тер и гита́ра.

в У меня́ есть ребёнок и подру́га.

г У меня́ есть уче́бник и ру́чка.

д У меня́ есть гита́ра и пиани́но.

ж У меня́ есть рюкза́к и уче́бник.

в

Алёша и Серёжа, шко́льники

2 Читайте диалоги. Составьте аналогичные диалоги со словами из задания 1а).

У Вас есть соба́ка?

Да, у меня́ есть соба́ка./ Да, есть.

У тебя́ есть ко́шка?

Нет, у меня́ нет.

34

3 а) Дополните таблицу. Смотрите картинки в задании 1а).
Читайте предложения, дополните их.

Грамматика У кого есть кто/что		
Именительный падеж (Nominative)	Винительный падеж (Accusative)	Родительный падеж (Genitive)
Это я.	Меня зовут…	У меня
Это ты.	Тебя зовут…	У тебя
Это он.	_____ зовут…	У него брат
Это она.	_____ зовут…	У неё есть сестра
Это мы.	Нас зовут…	У нас пианино
Это вы.	_____ зовут…	У вас
Это они.	_____ зовут.	У них

Это Артём. У него есть пианино, …

Это Светлана. У неё есть…

Это Алёша и Серёжа. У них есть…

3 б) Говорите, что есть у вас и у других студентов.

4 а) Слушайте два диалога. Заполните таблицу: пишите да или нет.

		брат	сестра	дети		муж жена	друг подруга	кошка	собака
				сын	дочь				
Николаев Иван Петрович возраст:_____ профессия _____	У него есть …	да							
Петрова Ольга Николаевна возраст:_____ профессия _____	У неё есть …								

4 б) Смотрите таблицу 4а). Расскажите об Иване Петровиче и Ольге Николаевне по плану:

1 Как его/её зовут?

2 Сколько ему/ей лет?

3 Кто он/она по профессии?

4 Кто у него/у неё есть?

5 а) Дополните диалоги местоимениями и предлогами.

1 — Илья́ Андре́евич, Еле́на
Петро́вна, <u>у вас</u> есть вну́ки?
— Да, __ _____ есть вну́чка.
— Как её зову́т?
— _____ зову́т И́ра.
— А ско́лько ей лет?
— _____ 13 лет. _____ шко́льница.

2 — Екатери́на Па́вловна, __ _____ есть де́ти?
— Нет, __ _____ нет.
— А __ _____ есть брат или сестра́?
— Да, __ _____ есть брат.
— Как _____ зову́т?
— _____ зову́т Дми́трий.
— Ско́лько _____ лет?
— _____ 44 го́да. _____ юри́ст.

3 — Как _____ зову́т?
— Алёша.
— Ско́лько _____ лет?
— _____ 5 лет.
— __ _____ есть брат или сестра́?
— __ _____ есть сестра́. Во́т она́.
— Как _____ зову́т?
— А́ня.
— Ско́лько _____ лет?
— _____ 18 лет. _____ студе́нтка.

4 — Кто э́то?
— Э́то мои́ друзья́.
— Как _____ зову́т?
— Та́ня и Воло́дя. _____ бизнесме́ны.
— __ _____ есть де́ти?
— Да, __ _____ есть сын и дочь.
— Ско́лько _____ лет?
— _____ 2 и 4 го́да.

🔊 **5 б) Слушайте и проверяйте.**

6 а) Смотрите картинки. Соедините слова с номерами на картинках.

маши́на – 4
велосипе́д
цветы́
телеви́зор
тетра́дь
игру́шка
газе́та
фотогра́фия
журна́л

6 б) Читайте предложения и смотрите таблицу.

Э́то Андре́**й**. У него́ есть маши́на.
Э́то его́ маши́на. Э́то маши́на Андре́**я**.

Э́то Еле́н**а**. У неё есть цветы́.
Э́то её цветы́. Э́то цветы́ Еле́н**ы**.

Э́то Дени́с. У него́ есть игру́шка.
Э́то его́ игру́шка. Э́то игру́шка Дени́с**а**.

Э́то Юл**я**. У неё есть телефо́н.
Э́то её телефо́н. Э́то телефо́н Юл**и**.

Грамматика
Родительный падеж (Genitive)

он			она́		
Дени́с	игру́шка Дени́са	∅ → –А	Еле́на	цветы́ Еле́ны	–А → –Ы
Андре́й	маши́на Андре́я	–Й → –Я	Юля	телефо́н Юли	к г х +А → –И
И́горь	И́горя	–Ь	Ви́ка	Ви́ки	
			Любо́вь	Любови	–Ь

6 в) Смотрите картинки задания 6а). Читайте модель. Говорите, чьи это вещи.

Модель:
> Э́то маши́на Андре́я.

7 Читайте предложения. Смотрите таблицу. Смотрите ещё раз картинки задания 6а) и читайте модель. Говорите, у кого сколько вещей.

Это Андрей. У него есть **одна** машин**а** и **две** газе́т**ы**.

Это Ю́ля. У неё есть **оди́н** телефо́н и **два** журна́л**а**.

Грамматика				
Р.п. (Gen.) **с числами 2,3,4.**				
У меня есть…				
он	1 **оди́н**	журна́л	2 **два**, 3,4	журна́л**а**
она́	1 **одна́**	маши́н**а** фотогра́ф**ия** тетра́д**ь**	2 **две**, 3,4	маши́н**ы** фотогра́ф**ии** тетра́д**и** НО! две до́ч**ери**

Модель:

Это Андре́й. У него́ есть две газе́ты.

8 Читайте модель. Говорите, сколько вещей есть у вас. Слушайте других студентов. Скажите, что вы узнали.

У меня́ есть оди́н телефо́н, две тетра́ди, оди́н уче́бник.

9 Смотрите схему. Читайте модель. Говорите, кто чей родственник. Используйте слова для справок и таблицу 6б).

♂ Михаи́л —┬— ♀ О́льга

♀ Ири́на —┬— ♂ Алексе́й   ♀ Екатери́на

♂ Илья́   ♀ Ю́ля   ♂ Дени́с

Модель: Илья́ — сын Алексе́я и Ири́ны.

Слова для справок: мать, оте́ц, сын, дочь, брат, муж, жена́, де́ти

10 Спрашивайте и отвечайте. Спрашивайте про других членов семьи.

Вопро́сы:

— У Вас/тебя́ есть сестра́?

— Как её зову́т?

— Ско́лько ей лет?

— Она́ уже́ рабо́тает?

— Кто она́ по профе́ссии?

1 Составьте слова из букв в скобках.

а Её <u>брат</u> ещё школьник. (т р а б)

б Эта девочка моя <u>дочка</u>. Ей сейчас 5 лет. (ч о д к а)

в Его р<u>одители</u> много работают. Они врачи. (д е л о р и т и)

г Моя б<u>абушка</u> уже не работает. Она на пенсии. (ш у б а б к а)

д У меня есть старшая с<u>естра</u>. Ей 40 лет. (с а р е с т)

е У него есть ж<u>ена</u>. Она архитектор. (е н ж а)

2 Дополните текст словами из рамки.

| наша мой их наши мои наш ~~моя~~ её |

Меня зовут Алина. Я преподаватель. Это <u>моя</u> семья. Вот <u>мой</u> муж Павел. Он тоже преподаватель. <u>мои</u> родители ещё работают, а родители Павла уже на пенсии. А это <u>наши</u> дети: Анна и Валентин. <u>наш</u> сын Валентин много работает. Он врач. _____ дочь замужем. Это _____ муж Андрей. Он юрист. А вот _____ дочь Леночка. Ей сейчас 2 года.

3 Дополните диалоги словами из рамки.

| мой моя моё мои твой твоя твои его чей чья чьё чьи |

1 — Кто эта девушка?
— Это <u>моя</u> сестра. Её зовут Оля.
— А кто это?
— А это _____ родители. Их зовут Александра и Евгений.

2 — Это Ваша собака?
— Нет, не _____. _____ собака у меня дома. Я не знаю, _____ это собака.

3 — _____ это игрушка? Мальчик, это _____ игрушка?
— Нет, не моя. У меня уже есть игрушка, вот она.
— А _____ эта игрушка?
— Может быть, это игрушка Коли?
— Коли?
— Да, это _____ друг. Он там.
— Спасибо!
— Пожалуйста!

4 — Извините, это Ваше вино?
— Нет, это не _____ вино.
— А _____?
— Я не знаю. Может быть, это _____ вино?
— Он говорит, что не _____.
— Тогда я не знаю. Извините.

5 **Мэри** — _____ это тетради? Карл, это _____ тетради?
Карл — Вот эта тетрадь _____. А те тетради не _____.
Мэри — Том, это _____ тетради?
Том — Нет, не _____. Я не знаю, _____ это тетради.

6 — _____ это карандаш?
— Это не _____. Может, это _____ карандаш?
— Нет, не _____. У меня есть ручка. Я думаю, это карандаш преподавателя.

4 Составьте диалоги. Говорите, кто что делает.

а твоя мама — читать журнал.
— Что делает твоя мама?
— Она читает журнал.

б твой отец — работать

а вы — отдыхать
б ваши студенты — изучать русский язык

а ты — говорить по-русски
б твоя сестра — слушать музыку

а твои бабушка и дедушка — гулять
б Андрей Аршавин — играть в футбол

5 Дополните диалоги словами из рамки в правильной форме.

делать   изучать   говорить   понимать
знать   читать   русский язык
японский язык   немецкий язык

1 — Привет!
— Привет!
— Что ты здесь делаешь?
— Я здесь учусь.
— А откуда ты?
— Я из Америки. А ты?
— Я из России.
— О! Из России! А я _____ русский язык!
— Правда?! Это здорово! Ты уже хорошо _____ по-русски. А я изучаю _____ _____ .
— У меня есть друг из Японии. И он тоже учится здесь, _____ немецкий язык.
— А ты _____ по-немецки?
— Нет, я совсем не говорю, я только немного _____ по-немецки.
— Понятно. Кстати, я Владимир.
— Меня зовут Том. Очень приятно, Володя!
— Очень приятно, Том!

2 Они из Германии. Они очень хорошо _____ _____ _____ . Сейчас они изучают _____ _____ . Они еще плохо _____ и _____ по-русски. А вы _____ русский язык?

6 Подчеркните правильный вариант.

а Это мой друг. У него/Его есть машина.

б Вот моя бабушка. Она/У неё есть собака.

в Это мой брат. Его/У него зовут Серёжа.

г А это я. У меня/Я есть велосипед.

д Вот мои родители. У них/Их есть деньги.

е А это моя сестра. У неё/Она студентка.

ж — У тебя/Ты есть ручка?
— Да, я/у меня есть ручка.

7 Составьте мини-диалоги по модели.

компьютер — Владимир
— Чей это компьютер?
— Это компьютер Владимира.

очки — Мария
— _____?
— _____.

ручка — Игорь
— _____?
— _____.

тетрадь — Юля
— _____?
— _____.

письмо — Елена
— _____?
— _____.

машина — Николай
— _____?
— _____.

словарь — Анна
— _____?
— _____.

часы — Стас
— _____?
— _____.

8 Пишите числа и слова в скобках в правильной форме.

У неё есть два друга и три подруги.
(2 друг/3 подруга)

У него есть _____ _____ и _____ _____. (1 игрушка/4 карандаш)

У неё есть _____ _____, _____ _____ и _____ _____.
(1 учебник/2 тетрадь/3 ручка)

У него есть _____ _____ и _____ _____.
(2 дочь/1 сын)

У него есть _____ _____ и _____ _____. (1 карта/1 велосипед)

У нас есть _____ _____, _____ _____ и _____ _____. (1 машина/1 дача/2 собака)

9 Дополните диалог глаголами.

— Что вы сегодня <u>делаете</u>?

— Мы сегодня не р_____. Мы о_____.

— А как вы о_____?

— Я и мой брат и_____ в футбол.

— А что д_____ твой папа?

— Мой папа тоже з_____ спортом, а мама ч_____.

— А твоя сестра?

— Она с_____ музыку.

— Что д_____ твои бабушка и дедушка?

— Они сегодня г_____.

10 Дополните диалоги.
Пишите слова из рамки в правильной форме.

> люди/родители   ребёнок/брат
> кошка/собака   ты/год
> студент/работать   ~~очки/Андрей~~

1 — Чьи это <u>очки</u>?
— Я думаю, это очки <u>Андрея</u>.

2 — У тебя есть _____?
— Нет, но у меня есть _____.

3 — Сколько _____ лет?
— Мне 21 _____.

4 — Кто эти _____?
— Это мои _____.

5 — Вы _____?
— Нет, я уже _____.

6 — Он один _____ в семье?
— Нет, у него есть 3 _____.

*11 Составьте рассказ из слов.

1   Я Иван мама папа Инна Петр архитектор.

Мы дача машина папа пианино мама рюкзак.

Родители работать я школьник.

Сейчас мама читать папа играть в футбол я гулять.

Меня зовут Иван. Это мои мама и папа. Их зовут Инна и Пётр. Мой папа — архитектор. У нас есть дача. Это машина папы, а это пианино мамы. А у меня есть рюкзак. Мои родители работают. Я школьник. Сейчас моя мама читает, мой папа играет в футбол. А я гуляю.

2   Я Светлана журналист семья.

Муж Александр фотограф.

Сын Артём 8 лет школьник.

Отец Александра   Норвегия Александр   знать норвежский язык   я изучать норвежский.

Сын Артём говорить   русский язык норвежский язык.

Сейчас   я   слушать музыку Саша и Артём   играть в футбол.

*12 Читайте тексты. Дополните предложения.

1   *Это Ирина. Её маму зовут Лия. Её папу зовут Антон. Это отец её мамы. Его зовут Виктор. А его жену зовут Людмила.*

Лия — мама <u>Ирины</u>.

Антон — муж _____.

Виктор — _____ Ирины.

Людмила — мама _____.

2   *Это Саша. У неё есть 2 брата — Егор и Николай. Их родителей зовут Константин и Евгения. Константин — преподаватель, а Евгения — домохозяйка. Родители Константина — врачи. Их зовут Иван и Екатерина. Отец Евгении — инженер.*

Саша — _____ Ивана и Екатерины.

Константин — отец _____, _____ и _____.

Евгения — _____ Константина.

Бабушка и дедушка _____ — врачи.

Дедушка _____ по профессии — инженер.

Николай — _____ Константина и Евгении.

1 Смотрите на фотографию. Отвечайте на вопросы.

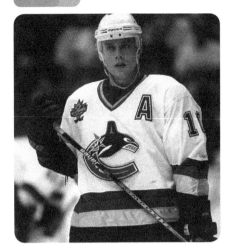

1 Вы зна́ете, кто э́то?
2 Кто он по профе́ссии?
3 Отку́да он?
4 Как вы ду́маете, ско́лько ему́ лет?

2 а) Читайте текст и проверяйте ваши ответы.

Па́вел Буре́ — спортсме́н. Он игра́ет в хокке́й. Он из Росси́и. Ему́ сейча́с 41 год. Па́вел говори́т по-ру́сски и непло́хо зна́ет англи́йский язы́к. Он хорошо́ игра́ет в футбо́л и в те́ннис. Па́вел ма́ло отдыха́ет. Когда́ у него́ есть вре́мя, он чита́ет и слу́шает му́зыку. У него́ есть жена́. Она́ моде́ль из Росси́и.

Ещё у него́ есть мла́дший брат. Его́ зову́т Вале́рий. Ему́ 38 лет. Он то́же хоккеи́ст. Сейча́с он уже́ не игра́ет в хокке́й, но он ещё занима́ется спо́ртом. У него́ есть жена́. Её зову́т Кэ́ндис Кэ́мерон. Она́ из Аме́рики. Ей 36 лет. Жена́ Вале́рия — актри́са. У них есть де́ти: два сы́на и дочь. Их ста́ршая дочь Ната́ша — шко́льница. Ей 14 лет.

Оте́ц Па́вла и Вале́рия то́же спортсме́н. Его́ зову́т Влади́мир. Ему́ 62 го́да. Он сейча́с тре́нер. Мать Па́вла и Вале́рия зову́т Татья́на. Ей то́же 62 го́да.

2 б) Пишите, правильно — П или неправильно — Н.

а Па́вел немно́го говори́т по-англи́йски. – Н
б Па́вел ма́ло отдыха́ет.
в Брат Па́вла Вале́рий ещё игра́ет в хокке́й.
г Вале́рий — ста́рший брат Па́вла.
д У него́ есть 2 сы́на и 2 до́чери.
е Ста́ршая дочь Вале́рия — шко́льница.
ж Жена́ Вале́рия — актри́са из Аме́рики.
з Оте́ц Па́вла то́же игра́ет в хокке́й.

2 в) Спрашивайте и отвечайте. Используйте имена ниже.

Па́вел   Вале́рий   Кэ́ндис   Влади́мир

— Как … зову́т?
— Ско́лько … лет?
— У … есть …?

2 г) Смотрите текст ещё раз. Составьте 5 вопросов к тексту. Спрашивайте и отвечайте.

— Отку́да Па́вел Буре́?…

3 Расскажите об известном человеке из вашей страны.

Слова́рь

ба́бушка	велосипе́д	подру́га	говори́ть	ещё
брат	газе́та	ребёнок	гуля́ть	ма́ло
внук	гита́ра	ру́сский язы́к	занима́ться	мно́го
вну́чка	журна́л	рюкза́к	знать	сейча́с
де́душка	друг	телеви́зор	игра́ть	ско́лько
де́ти	ка́рта	уче́бник	изуча́ть	по-ру́сски
дочь	карти́на	фотогра́фия	отдыха́ть	уже́
ма́ма	маши́на	цветы́	понима́ть	
па́па	мину́та	час	рабо́тать	
роди́тели	ноутбу́к	шко́льник	слу́шать	
сестра́	переры́в		чита́ть	
сын	пиани́но			

Теперь вы можете сказать:

Э́то мой брат.
Я говорю́ по-ру́сски.
Я изуча́ю ру́сский язы́к.
Э́то маши́на Андре́я.
У меня́ есть 2 журна́ла.

— Ты уже́ рабо́таешь?
— Нет, я ещё не рабо́таю.

— Ско́лько сейча́с вре́мени?
— Сейча́с де́сять часо́в.

— У тебя́ есть уче́бник?
— Да, у меня́ есть уче́бник.

— У тебя́ есть сестра́?
— Нет, у меня́ нет.

Фонетика

🔊 1 Слушайте и повторяйте.

ва – во – ву – вы
фа – фо – фу – фы
вба – вбо – вбу – вбы
фта – фто – фту – фты
вва – вво – вду – вды
фпа – фпо – фту – фты

ва – фа – ву – фу
вба – фпа – вду – фту

в ба́нке
в рестора́не
в о́фисе
в два часа́
  [чиса]
во Владивосто́ке
в^[ф] шко́ле
в^[ф] кафе́
в^[ф] теа́тре
в^[ф] три часа́
  [чиса]
в^[ф] футбо́л

ба – ва – бо – во
аба – ава
або – аво
вба – вва – вбо – вво
бал – **в**ал
бой – **в**ой
болт – **в**олк

ка – ха – ка
ко – хо – ко
ку – ху – ку
ака – аха – ако – ахо
аку – аху
ха – га – ха
хо – го – хо
ху – гу – ху
аха – ага – ахо – аго

кол – **г**ол – **х**олл
кама – **г**ам
како́й
хорошо́ – пло́**х**о
где

вы – ви – вы – ви
вэ – ве – вэ – ве
живу́ – живёт
в э́том до́ме
приве́т
ви – ве – ви – ве
фи – фе – фи – фе
ви – фи – ве – фе
визи́тка
фи́тнес-клуб

— Где ты живёшь?

— Я живу́ в Москве́.

— Ты зна́ешь, где мой ключи́?

— Ду́маю, они́ на столе́.

Запо́мните!

Это метро́.	Я в метро́.
Это кафе́.	Я в кафе́.
Это мой дом.	Я до́ма.

2 а) Смотрите фотографии. Где сейчас эти люди?

 а
 б
 в
 г
 д
 е

1 Она́ в магази́не. – в
2 Он в библиоте́ке.
3 Он в ба́ре.
4 Он в кафе́.
5 Он до́ма.
6 Он в метро́.

🔊 2 б) Слушайте диалоги по телефону. Кто говорит? Соедините диалоги с картинками.

Диало́г 1: а – е
Диало́г 2:
Диало́г 3:

3 Смотрите таблицу. Читайте диалог. Составьте аналогичные диалоги, используйте слова в рамке.

Грамматика
Предложный падеж (Prepositional)

	Что это?	Где вы сейчас?	-Е	-И
он	Это магази́н.	Я в магази́не.	∅ + -Е	
	Это музе́й.	Я в музе́е.	-Й	-Е
	Это Яросла́вль.	Я в Яросла́вле.	-Ь	
	Это санато́рий.	Я в санато́рии.		-ИЙ -ИИ
она́	Это библиоте́ка.	Я в библиоте́ке.	-А	-Е
	Это дере́вня.	Я в дере́вне.	-Я	
	Это акаде́мия.	Я в акаде́мии.		-ИЯ -ИИ
	Это Тве́рь.	Я в Твери́.	-Ь	-И
оно́	Это посо́льство.	Я в посо́льстве.	-О	-Е
	Это мо́ре.	Я на мо́ре.	-Е	
	Это зда́ние.	Я в зда́нии.		-ИЕ -ИИ

— Алло́! Где ты сейча́с?
— Я уже́ в о́фисе. А ты где?
— А я ещё в гости́нице.

~~о́фис – гости́ница~~	кафе́ – дом	теа́тр – апте́ка
суперма́ркет – парк	клуб – шко́ла	банк – рестора́н
класс – дом	посо́льство – министе́рство	магази́н – метро́

4 а) Соедините портреты известных людей а – д с предложениями 1 – 5.

Ка́рла Бру́ни

Арно́льд
Шварцне́ггер

Эми́р Кусту́рица

Алекса́ндр
Ове́чкин

короле́ва
Софи́я

1 Он из Бо́снии. Сейча́с он живёт в Се́рбии. – в

2 Он из Росси́и. Сейча́с он живёт в США.

3 Она́ из Гре́ции. Сейча́с она́ живёт в Испа́нии.

4 Он из А́встрии. Сейча́с он живёт в Аме́рике, в Калифо́рнии.

5 Она́ из Ита́лии. Сейча́с она́ живёт во Фра́нции.

4 б) Дополните таблицу.

жить (I) + где?	
Я живу́ в Росси́и.	Мы _____ в А́нглии.
Ты живёшь в Герма́нии?	Где Вы _____?
Он _____ во Фра́нции.	Они́ живу́т в Испа́нии.

5 Соедините слова в предложения.

Я   живёт   в А́нгли___, в Ло́ндон___.

Ты   живёте   во Фра́нци___, в Пари́ж___.

Он/Она́   живу́   в Росси́и, в Москве́.

Мы   живу́т   в Ита́ли___, в Ри́м___.

Вы   живёшь   в Аме́рик___, в Вашингто́н___.

Они́   живём   в Ла́тви___, в Ри́г___.

6 **а)** Соедините профессии с местами работы.

преподаватель • театр
актёр банк
врач • университет
продавец школа
экономист ресторан
турагент больница
учитель музей
официант фитнес-клуб
тренер бар
бармен магазин
экскурсовод турфирма

6 **б)** Читайте диалог. Составьте аналогичные диалоги, используйте слова из задания 6а).

Где работает преподаватель?

Преподаватель работает в университете.

7 **а)** Читайте мини-диалог. Составьте аналогичные диалоги, используйте слова из рамки.

Где учится школьник?

Школьник учится в школе.

школьник – школа
студент – университет
студентка – институт
мой друг – колледж
девушка – лицей
молодой человек – академия

7 **б)** Дополните таблицу.

учиться (II) + где?	
Я учу́сь в университе́те.	Мы уже́ не _____, мы рабо́таем.
Ты ещё у́чишься в шко́ле?	Вы _____ и́ли рабо́таете?
Он/Она́ _____ в институ́те.	Где они́ у́чатся?

8 **а)** Читайте рассказ. Дополните его словами *жить, учиться, работать*.

Здра́вствуйте! Меня́ зову́т Светла́на. Моя́ фами́лия Заха́рова. Мне 35 лет. Я балери́на. Сейча́с я _____ в Москве́ и _____ в теа́тре. У меня́ есть семья́: муж и ма́ленькая дочь. Мой муж — музыка́нт. Его́ зову́т Вади́м. Ему́ 42 го́да. Он рабо́тает в филармо́нии. Мы мно́го _____ и ма́ло отдыха́ем. На́ша дочь — ма́ленькая де́вочка. Ей то́лько 3 го́да. Она́ ещё не _____ в шко́ле. Она́ мно́го гуля́ет и игра́ет. У меня́ есть ма́ма и па́па. Они́ уже́ не _____. Они́ на пе́нсии.

8 **б)** Пишите, правильно – П или неправильно – Н.

а Светла́на живёт в Ри́ге. – Н
б Она́ рабо́тает в университе́те.
в У неё есть муж и дочь.
г Муж Светла́ны рабо́тает в филармо́нии.
д Её дочь у́чится в шко́ле.
е Ма́ма Светла́ны не рабо́тает.
ж Па́па Светла́ны рабо́тает.

9 Спрашивайте и отвечайте. Узнайте, где живут, работают и учатся другие студенты и их семьи.

1 **Смотрите картинку.**
Соедините слова с номерами на картинке.

стена́ – 1   ве́шалка
визи́тка   дива́н
па́пка   пальто́
ключ   кошелёк
календа́рь   пиджа́к
блокно́т   по́лка
зо́нтик   ва́за
докуме́нты

2 а) **Татьяна и Ирина — секретари.**
Слушайте диалоги.
Что ищет Ирина в каждом диалоге?

1 _____
2 _____
3 _____

2 б) **Слушайте диалоги ещё раз.**
Пишите, где находятся эти вещи.

1 ключи́ в/на _____
2 диск в/на _____
3 кошелёк в/на _____

3 **Смотрите схему.**
Подчеркните правильный вариант.

а Телефо́н в/на столе́.
б Очки́ в/на су́мке.
в Календа́рь в/на стене́.
г Визи́тка в/на столе́.
д Цветы́ в/на ва́зе.
е Пальто́ в/на ве́шалке.

НА

ГДЕ?

В

Пáтрик ● Санкт-Петербу́рг

● Москва́
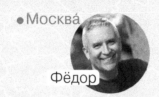
Фёдор

● Самáра
● Волгогрáд ● Екатеринбу́рг
● Со́чи

Елéна

● Омск
Дáша

● Ирку́тск

---

4 Читайте диалог. Смотрите картинку задания 1а). Спрашивайте и отвечайте, используйте слова из списка.

— Ты знáешь, где мой журнáл?

— Я ду́маю, он на дивáне. А ты знáешь, где мой диск?

— Я ду́маю, он в сумке.

Студент А	Студент Б
журнáл	диск
карандáш	ключ
пиджáк	часы́
очки́	блокно́т
дéньги	ноутбу́к
докумéнты	ру́чка
су́мка	зо́нтик
письмо́	пальто́

5 Смотрите карту России. Скажите, где живут эти люди.

6 а) Читайте информацию о Фёдоре. Слушайте диалоги и дополните информацию о других людях. Говорите, кто где живёт.

1 Мой áдрес: го́род <u>Москвá</u>
ý лица Лéнина
дом <u>94</u>
кварти́ра <u>114</u> – Фёдор

<u>Э́то Фёдор. Он живёт в Москвé, на ý лице Лéнина, в до́ме 94, в кварти́ре 114.</u>

2 Мой áдрес: го́род _____
ý лица Го́голя
дом _____
кварти́ра _____

● Якутск

● Владивосток
Виктор

3 Его а́дрес: го́род _____
проспе́кт Ми́ра
дом _____
кварти́ра _____

4 Её а́дрес: го́род _____
пло́щадь Побе́ды
дом _____
кварти́ра _____

5 Наш а́дрес: го́род _____
бульва́р Есе́нина
дом _____
кварти́ра _____

6 б) А где вы живёте?
Скажите ваш адрес.

🔊 7 **Слушайте диалоги и дополните тексты.**

Па́трик из Герма́нии. Сейча́с он живёт в Петербу́рге. Он непло́хо говори́т по-ру́сски и _____. Он у́чится в университете. А ве́чером он рабо́тает __ _____ «СССР». Он барме́н. Бар «СССР» нахо́дится __ _____.

Фёдор Ива́нович рабо́тает __ _____. Он продаве́ц в магазине «Кни́ги». Он живёт __ _____, на улице Кра́вченко, в доме 15, __ _____45.

8 **Заполните таблицу (используйте карту задания 5). Читайте текст. Расскажите о Викторе и Даше. Расскажите о себе.**

	 Еле́на	 Ви́ктор	 Да́ша
Во́зраст	24	56	11
Ме́сто жи́тельства	Сама́ра		
Профе́ссия	гид	врач	шко́льница
Ме́сто рабо́ты/ учёбы	музе́й	больни́ца	шко́ла
Говори́т (языки?)	ру́сский неме́цкий	ру́сский англи́йский	ру́сский

Её зову́т Еле́на. Ей 24 го́да. Она́ живёт в Сама́ре. Она́ гид, рабо́тает в музе́е. Еле́на говори́т по-ру́сски и по-неме́цки.

1 а) Слушайте и повторяйте слова.

прекра́сно – хорошо́ – пло́хо – ужа́сно

до́рого – дёшево   тру́дно – легко́

ве́село – гру́стно   интере́сно – ску́чно   здо́рово

1 б) Найдите и соедините антонимы.

хорошо́ •·········• пло́хо
легко́   до́рого
интере́сно   ужа́сно
ве́село   тру́дно
дёшево   ску́чно
прекра́сно   гру́стно

2 Читайте мини-диалог. А как вы думаете? Спрашивайте и отвечайте, используйте вопросы ниже и слова из задания 1а).

Как ты ду́маешь, учи́ться в университе́те тру́дно?

Да, я ду́маю, учи́ться в университе́те тру́дно, но интере́сно.

Учи́ться в шко́ле легко́?
Жить в дере́вне ску́чно?
Жить с роди́телями ве́село?
Жить одному́/одно́й хорошо́?
Жить в Москве́ дёшево?
Рабо́тать ве́чером тру́дно?

3 а) Слушайте диалог. Пишите плюс + или минус –.

	Ве́ра	Ко́стя
Учи́ться в университе́те тру́дно.	–	
Учи́ться в шко́ле легко́.		
Жить в дере́вне хорошо́.		
Жить с роди́телями ве́село.		
Жить одному́/одно́й ску́чно.		
Жить в Москве́ до́рого.		
Рабо́тать ве́чером тру́дно.		

3 б) Скажите, что думают Костя и Вера.

Ко́стя ду́мает, что учи́ться в университе́те тру́дно. А Ве́ра ду́мает, что…

4 Читайте тексты. Отвечайте на вопросы.

1 Отку́да э́ти лю́ди?
2 У них есть семья́?
3 Где они́ живу́т сейча́с?
4 Они́ рабо́тают или у́чатся? Где?

Меня́ зову́т Карл. Мне 16 лет. Я из А́встрии. У меня́ есть 3 сестры́ и ста́рший брат. Мои́ роди́тели — фе́рмеры. Жить с роди́телями о́чень тру́дно и неинтере́сно, потому́ что они́ всегда́ рабо́тают. Мы живём в дере́вне Эбена́у. Жить здесь о́чень ску́чно, потому́ что все мои́ друзья́ живу́т в За́льцбурге. Моя́ шко́ла нахо́дится там. Мой ста́рший брат то́же живёт в За́льцбурге. Он у́чится в университе́те. Я ду́маю, что жить там здо́рово!

Меня́ зову́т Ма́рко. Мне 22 го́да. Я из Ита́лии. Моя́ семья́ живёт в Сорре́нто. А я сейча́с учу́сь в Ло́ндоне в университе́те. Учи́ться немно́го тру́дно, потому́ что все ле́кции чита́ют по-англи́йски. Я говорю́ по-англи́йски не о́чень хорошо́, но у меня́ есть друг. Его́ зову́т Пол. Он из А́нглии и, коне́чно, о́чень хорошо́ говори́т по-англи́йски.

Я ду́маю, что жить одному́ очень хорошо́, потому́ что роди́тели не зна́ют, когда́ я учу́сь, а когда́ я отдыха́ю. В Ло́ндоне, коне́чно, жить о́чень до́рого, но ве́село и интере́сно.

Меня́ зову́т А́нна. Мне 45 лет. Я из Росси́и, но сейча́с живу́ в Швейца́рии. Я за́мужем. Мой муж рабо́тает в ба́нке. У нас есть дом, 3 ребёнка, соба́ка и ко́шка. Коне́чно, я сейча́с не рабо́таю, я домохозя́йка. Ду́маю, что не рабо́тать — э́то немно́го ску́чно. Наш ста́рший сын Ште́фан у́чится в университе́те. Он говори́т, что учи́ться легко́. На́ши до́чери Кри́ста и Дороте́а у́чатся в шко́ле. Роди́тели му́жа то́же живу́т с на́ми.

Я ду́маю, что жить вме́сте прекра́сно, потому́ что мы всё де́лаем вме́сте. Э́то здо́рово.

Меня́ зову́т Гали́на Анато́льевна. Мне 65 лет. Я живу́ в Росси́и, в Никола́евске. Э́то го́род на Во́лге. Я уже́ не рабо́таю, я на пе́нсии. У меня́ есть де́ти, но я живу́ одна́. Мои́ де́ти живу́т не здесь: сын рабо́тает в Москве́, а дочь — в Петербу́рге. У сы́на уже́ есть  жена́ и два ребёнка. Э́то о́чень хорошо́.

Я ду́маю, что жить одно́й пло́хо, потому́ что де́ти и вну́ки живу́т далеко́. Мы то́лько иногда́ отдыха́ем вме́сте, потому́ что они́ мно́го рабо́тают, у них ма́ло вре́мени. А я одна́. И э́то гру́стно.

5 а) Читайте тексты ещё раз. Спрашивайте и отвечайте.

1 Ста́рший брат Ка́рла у́чится в Эбена́у и́ли в За́льцбурге?

2 А где рабо́тают его́ роди́тели?

3 Друг Ма́рко из Ита́лии и́ли из А́нглии?

4 А где живёт семья́ Ма́рко?

5 Ста́рший сын А́нны у́чится в университе́те и́ли в шко́ле?

6 А где у́чатся её до́чери?

7 Дочь Гали́ны Анато́льевны рабо́тает в Москве́ и́ли в Петербу́рге?

8 А где рабо́тает её сын?

5 б) Кто это говорит?

а Жить с роди́телями тру́дно и неинтере́сно. – Карл

б Жить вме́сте с роди́телями прекра́сно.

в Жить в дере́вне о́чень ску́чно.

г Учи́ться в университе́те тру́дно.

д Жить одно́й пло́хо.

е Жить одному́ о́чень хорошо́.

5 в) Скажите, почему они так думают. Используйте модель.

Модель:

Карл ду́мает, что жить с роди́телями тру́дно и неинтере́сно, **потому́ что** роди́тели мно́го рабо́тают.

5 г) Читайте предложения. Скажите, почему они так думают, **используйте слово** поэтому.

[Джон пло́хо говори́т по-ру́сски], **ПОТОМУ́ ЧТО** [он ма́ло изуча́ет ру́сский язы́к].

[Джон ма́ло изуча́ет ру́сский язы́к], **ПОЭ́ТОМУ** [он пло́хо говори́т по-ру́сски].

[Карл ду́мает, что жить с роди́телями неинтере́сно], **ПОТОМУ́ ЧТО** [они́ мно́го рабо́тают].

[Роди́тели Ка́рла мно́го рабо́тают], **ПОЭ́ТОМУ** [он ду́мает, что жить с роди́телями неинтере́сно].

6 Наши герои говорят с друзьями. Читайте диалоги. Дополните их.

1 — Приве́т, Карл!

— Приве́т, Э́мма!

— Я из А́встрии, а ты?

— Я то́же из А́встрии.

— А где ты живёшь?

— Я живу́ ____ Эбена́у, а учу́сь в шко́ле в За́льцбурге.

— Хорошо́ жить в Эбена́у?

— Нет, там о́чень _____. Вот в За́льцбурге жить _____. Мой ста́рший брат живёт там.

2 — Здра́вствуй, Ма́рко!

— Приве́т, Ли́за!

— Ты сейча́с живёшь с роди́телями в Сорре́нто? Как у них дела́?

— У них всё _____. Но сейча́с я живу́ и учу́сь ____ _____.

— Вот э́то да! Ну и как там?

— Учи́ться, коне́чно, _____, но жить в Ло́ндоне о́чень _____.

— А там _____ жить?

— Да, о́чень до́рого.

3 — Приве́т, Анна!

— Приве́т, Иван!

— Как у тебя́ дела́?

— _____, спаси́бо. А у тебя́?

— То́же непло́хо. Ты ещё рабо́таешь в компа́нии БМВ?

— Нет, я живу́ ____ _____. Я не рабо́таю.

— Ты что, за́мужем?

— Да, мой муж из Швейца́рии. Мы живём с его́ роди́телями.

— Жить вме́сте _____?

— Нет, что́ ты, жить вме́сте _____!!!

4 — Здра́вствуйте, Гали́на Анато́льевна!

— А-а, здра́вствуйте, А́ня!

— Как Вы живёте? Как у Вас дела́?

— Ничего́, то́лько _____ жить одно́й.

— А Ваш сын?

— Он рабо́тает ____ _____.

— В Москве́? Это здо́рово! Как у него́ дела́?

— У него́ всё хорошо́.

— А Ва́ша дочь? Как у неё дела́?

— То́же норма́льно. Она́ живёт ____ _____. И сын, и дочь живу́т о́чень далеко́.

— Как жаль!

7 Спра́шивайте и отвеча́йте. Узна́йте, где и как живу́т, рабо́тают и у́чатся други́е студе́нты.

Где ты живёшь?   *Там интере́сно жить?*

Почему́?

8 Читайте модель. Пишите рассказ о себе, используйте вопросы. Используйте слова из задания 1а).

1 Как Вас зову́т?

2 Отку́да Вы?

3 Где Вы живёте сейча́с?

4 Жить здесь до́рого/дёшево?

5 Вы у́читесь/рабо́таете?

6 Как Вы ду́маете, это тру́дно/интере́сно?

7 Вы живёте оди́н/одна́?

8 Как Вы ду́маете, жить одному́/одно́й ску́чно/прекра́сно? А жить с роди́телями?

Модель: Меня́ зову́т Као́ру. Я из Япо́нии. Сейча́с я живу́ в Росси́и, в Москве́. Жить здесь, коне́чно, до́рого, но здо́рово. Я изуча́ю ру́сский язы́к и рабо́таю. Я о́чень мно́го рабо́таю. Это тру́дно, но ничего́. Изуча́ть ру́сский язы́к то́же тру́дно, но ве́село и интере́сно. Я живу́ оди́н. Ду́маю, э́то ску́чно. А с роди́телями жить хорошо́.

1 Дополните предложения словами в скобках.

а Моя сестра учится <u>в университете.</u> (университет)

б Твои ключи ___ _____? (сумка)

в Мой брат работает ___ _____. (Сибирь)

г Мои родители живут ____ _____ _____. (улица Пушкина)

д Я живу ___ _____. (Россия)

е Ваша сумка ____ _____. (диван)

ж Я сейчас ___ _____. (кафе)

з Ты ___ _____? (магазин)

и Часы и календарь ____ _____. (стена)

к Она живёт ___ _____, ____ _____ _____, ___ _____ 52, ___ _____ 18. (Самара, проспект Победы, дом, квартира)

2 Дополните текст словами в скобках.

Борис Борисович Гребенщиков — известный рок-музыкант. Он из Петербурга. Ему 59 лет. Сейчас он <u>живёт</u> (жить) и работает ___ _____, ___ _____ (Россия, Петербург). Он женат. У него есть 2 дочери и сын. Жена Бориса, Ирина, — театральный режиссёр, но сейчас она не _____ (работать). Его мама, Людмила, по профессии юрист, но сейчас она уже ___ _____ (пенсия). Его старшая дочь Алиса _____ (жить) и работает в Москве. Она актриса. Она работает ___ _____ (театр) и ___ _____ (кино). Сын Бориса Глеб сейчас не работает и не _____ (учиться). А младшая дочь учится ___ _____, ___ _____ (университет, Петербург). Её зовут Василиса.

3 Соедините вопросы 1 – 7 с ответами а – ж.

1 Ты уже дома?

2 Она учительница?

3 Вы врач?

4 Вы из Италии?

5 Они студенты?

6 Он живёт в Москве?

7 Она работает или учится?

а Нет, я живу в Барселоне.

б Да, они учатся в университете.

в Да, она работает в школе.

г Она и работает, и учится.

д Нет, я ещё в офисе.

е Да, в центре.

ж Нет, я ещё учусь в институте.

4 Читайте диалоги, придумайте информацию о людях. Дополните диалоги.

— Добрый день!
— Здравствуйте!
— Как Вас зовут?
— Меня зовут _____.
— Кто Вы по профессии?
— Я _____.
— Откуда Вы?
— Я ___ _____.
— Где вы живёте сейчас? Ваш адрес, пожалуйста.
— Сейчас я _____ ___ _____, ___ _____ _____, ___ _____ ___, ___ _____ ___.
— Так, хорошо. Вы женаты/замужем?
— Да, у меня есть _____ / Нет, я не _____.
— У Вас есть дети?
— _____ _____.
— Вы говорите по-английски?
— _____ _____.
— Большое спасибо! До свидания!
— Всего доброго!

5 Пишите антонимичные фразы.

а Моя сестра думает, что жить с родителями
   хорошо. А я думаю, что жить
   с родителями плохо.

б Мои родители думают, что жить
   в деревне прекрасно. А я думаю, что
   _____
   _____ .

в Мой друг думает, что учиться
   в университете трудно. А я думаю, что
   _____
   _____ .

г Моя бабушка думает, что жить одной
   грустно. А я думаю, что
   _____ .

д Моя подруга думает, что работать
   в магазине интересно. А я думаю, что
   _____
   _____ .

е Мои друзья думают, что жить в Лондоне
   дёшево. А я думаю, что _____
   _____ .

6 Дополните предложения подходящими
словами из рамки.

> ужасно   хорошо   трудно
> здорово   прекрасно   скучно

Жить вместе _____, потому что
мы всё делаем вместе.

Жить в деревне _____, потому
что все мои друзья живут в городе.

Жить одному _____, потому что
мои родители и друзья живут далеко.

Учиться в университете _____,
потому что здесь очень интересно.

Работать вечером _____, потому
что я много учусь.

Жить одному _____, потому
что родители не знают, когда я учусь,
а когда отдыхаю.

◀)) *7 Слушайте рассказ Марии. Дополните
информацию.

Её зовут Мария. Она из _____.
Сейчас Мария живёт __ _____
и учится __ _____. Она думает,
что жить с родителями _____.
Она говорит, что _____ ____
_____ трудно. Ещё Мария
занимается спортом ___ _____,
читает _____. Она и её друзья
вместе _____ и _____
в парке. Мария говорит, что жить
в Петербурге _____, но дорого.

8 Найдите ошибки.

а Она уже ~~в~~ дома.
б Мой друг живут в Москве.
в Вы учитесь школе?
г Моя подруга работает в музей.
д Я живу в Петербурге, в проспекте Мира.
е Моя сестра учусь в школе.
ж Я живу сейчас в Германия.
з Календарь в стене.

Слова́рь

балери́на	теа́тр
барме́н	пальто́
гид	па́пка
продаве́ц	парк
тре́нер	пиджа́к
учи́тель	пло́щадь
экономи́ст	посо́льство
экскурсово́д	проспе́кт
	рестора́н
акаде́мия	стена́
апте́ка	суперма́ркет
банк	турфи́рма
бар	у́лица
библиоте́ка	фи́тнес-клуб
блокно́т	шко́ла
больни́ца	
бульва́р	ве́село
ве́шалка	вме́сте
визи́тка	гру́стно
гости́ница	далеко́
дива́н	дёшево
докуме́нты	до́рого
дом	здо́рово
зо́нтик	иногда́
календа́рь	интере́сно
кварти́ра	коне́чно
ко́лледж	легко́
консервато́рия	о́чень хорошо́
кошелёк	пло́хо
магази́н	прекра́сно
министе́рство	ску́чно
музе́й	совсе́м
календа́рь	тру́дно
класс	ужа́сно
ключ	
клуб	жена́т
лице́й	за́мужем
о́фис	

1 Смотри́те спи́сок слов.
Пиши́те / рису́йте, что где нахо́дится.
Чита́йте моде́ль. Спра́шивайте и отвеча́йте.

календа́рь	ключи́
зо́нтик	маши́на
блокно́т	велосипе́д
визи́тка	цветы́
пальто́	вино́
кошелёк	
па́пка	

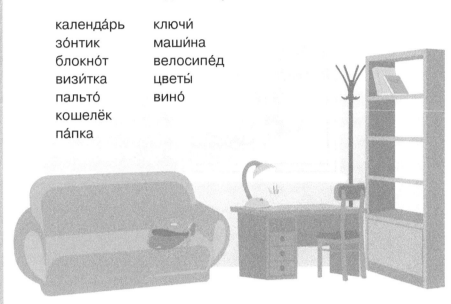

А́лекс, где твой блокно́т?

Мой блокно́т на столе́. Оли́вия, где твоё пальто́?

Моё пальто́ на ве́шалке. ...

2 Скажи́те, где нахо́дятся ве́щи други́х студе́нтов.

Тепе́рь вы мо́жете сказа́ть:

Я живу́ в Москве́.
Преподава́тель рабо́тает в университе́те.
Шко́льник у́чится в шко́ле.
Ключи́ на по́лке.
Пальто́ на ве́шалке.
Визи́тка в су́мке.

— Где Вы живёте?
— Я живу́ в Санкт-Петербу́рге, на проспе́кте Ми́ра, в до́ме 35, в кварти́ре 19.

— Как Вы ду́маете, жить одному́ хорошо́?
— Я ду́маю, что жить одному́ ску́чно.
— Почему́?
— Потому́ что мои́ роди́тели далеко́. А с роди́телями жить ве́село, потому́ что мы всё де́лаем вме́сте.

Фонетика

🔊 **1** **Слушайте, читайте, повторяйте.**

Ы — И

ы – и – ы   и – ы – и
и – пы – и – бы – и – мы
ык – ик – их
ып – ип – ым – им

ык – ыг
ки – ги
ыки – ыги

вы – бы – вы́ход – клу́бы
мы – жи – мы́ши – пля́жи
жил – мыл – был – плыл

Мы́ши жи́ли на гроши́ и служи́ли как пажи́.

ЫЙ — ИЙ

бы – бый пы – пый вы – вый
мы – мый ны – ный ги – гий ки – кий

ски – цки   ски – ский   цки – цкий

ста́рый   но́вый – ру́сский францу́зский

Но́вый ру́сский купи́л ста́рый францу́зский сыр.

АЯ — ЯЯ

а –я – а́я – я́я
да – да́я – та – тая
ва – вая – ла – лая

молода́я краси́вая – си́няя после́дняя

Молода́я краси́вая де́вушка, вот Вам на́ша после́дняя си́няя руба́шка.

ЫЕ — ИЕ

вы – вы́е   мы – мы́е ты – ты́е
ны – е – ны́е   ры – е – ры́е

ки – ги – ки́е – ги́е
жи –ши – жи́е – шие

дешёвые ужа́сные – хоро́шие дороги́е

На́ши карандаши́ дешёвые, но хоро́шие, а ва́ши карандаши́ ужа́сные и дороги́е.

1 **а)** **Пишите названия к группам слов:**

> Учёба, Спорт, Рабо́та, Еда́, Культу́ра,
> О́тдых на приро́де

Учёба _____   _____

университе́т	апте́ка	бассе́йн
шко́ла	банк	стадио́н
институ́т	о́фис	фи́тнес-клуб
библиоте́ка	больни́ца	спортза́л
акаде́мия	поликли́ника	те́ннисный корт
консервато́рия	аэропо́рт	
лице́й	вокза́л	
	заво́д	
	по́чта	

_____   _____   _____

кафе́		теа́тр
бар	сад	музе́й
рестора́н	парк	кинотеа́тр
ры́нок	лес	филармо́ния
магази́н	о́зеро	клуб
суперма́ркет	мо́ре	
	пляж	
	о́стров	
	да́ча	

1 **б)** **Найдите эти места на картинках:**

це́рковь — 1	пляж
бассе́йн	о́стров
сад	лес
заво́д	больни́ца
библиоте́ка	ры́нок
магази́н	мо́ре

🔊 **2** **Слушайте и соедините письма а-д и картинки районов 1-5.**

а – 3
б –
в –
г –
д –

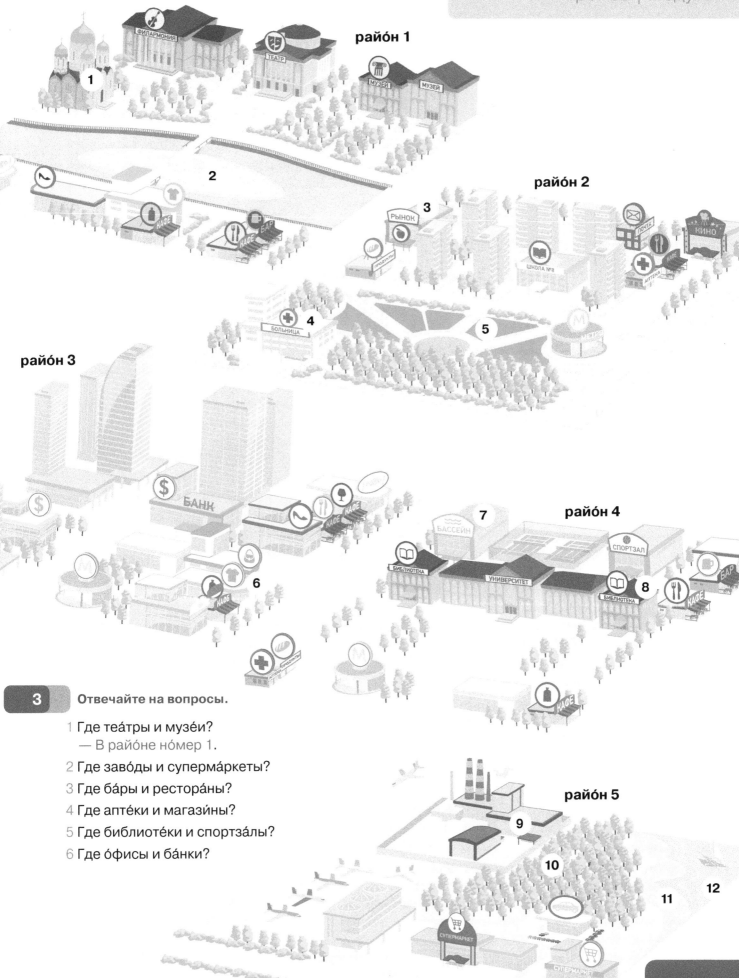

район 1

район 2

район 3

район 4

район 5

3 **Отвечайте на вопросы.**

1 Где теа́тры и музе́и?
— В райо́не но́мер 1.

2 Где заво́ды и суперма́ркеты?

3 Где ба́ры и рестора́ны?

4 Где апте́ки и магази́ны?

5 Где библиоте́ки и спортза́лы?

6 Где о́фисы и ба́нки?

4 **а)** Читайте таблицу.

Грамматика
Множественное число существительных (Plural of nouns)

он		она́		оно́		
магази́н	магази́ны					-∅ → -Ы
		шко́ла	шко́лы			-А
музе́й	музе́и					-Й
		акаде́мия	акаде́мии			-Я
слова́рь	словари́					-Ь → -И
		це́рковь	це́ркви			
банк	ба́нки					к, г, х, ж, ш, ч, щ
ры́нок	ры́нки					
пляж	пля́жи					
		апте́ка	апте́ки			
				окно́	о́кна	-О → -А
				о́зеро	озёра	-Е → -Я
				мо́ре	моря́	

Запомните!

он		она		оно	
дом	дома́	мать	ма́тери	де́рево	дере́вья
го́род	города́	дочь	до́чери		
лес	леса́	сестра́	сёстры	о́зеро	озёра
о́стров	острова́				
друг	друзья́				
брат	бра́тья				
сын	сыновья́				
муж	мужья́				
стул	сту́лья				
челове́к	лю́ди				
ребёнок	де́ти				

4 **б)** Пишите окончания множественного числа.

а Э́тот **райо́н** — **центр** би́знеса. Здесь есть о́фис___ и ба́нк___, а та́кже магази́н___ и бути́к___ и, коне́чно, здесь есть каф___, рестора́н___ и бистр___. Вот в э́том небоскрёбе нахо́дится моя́ **компа́ния**, и э́то о́чень удо́бно.

б Э́то промы́шленный райо́н. Здесь недалеко́ есть **аэропо́рт**. Там лес, а вот там уже́ **мо́ре**. Здесь есть больши́е заво́д___, а та́кже автомоби́льные сало́н___ и суперма́ркет___.

в Я рабо́таю в музе́е в це́нтре го́рода. Здесь о́чень краси́во. Все музе́___ нахо́дятся на о́строве. Там та́кже есть большо́й **парк**. В це́нтре го́рода есть всё для тури́стов: теа́тр___, па́рк___, сад___, рестора́н___ и каф___. Здесь недалеко́ есть **филармо́ния** и ста́рая **це́рковь**, а та́кже ба́р___ и магази́н___.

г Это студе́нческий **городо́к**. Вот там — **университе́т**, а здесь живём мы. Вот здесь недалеко́ есть **бассе́йн** и **апте́ка**. А там — библиоте́к___, спортза́л___ и те́ннисные ко́рт___. Та́кже здесь есть магази́н___, каф___ и бистр___, ба́р___ и клу́б___. Жить здесь ве́село.

д Я живу́ в э́том райо́не. Здесь дом___, дом___, дом___... А вон там мой дом, а ря́дом моя́ **шко́ла**. А вот **метро́.** О́коло него́ есть **ры́нок, по́чта** и больша́я **больни́ца,** а та́кже магази́н___ и апте́к___. А вон там — **вокза́л, кинотеа́тр** и **кафе́.**

4 **в)** **Пишите множественное число выделенных существительных.**

5 **а)** **Распределите слова по группам.**

преподава́тель
секрета́рь
ру́чка
друг
письмо́
компью́тер
каранда́ш
студе́нт
докуме́нт
брат
ко́шка
уче́бник
дочь
стул

университет

офис

дом

стол
ребёнок
тетра́дь
сестра́
телефо́н
челове́к
окно́
слова́рь
ла́мпа
сын
соба́ка
карти́на
телеви́зор

5 **б)** **Скажите, что/кто есть в офисе, в университете и дома. Используйте формы множественного числа.**

В о́фисе есть секретари́,_____

_____

В университе́те есть _____

_____

До́ма есть _____

_____

1 а) Читайте тексты и расскажите о людях на фотографиях.

Катя и Игорь из России в отпуске. Швейцария. Люцерн.

1 Как их зовут?
2 Откуда они?
3 Где они сейчас?

От кого: anna_geber@yahoo.ch
Кому: kate_and_igor@mail.ru
Тема письма: Привет из России!

Привет, Катя и Игорь!
Как дела? У нас всё отлично. Мы уже не дома в Швейцарии, а в России, в Санкт-Петербурге. Это большой и красивый город! Здесь прекрасные музеи и хорошие недорогие рестораны. Мы учимся в школе, изучаем русский язык. Школа большая, преподаватели хорошие и студенты тоже очень симпатичные. Здесь учатся люди из Германии, Франции, Швейцарии, Бельгии, Англии, Чехии... Я уже чуть-чуть говорю по-русски, но я думаю, что русский язык очень трудный. Мартин тоже так думает. Мы живём в семье. Наша хозяйка — молодая и симпатичная женщина. Её зовут Наталья. Наша комната большая, но совсем некрасивая. И ещё одна проблема — в Петербурге всегда плохая погода!

А где вы сейчас? Что делаете? Как отдыхаете?

Ну, всё. Пока.
Целуем,
Анна и Мартин

Анна, Мартин из Швейцарии в отпуске.
Санкт-Петербург

Дорогие Анна и Мартин!
Это наш последний день в Швейцарии. Мы отдыхаем в Люцерне. Это маленький и очень красивый город в горах. Горы здесь тоже очень красивые. Рядом прекрасное большое озеро. Здесь всегда хорошая погода. Мы живём в коттедже. Это новый и симпатичный коттедж. Наша комната маленькая, но очень красивая. Конечно, у нас есть проблемы: здесь хорошие, но очень дорогие рестораны. И туристы здесь ужасные! А как у вас дела? Какая погода в Питере?
Пока и до встречи.
Ваши друзья Катя и Игорь

Россия, Санкт-Петербург, ул. Садовая, кв.6, Гебер Анне и Мартину

2 Читайте слова.

  прекрасный
хороший

 ужасный
плохой,
не очень хороший

 большой

 маленький

 молодой

 старый,
немолодой

 новый

 старый

 красивый

 некрасивый

1 б) Читайте тексты ещё раз.
Переведите выделенные слова.

3 **а)** Читайте таблицу.

Какой? m (он)	Какая? f (она́)	Какое? n (оно́)	Какие? pl (они́)
-ый/-о́й -ий	-ая -яя	-ое -ее	-ые -ие
о/о́ краси́вый молодо́й -ый / -о́й	краси́вая молода́я -ая	краси́вое молодо́е -ое	краси́вые молоды́е -ые
си́ний после́дний -ий	си́няя после́дняя -яя	си́нее после́днее -ее	си́ние после́дние -ие
ч ж ш щ хоро́ший большо́й -ий / -о́й	хоро́шая больша́я -ая	хоро́шее большо́е -ее / -о́е	хоро́шие больши́е -ие
к г х ру́сский дорого́й -ий / -о́й	ру́сская дорога́я -ая	ру́сское дорого́е -ое	ру́сские дороги́е -ие

3 **б)** Дополните таблицу, смотрите письма задания 1а).

	Анна и Ма́ртин	Ка́тя и И́горь
го́род	большо́й, краси́вый	
ко́мната		
пого́да		
рестора́ны		
лю́ди		

3 **в)** Составьте диалоги по модели. Используйте информацию из таблицы 3б).

Какой там го́род?

Там большо́й и краси́вый го́род.

4 Спра́шивайте и отвеча́йте.

Са́нкт-Петербу́рг — большо́й/ма́ленький го́род.

— Са́нкт-Петербу́рг большо́й или ма́ленький го́род?
— Са́нкт-Петербу́рг — большо́й го́род.

1. Ру́сский язы́к тру́дный/лёгкий.
2. Преподава́тели в шко́ле хоро́шие/плохи́е.
3. Э́то их пе́рвый/после́дний день в Швейца́рии.
4. Шко́ла в Петербу́рге больша́я/ма́ленькая.
5. Музе́и в Петербу́рге прекра́сные/ужа́сные.
6. Хозя́йка молода́я/ста́рая же́нщина.
7. Котте́дж в Люце́рне но́вый/ста́рый.
8. О́зеро в Люце́рне большо́е/ма́ленькое.
9. Го́ры в Люце́рне краси́вые/некраси́вые.

5 Соедини́те слова́ и соста́вьте предложе́ния по образцу́. Поста́вьте прилага́тельные в пра́вильную фо́рму:

То́кио — Како́й э́то го́род?
— Э́то большо́й го́род.

большо́й / ма́ленький	Ри́га Ватика́н Фиа́т МГУ Эрмита́ж Байка́л	страна́ музе́й университе́т го́род о́зеро маши́на

молодо́й / немолодо́й	Умбе́рто Э́ко Клинт И́ствуд Лионе́ль Ме́сси Те́йлор Свифт	актёр спортсме́н писа́тель певи́ца

но́вый / ста́рый	Но́вая О́пера Коло́менское Кунстка́мера «Арара́т»	музе́й рестора́н теа́тр парк

дорого́й / дешёвый	Ферра́ри Ро́лекс Макдо́налдс Ба́лтика Луи́ Витто́н Аша́н	часы́ кафе́ пи́во су́мка маши́на магази́н

6 Читайте предложения, дополните их союзами и, а, но.

Петербу́рг — это большо́й ⁺ и ⁺ краси́вый го́род.

Háша ко́мната больша́я, ⁺ но совсе́м некраси́вая.

Háша ко́мната больша́я, ⁺ а ва́ша ко́мната ма́ленькая.

а Háша ко́мната ма́ленькая, но о́чень краси́вая.

б Петербу́рг — большо́й го́род, ___ Люце́рн — ма́ленький.

в Это о́зеро большо́е ___ о́чень краси́вое.

г В Петербу́рге плоха́я пого́да, ___ в Люце́рне хоро́шая.

д В Люце́рне рестора́ны хоро́шие, ___ о́чень дороги́е.

е Этот котте́дж но́вый ___ симпати́чный.

+ и +
− и −

❶+, но ❶−
❶−, но ❶+

❶+, а ❷−
❶−, а ❷+

7 Дополните предложения.

а Это большо́й и краси́вый парк.

б Моя́ ко́мната ма́ленькая, а его́ ко́мната _____.

в Это ста́рая, но _____ це́рковь.

г Испа́нский язы́к лёгкий, а кита́йский — _____.

д Это дешёвое, но _____ кафе́.

е Это молодо́й и _____ челове́к.

8 Слушайте тексты и дополните их прилагательными в правильной форме.

большо́й   краси́вый   ста́рый   тру́дный лёгкий   молодо́й   симпати́чный   дорого́й

Олёг и Оля

Мы из Росси́и, но сейча́с живём в Пари́же. Пари́ж — большо́й и _____ го́род. Музе́и, магази́ны, у́лицы, па́рки — всё о́чень _____. Мы у́чимся в Сорбо́нне. Сорбо́нна — _____ и _____ университе́т. Олёг уже́ непло́хо говори́т по-францу́зски. Он ду́мает, что францу́зский язы́к _____, а я ду́маю, что он _____. Мы живём в семье́. Это _____ и о́чень _____ лю́ди. Их зову́т Пьер и Мари́. У нас всё хорошо́! То́лько магази́ны здесь о́чень _____!

хоро́ший   прекра́сный   ма́ленький   краси́вый

Дэ́вид и Макс

Я из Аме́рики, но сейча́с рабо́таю в Эквадо́ре. Я журнали́ст, а мой друг Макс — фото́граф. Он из Кана́ды. Он о́чень _____ челове́к и мой _____ друг. Мы ча́сто рабо́таем вме́сте. Наш го́род о́чень _____. Здесь ря́дом есть мо́ре и _____ го́ры. Мы живём в бунга́ло. Это _____ ме́сто!

большо́й   ма́ленький симпати́чный   прекра́сный дешёвый   хоро́ший   краси́вый

Хе́лен и Рена́та

Мы из Герма́нии, но сейча́с мы в Еги́пте. Мы живём в оте́ле. Наш оте́ль о́чень _____ ! Здесь есть бассе́йны, те́ннисные ко́рты, ба́ры, рестора́ны и магази́ны. Наш но́мер _____, но о́чень_____ . Кра́сное мо́ре _____! Магази́ны о́чень _____. Пого́да _____! А каки́е здесь лю́ди! Они́ о́чень-о́чень _____.

1 а) Смотрите фотографии в задании 3. Кто эти люди? Откуда они? Где они живут?

Её зову́т Люси́я Ко́нти. Она́ гид.
Ей 23 го́да. Она́ из Вене́ции.
Она́ живёт в Вене́ции. Она́ италья́нка.

1 б) Найдите эти места на фотографиях.

> дворе́ц собо́р река́ мост пло́щадь

2 Читайте названия частей света. Отвечайте на вопросы.

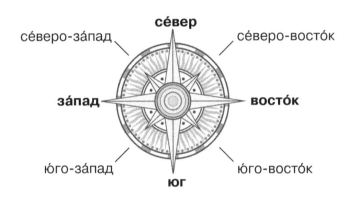

се́веро-за́пад **се́вер** се́веро-восто́к
за́пад **восто́к**
ю́го-за́пад **юг** ю́го-восто́к

1 Где нахо́дится Ита́лия?
— На ю́ге Евро́пы.
2 Где нахо́дится Гренла́ндия?
3 Где нахо́дится Испа́ния?

ГДЕ?
на се́вере
на ю́ге
на за́паде
на восто́ке

НО! в це́нтре

 Обратите внимание!

! юг Евро́п**ы**, центр Евро́п**ы**, северо-за́пад Евро́п**ы**
! юг А́зи**и**, центр А́зи**и**, северо-за́пад А́зи**и**
! юг Аме́рик**и**, центр Аме́рик**и**, северо-за́пад Аме́рик**и**

3 Читайте тексты и отвечайте на вопросы. Переведите выделенные слова.

1 Где нахо́дится Москва́?
2 Где нахо́дится Нук?
3 Где нахо́дится Вене́ция?

Люси́я Ко́нти, гид

Вене́ция, Ита́лия

Вене́ция не о́чень большо́й, но уника́льный го́род на се́вере Ита́лии. Почему́ он уника́льный? Потому́ что он нахо́дится на воде́! Вене́ция — э́то острова́, кана́лы и мосты́. Здесь есть прекра́сные дворцы́ и ста́рые це́ркви. Коне́чно, здесь есть больши́е дороги́е магази́ны и ма́ленькие дешёвые рестора́ны. Но гла́вная достопримеча́тельность Вене́ции — пло́щадь Сан-Ма́рко! Вене́ция — э́то го́род карнава́ла. Му́зыка, арти́сты и певцы́ везде́!

Елéна Васíльева, студéнтка

Москвá, Россия

Нук , Гренлáндия

Геóрг Твид, рыбáк

Москвá — столица Россíи!
Это уникáльный гóрод на зáпаде Россíи.
Почемý? Потомý что здесь есть всё:
прекрáсные цéркви и собóры, широкие
проспéкты и ýзкие ýлицы, дорогие
супермáркеты и дешёвые рынки.
Здесь есть шкóлы и университéты,
фáбрики и завóды, вокзáлы и аэропóрты.
Это большóй, стáрый, óчень красивый,
но óчень шýмный гóрод на Москвá-рекé.
В цéнтре гóрода нахóдится Крáсная
плóщадь. И, конéчно, глáвная
достопримечáтельность Москвы́ —
Кремль. Это фантастическое мéсто!

Нук — столица Гренлáндии. Это óчень
мáленький, тихий, не óчень красивый, но
уникáльный гóрод на зáпаде Гренлáндии.
Почемý? Это óчень интерéсный гóрод,
потомý что здесь всегдá холóдная
погóда, а рядом тёплое мóре. Здесь есть
мáленькие магазины, кафé и небольшáя
стáрая цéрковь. Здесь есть шкóлы,
кóлледжи и дáже университéт.
Но глáвная достопримечáтельность Нýка —
ледянóй отéль. Он рабóтает всегдá!

---

4 Соедините города с их описáнием.

Венéция,
Итáлия

1 Здесь нахóдится небольшáя стáрая цéрковь.

2 Мýзыка, певцы и артисты вездé.

3 Здесь есть широкие проспéкты и ýзкие ýлицы.

4 Здесь есть островá, канáлы и мосты.

5 Это óчень тихий гóрод.

Москвá,
Россия

6 Здесь есть шкóлы и университéты, фáбрики
и завóды, вокзáлы и аэропóрты.

7 Рядом нахóдится тёплое мóре.

8 Это óчень шýмный гóрод.

Нук,
Гренлáндия

9 Здесь есть кафé, магазины, канáлы и мосты.

10 Здесь всегдá холóдная погóда.

11 Это óчень мáленький, тихий, не óчень красивый,
но óчень интерéсный гóрод.

12 Здесь есть прекрáсные дворцы и стáрые цéркви.

5 Отвечáйте на вопрóсы.

1 Почемý Москвá уникáльный
гóрод?

2 Почемý Венéция уникáльный
гóрод?

3 Почемý Нук óчень интерéсный
гóрод?

6 Спрáшивайте и отвечáйте.

— Где нахóдится твой гóрод?

— Это большóй гóрод?

— Там есть стáрые цéркви,
собóры, …?

— Какие достопримечáтельности
есть в гóроде?

1 Дополните предложения.

а Германия, Россия, Франция, Латвия — это страны.

б Москва, Рига, Берлин, Париж — это _____.

в Лувр, Эрмитаж, Прадо, Пинакотека — это _____.

г Мадагаскар, Ява, Хонсю, Гренландия — это _____ .

д Красное, Балтийское, Северное, Чёрное — это _____ .

е Студент, девушка, мужчина, женщина — это _____.

ж Домодедово, Пулково, Орли, Хитроу — _____.

2 Пишите прилагательные в правильной форме. Пишите вопросы.

1 — Какая это школа?
— Это маленькая школа. *(маленький)*

2 — _____ _____
_____ ?
— Здесь есть _____ заводы и фабрики. *(большой)*

3 — _____ _____?
—Это _____ ресторан. *(дорогой)*

4 — _____ _____?
— Здесь всегда _____ погода. *(тёплый)*

5 — _____ _____?
— Это озеро _____ *(красивый)*.

6 — _____ _____?
— Здесь есть _____ церковь. *(старый)*

7 — _____ _____?
— Москва — _____ город. *(шумный)*

8 — _____ _____?
— Здесь есть _____ рынки. *(дешёвый)*

3 Какое слово лишнее?

а Школа, университет, колледж, ~~завод~~.

б Сад, парк, магазин, лес.

в Гора, море, река, озеро.

г Магазины, театры, музеи, библиотеки.

д Прекрасно, красивый, ужасный, плохой.

е Дорогой, большой, маленький, дёшево.

ж Север, город, запад, юг.

з Братья, дети, дома, сёстры.

и Церкви, озёра, парки, пляжи.

4 Дополните предложения союзами и, а, но, потому что.

а Это большой и красивый город.

б Я думаю, у нас очень хорошая квартира, _____ _____ она большая и красивая.

в Здесь есть хорошие, _____ очень дорогие рестораны.

г Токио — очень большой город, ____ Люцерн — маленький.

д Это маленький ____ очень красивый город.

е На севере холодная погода, ____ на юге — тёплая.

5 Дополните текст предлогами **в, на, из.** Пишите окончания.

От кого: steve_smith@gmail.com
Кому: _____
Тема письма: Привет из Сибири!

Дорог___ _____!
Привет <u>из</u> <u>России</u>! Мы сейчас ___ Омск___. Это большой город ___ юг___ Сибир___. Он красив___, но шумн___. Здесь есть *(мн.ч.)* больш___ завод___ и фабрик___, школ___ и университет___, музе___ и театр___. Главная достопримечательность Омск___ — это больш___ собор ___ центр___ город___. Мы учимся ___ университет___. Это очень хорош___ университет. Он находится ___ запад___ Омск___. Наша группа очень больш___. Здесь учатся студент__ ___ Герман___, Англ___, Япон___. Все студент__ __ групп___ очень симпатичн___. Мы живём ___ квартир___. Это очень маленьк___, но нов___ и красив___ квартира. Рядом есть больш___ супермаркет и маленьк___ дешёв___ рынок. Я думаю, что жить ___ Росси___ очень трудно. Почему? Потому что ___ Сибир___ очень холодная погода! Но это фантастическ___ место!

Ну, всё. Пока!
Стив

6 Пишите ответ на письмо Стива. Расскажите, что есть в городе, где вы живёте или работаете. Используйте слова из рамки.

> находиться горы море озеро
> река собор площадь церковь
> рынок достопримечательность мост

@ – собака
. – точка
ru – ру

Это мой город. Здесь есть …
Там есть … Ещё там есть …

7 Пишите окончания.

1 Здесь находится небольш___ стар___ церковь.

2 Здесь есть широк___ проспект___ и узк___ улиц___.

3 Здесь есть остров___, канал___ и мост___.

4 Это очень тих___ город.

5 Здесь всегда тёпл___ погода.

6 Рядом находится тёпл___ море.

7 Это очень шумн___ город.

8 Здесь всегда холодн___ погода.

9 Здесь есть прекрасн___ дворц___ и стар___ церкв___.

8 Пишите антонимы.

маленький — <u>большой</u>

красивый — _____

ужасный — _____

дешёвый — _____

хороший — _____

молодой — _____

первый — _____

лёгкий — _____

старый — _____
(телевизор)

Словарь

академия	спортзал
аптека	стадион
аэропорт	супермаркет
банк	театр
бар	теннисный корт
бассейн	университет
библиотека	фабрика
больница	филармония
вокзал	фитнес-клуб
дача	церковь
дворец	школа
завод	
институт	
кафе	большой
кинотеатр	дорогой
клуб	интересный
консерватория	красивый
лес	лёгкий
лицей	маленький
магазин	молодой
море	некрасивый
мост	немолодой
музей	новый
озеро	плохой
остров	последний
офис	прекрасный
парк	симпатичный
площадь	старый
пляж	тёплый
поликлиника	трудный
почта	ужасный
река	узкий
ресторан	уникальный
рынок	холодный
сад	хороший
собор	широкий

Теперь вы можете сказать:

— Где находится этот город?
— На севере / на юге / на западе / на востоке.

— Какие достопримечательности есть в городе?
— Здесь / там есть … .

Это не очень хороший ресторан.

---

1 Отвечайте на вопросы:

1 Вы знаете эти достопримечательности?

2 Какие достопримечательности находятся в Москве, какие в Санкт-Петербурге, а какие — в Риге?

3 Какие достопримечательности вы уже видели, а какие ещё нет?

4 Какие достопримечательности есть в Вашем городе?

 а
 б
 в
 г
 д
 е

2 Соедините фотографии а-ж с репликами 1-7.

1 — Это Зимний дворец?
— Да, это он.
— Какой красивый! — б

2 — Это храм Василия Блаженного на Красной площади?
— Да, это символ Москвы.

3 — Ты знаешь, где это?
— Да, это в Риге. Это Ратушная площадь.

4 — Это новый или старый собор?
— Это Храм Христа Спасителя — кафедральный собор Москвы. Это новый собор.

5 — Это дворец?
— Нет, это уникальный Домский собор!

6 — Какой это мост?
— Это Дворцовый мост, главный мост Петербурга.

Фонетика

🔊 **1** Слушайте и повторяйте.

ла – ло – лу – лы

ал – ол – ул – ыл   бал, стол, стул, был

ЛА — ла́мпа, Ла́твия, А́лла, си́ла

ЛО — лоб, Ло́ндон, пло́хо, число́

ЛУ — лук, клуб, углу́, полу́

ЛЫ — лы́жи, клык, столы́

А́лла была́ в Ло́ндоне.
В Ло́ндоне бы́ло ве́село.

О́ля гуля́ла в лесу́. Там бы́ло хо́лодно.

ра – ро – ру – ры

ар – ор – ур – ыр   бар, спорт,
                        журна́л, сыр

РА — брат, ра́дио, вчера́, рестора́н

РО — род, уро́к, метро́,

РУ — ру́чка, друг, рубль, икру́

РЫ — ры́нок, ры́ба, теа́тры, ста́рый

Кла́ра рабо́тает в ба́ре. Друг Кла́ры
ест ры́бу в дорого́м рестора́не.

За́втра у́тром уро́к ру́сского.
На уро́ке говоря́т гро́мко.

🔊 **2** **а)** Читайте слова в рамке. Слушайте диалоги, заполните пропуски.

— Его́р, где твой игру́шки?
— Они́ <u>на полу́.</u>

— Анто́н, где ты отдыха́ешь?
— Я отдыха́ю ___ _____.

— Алло́! Лари́са, ты где?
— Я ___ _____.

— Ма́ша, где пальто́?
— Оно́ ___ _____.
— А где шкаф?
— В _____.

| в саду́   в шкафу́   на углу́ |
| в лесу́   в аэропорту́ |
| на берегу́   в углу́ |

— Что сейча́с де́лает твой дедушка?
— Он рабо́тает ___ _____.

— Во́ва, ты не зна́ешь, где гуля́ет Сере́жа?
— Он гуля́ет ___ _____.

— Ми́ша, кто ты по профе́ссии?
— Я официа́нт, я рабо́таю в кафе́.
— А где нахо́дится кафе́?
— На _____.

2 **б)** Дополните таблицу.

ЧТО?	ГДЕ?
шкаф	в шкафу́
у́гол	в/на углу́
сад	в
лес	в
аэропо́рт	в
пол	на полу́
бе́рег	на
мост	на

Обрати́те внима́ние!

на углу́ / в углу́

Шкаф **в углу.**

Кафе **на углу.**

3 Заполните пропуски.

1 Де́ти игра́ют <u>в саду́.</u> *(сад)*

2 Тури́сты ___ _____. *(аэропо́рт)*

3 Ви́ктор и О́льга отдыха́ют ___ _____ *(бе́рег)*,
  а их друзья́ гуля́ют ___ _____. *(лес)*

4 Игру́шки ___ _____ *(пол)*, а не ___ _____. *(шкаф)*

5 Ма́ма Анто́на продаве́ц, она́ рабо́тает в магази́не
  ___ _____. *(у́гол)*

4 Читайте рассказ, отвечайте на вопросы.

Меня зовут Егор. Я учусь в школе и занимаюсь спортом. Я часто гуляю **в парке** и играю в футбол **на стадионе**. Это классная игра! Мой папа работает **на заводе**. Он инженер. А моя мама работает **на почте**, она бухгалтер. Сейчас они отдыхают **на юге, на острове** в Греции. Они живут в отеле **на море**. А ещё у меня есть старшая сестра и старший брат. Моя сестра — менеджер, она сейчас **в офисе, на работе**, а мой брат — студент, он **в университете, на лекции**. Мой бабушка и дедушка не работают, они на пенсии. Сейчас они живут **на даче.** Мы часто отдыхаем **на даче** вместе. Здесь есть красивое озеро и лес. Тут очень здорово!

1 Где учится Егор?

2 Кто по профессии его родители? Где они работают?

3 Где сейчас родители Егора?

4 Кто его старший брат и старшая сестра? Где они сейчас?

5 Где живут бабушка и дедушка?

5 а) Смотрите таблицу.

В	НА
в стране	на острове
в реке в озере в море	на реке на озере } (отдыхать) на море
в городе в парке	на улице на проспекте на бульваре на площади на стадионе/на корте на вокзале на почте на заводе на фабрике
в магазине	на рынке
в деревне	на даче
в школе	на уроке
в университете	на лекции на экзамене на занятии
в офисе	на работе
в театре	на опере на балете на спектакле
в музее	на экскурсии на выставке

5 б) Дополните таблицу 5а) словами из рамки.

филармония   дискотека   встреча
концерт   клуб   спортзал
свидание   вечеринка   ресторан
посольство   тренировка

6 Заполните пропуски словами из скобок. Проверьте себя по таблице.

1 Собор находится на площади (площадь).

2 — Дедушка Серёжи живёт __ _____ (деревня)?
— Нет, он живёт ____ _____ (дача).

3 Антон и Лариса отдыхают ____ _____ (море).

4 Студенты ___ _____,
____ _____ (университет, лекция).

5 Мальчик играет в футбол ____ _____ (стадион).

6 Акико живёт ___ _____,
____ _____ _____ (Япония, остров Окинава).

7 Майкл — менеджер. Он сейчас
___ _____, ____ _____ (офис, работа).

8 Иван и Егор сейчас ___ _____ ,
____ _____ (школа, урок).

9 Лариса работает ____ _____ (почта),
а её друг Николай работает
____ _____ (рынок).

10 Кинотеатр «Пушкинский» находится
____ _____ (бульвар).

7 Спрашивайте и отвечайте. Используйте глаголы: жить, работать, отдыхать, учиться, играть, гулять. Скажите, что вы узнали.

> Вы живёте в городе?

> Да, в городе. А Вы?

> Нет, я живу не в городе, а в деревне. А Вы?

8 а) Слушайте диалог. Отвечайте на вопросы.

1 Где они?
2 Что они сейчас делают?

Мы в отпуске

8 б) Слушайте диалог ещё раз. Пишите, правильно – П или неправильно – Н.

Антон и Лариса	Майкл и Шэрон
Они из России. – П	Они из Америки.
Они живут в Москве.	Они живут в Лондоне.
Антон — программист.	Майкл — менеджер, он работает в офисе.
Лариса работает на почте.	Шэрон и Майкл гуляют в лесу и играют в футбол на стадионе.
Лариса думает, что отдыхать на море скучно.	Майкл думает, что отдыхать на море весело.
У Антона и Ларисы есть дом в лесу.	Майкл с удовольствием работает в саду.

8 в) Пишите имя. Кто думает, что отдыхать на острове *прекрасно*, *скучно* или *весело*? Скажите, почему они так думают?

Прекрасно! _____

Скучно! _____

Весело! _____

Антон думает, что отдыхать на море скучно.

> А вы согласны?

я, ты, он согласен ≠ не согласен
я, ты, она согласна ≠ не согласна
мы, вы, они согласны ≠ не согласны

8 г) Расскажите о Майкле и Шэрон. Расскажите об Антоне и Ларисе.

1 а) Слушайте и повторяйте. Ставьте дни недели в правильном порядке.

Неделя

- [ ] пя́тница
- [ ] четве́рг
- [1] понеде́льник
- [ ] среда́
- [ ] суббо́та воскресе́нье
- [ ] вто́рник

позавчера́ вчера́ сего́дня за́втра послеза́втра

1 б) Спрашивайте и отвечайте.

— Како́й сего́дня день?
— Како́й день был вчера́? А позавчера́?
— Како́й день за́втра? Како́й день послеза́втра?

2 Дополните таблицу.

Что?	Когда́?
понеде́льник	в понеде́льник
	во вто́рник
среда́	в сре́ду
	в четве́рг
	в пя́тницу
суббо́та воскресе́нье } выходны́е	в суббо́ту в воскресе́нье } в выходны́е

3 а) Смотрите ежедневник Антона. Скажите, где он в понедельник, вторник, ороду и т.д.

понеде́льник *Рабо́та*

вто́рник *Спортза́л. Трениро́вка.*

среда́ *Футбо́л. Стадио́н «Дина́мо»*

четве́рг *Встре́ча. Рестора́н «Пу́шкин»*

пя́тница *Теа́тр. О́пера «Карме́н.»*

суббо́та *Музе́й. Вы́ставка Серо́ва*

воскресе́нье *Да́ча*

3 б) Спрашивайте и отвечайте.

Когда́ Анто́н на рабо́те?

Он на рабо́те в понеде́льник.

3 в) Спрашивайте и отвечайте. Скажите, что Вы узнали.

изуча́ть ру́сский язы́к
Когда́ Вы изуча́ете ру́сский язы́к?
рабо́тать
отдыха́ть
гуля́ть
чита́ть
занима́ться спо́ртом
игра́ть в футбо́л

4 а) Смотрите картинки. Скажите, где были Маша и Серёжа? Заполните пропуски 1.

Понеде́льник

Где он был в понеде́льник?

1 Он был <u>в спортза́ле на трениро́вке.</u>
2 Там бы́ло <u>здо́рово</u>.

Вто́рник

Где она́ была́ во вто́рник?

1 Она́ _____
_____.
2 Бы́ло _____.

Среда́

Где они́ бы́ли в сре́ду?

1 Они́ _____
_____.
2 Там бы́ло _____.

Четве́рг

Где она́ была́ в четве́рг?

1 Она́ _____
_____.
2 Там бы́ло _____.

Пя́тница

Где она́ была́ в пя́тницу, а где был он?

1 Она́ _____
Он то́же _____
2 Это бы́ло _____.

В выходны́е

Где они́ бы́ли в выходны́е?

1 Они́ _____
_____.
2 Там бы́ло _____.

4 б) Слушайте и проверяйте.

4 в) Слушайте рассказ Маши и Серёжи ещё раз. Заполните пропуски 2. Используйте слова из рамки.

интере́сно ≠ ску́чно   здо́рово
прекра́сно   ве́село   легко́

4 г) Расскажите, где и когда они были.

5 Дополните таблицу.

Грамматика
Глагол быть. Прошедшее время (Past)

БЫТЬ + л ла ло ли	Сейча́с я (ты, он) в ба́ре.	Вчера́ я (ты, он) был в ба́ре.
	Сейча́с я (ты, она́) в кафе́.	Вчера́ я (ты, она́) _____ в кафе́.
	Сейча́с мы (вы, они́) на дискоте́ке.	Вчера́ мы (вы, они́) _____ на дискоте́ке.
	Там ве́село.	Там _____ ве́село.

6 а) Дополните диалоги словами был/ была/ было/ были.

1 **Ма́ша:** Приве́т, Серёжа!
Серёжа: Приве́т, Ма́ша!
Ма́ша: Как выходны́е?
Где ты был в суббо́ту?
Серёжа: В суббо́ту я
_____ в клу́бе.
Ма́ша: Бы́ло ве́село?
Серёжа: Да, там _____ о́чень ве́село.
А как твой выходны́е?
Ма́ша: Я все выходны́е _____ до́ма.
_____ ску́чно.

2 **Лари́са:** Здра́вствуй, А́ня!
А́ня: Здра́вствуй, Лари́са!
Лари́са: Как выходны́е?
Где вы _____?
А́ня: В суббо́ту мы _____ в зоопа́рке,
а в воскресе́нье мы _____ в ци́рке.
Там _____ о́чень ве́село.

3 **Михаи́л Серге́евич:** Здра́вствуйте,
Андре́й Никола́евич!
Андре́й Никола́евич: До́брый день,
Михаи́л Серге́евич!
Михаи́л Серге́евич: Где Вы _____ вчера́?
Андре́й Никола́евич: Вчера́ я _____
в па́рке. Там _____ о́чень краси́во.

6 б) Слушайте и проверяйте.

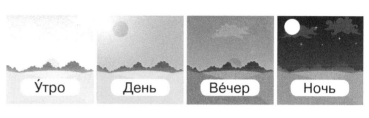

Ýтро	День	Ве́чер	Ночь

7 Смотрите таблицу. Дополните её.

Что?		Когда́?
	04:00 – 12:00	Ýтром
День	12:00 – 17:00	Днём
	17:00 – 00:00	Ве́чером
	00:00 – 04:00	Но́чью

8 а) Слушайте диалоги. Дополните таблицу. Где были Серёжа, Маша и Антон?

	Серёжа	Ма́ша	Анто́н
Ýтро			
День			
Ве́чер		в рестора́не на свида́нии	

8 б) Спрашивайте и отвечайте.

Где Серёжа был ýтром?

Ýтром он был в кино́.

8 в) Спрашивайте и отвечайте. Скажите, что вы узнали.

Где ты был/была́ вчера́ ýтром?

Вчера́ ýтром я был/была́ на рабо́те. А ты?

1 а) Смотрите картинки. Как вы думаете, где были эти люди в выходные?

а  б  в  г  д  е

танцеВА́ть (I)

Я танцу́ю	Мы _____
Ты танцу́ешь	Вы _____
Он/она́	Они́ _____
_____	

---

1 б) Читайте предложения. Соедините предложения с картинками задания 1а). Подчеркните глаголы в прошедшем времени.

1 В выходны́е Андре́й гуля́л на о́зере. – д
2 В суббо́ту Анто́н и Лари́са гуля́ли на берегу́ реки́.
3 Михаи́л Серге́евич слу́шал джаз в филармо́нии.
4 У́тром Лари́са рабо́тала.
5 Его́р игра́л в футбо́л.
6 Серёжа танцева́л в клу́бе на вечери́нке.

---

2 Дополните таблицу

Грамматика
Глагол. Прошедшее время (Past)

Де́ла	ть	Танцева́	ть	Занима́	ться
	л		л		лся
	ла		ла		лась
	ли		ли		лись

инфинитив	вчера́/позавчера́/ра́ньше		
де́лать	Что **я/ты/он** де́лал?	Что **я/ты/она́** де́лала?	Что **мы/Вы/они́** де́лали?
рабо́тать	рабо́тал	рабо́тала	рабо́тали
			чита́ли
		танцева́ла	
	слу́шал		
гуля́ть			
игра́ть			
			отдыха́ли
занима́ться	занима́лся		
учи́ться		учи́лась	

---

3 Дополните предложения глаголами из скобок в прошедшем времени.

а Ра́ньше я <u>рабо́тал</u> в кафе́, а сейча́с я <u>рабо́таю</u> в рестора́не. *(рабо́тать)*

б Вчера́ Анто́н _____ в па́рке, а сейча́с он _____ в лесу́. *(гуля́ть)*

в Ра́ньше Мели́сса _____ в Ри́ме, а сейча́с она́ _____ в Москве́. *(жить)*

г У́тром моя́ сестра́ _____ спо́ртом в спортза́ле, а сейча́с она́ не _____ спо́ртом, она́ отдыха́ет. *(занима́ться)*

д Позавчера́ на́ши де́ти _____ в футбо́л, а сейча́с они́ _____ в те́ннис *(игра́ть)*.

е Вчера́ ве́чером Ви́ктор _____ в клу́бе, а сего́дня он не _____, он рабо́тает. *(танцева́ть)*

ж Ра́ньше она́ _____ в шко́ле, а сейча́с _____ в университе́те. *(учи́ться)*

з В выходны́е они́ _____ на мо́ре, а сейча́с они́ _____ до́ма. *(отдыха́ть)*

---

4 а) Читайте новые слова и предложения.

за́ городом   уста́ть   смотре́ть   день рожде́ния

1 — Он сейча́с в го́роде?
  — Нет, он отдыха́ет за́ городом.
2 Он рабо́тал весь день. Он о́чень уста́л.
3 Сего́дня у меня́ день рожде́ния. Мне 60 лет!
4 Я смотрю́ телеви́зор/ фильм/ детекти́в.

4 б) Читайте тексты. Отвечайте на вопросы.

1 Что они делали в выходные?
2 Как они отдыхали: хорошо или плохо? Почему?

Серёжа

1 Позавчера утром я не был на лекции в университете, я не учился. Я был в кино. Утром билеты в кино очень дешёвые. Фильм был отличный! Я смотрел очень интересный детектив. Потом я был за городом, на даче. У нас прекрасная дача! Я гулял на озере. Там очень красиво! Ещё я играл в футбол. Погода была хорошая. На улице было тепло.

Вчера утром я был дома, читал журналы, а потом я был в кафе на дне рождения дедушки. Вся наша семья была там. Там было немного скучно. Мы много говорили. А в воскресенье вечером у меня было свидание. Мы были в клубе на вечеринке. Там было здорово! Мы слушали рок и танцевали весь вечер. Это было классно!

Лариса

2 В субботу я работала. Да-да, работала! Все отдыхали, а я работала! Мой начальник ужасный человек! Я была на работе весь день и очень устала. А мой начальник сейчас в отпуске, он отдыхает. Сегодня он был в музее на экскурсии и гулял в парке. Вечером я отдыхала дома, смотрела телевизор.

А вчера был хороший день. Вчера был день рождения папы. Мы были в кафе. Там было очень весело! Вечером мой муж и я были в театре на опере «Кармен». Это было здорово! Потом мы гуляли в парке. Вечером в парке очень хорошо.

Михаил Сергеевич

3 Что я делал в выходные? В субботу была прекрасная погода, и я всё утро гулял на озере. Днём я играл в теннис на корте. Теннис — отличный спорт! Вечером я и жена были в филармонии на концерте. Мы слушали джаз. Жена говорит, что было здорово, а я думаю, что было скучно. Музыка была весёлая, но концерт был очень длинный.

А в воскресенье у меня был день рождения. Мы были в кафе: моя жена, наши дети и внуки. Было весело и немного грустно. Мне 60 лет, я уже немолодой человек. Но у меня есть большая семья, и это прекрасно!

5 а) Пишите правильно – П или неправильно – Н.

	Серёжа	Лариса	Михаил Сергеевич
отдыхал (-а) дома		П	Н
занимался(-лась) спортом			
работал (-а)			
слушал (-а) музыку			
гулял (-а) на озере			
был (-а) в театре			
был (-а) в кафе на дне рождения			

5 б) Спрашивайте и отвечайте.

Где Серёжа был в субботу утром?

В субботу утром Серёжа был в кино.

5 в) Расскажите, что делали Серёжа, Михаил Сергеевич и Лариса в выходные.

В субботу вечером Лариса отдыхала дома. Серёжа тоже отдыхал, но не дома, а на даче.

6 Соедините существительные с прилагательными.

билеты	**был**	отличный
фильм	**была**	дешёвые
детектив	**были**	длинный
вечеринка		весёлая
погода		прекрасная
музыка		интересный
концерт		хорошая

7 Подчеркните правильный вариант.

а У нас <u>прекрасная</u>/ прекрасно дача.
б Мой начальник — ужасный/ ужасно человек!
в Было весёлый/ весело и чуть-чуть грустный/ грустно.
г Я смотрел интересно/ интересный детектив.
д Музыка была весело/ весёлая!
е Вечером в парке было хороший/ хорошо.
ж Билеты в кино очень дёшево/ дешёвые.
з В клубе было классный/ классно!

1 Заполните пропуски. Пишите слово *быть* в правильной форме.

В субботу мы <u>были</u> в Пскове. Там _____ интересно. Псков — очень красивый город. Погода _____ отличная, и мы много гуляли. Мы _____ на экскурсии в Кремле. Экскурсия _____ длинная и скучная. Днём мы обедали в ресторане. Ресторан _____ дорогой, но там _____ очень вкусно. Потом мы _____ в церкви. Там _____ тихо и красиво.

2 Дополните вопросы глаголами в прошедшем времени. Отвечайте на вопросы, используйте слова из рамки.

> университет река
> станция «Пушкинская»
> улица Марата посольство
> банкет филармония клуб
> дискотека сад почта

1 — Где ты <u>был</u> *(быть)* в пятницу?
— <u>В пятницу я был в посольстве на банкете.</u>

2 — Где вы _____ *(отдыхать)*?
— _____.

3 — Где _____ *(работать)* ваш друг?
— _____.

4 — Где Вы _____ *(гулять)* вчера днём?
— _____.

5 — Где раньше _____ *(жить)* ваша подруга?
— _____.

6 — Где _____ *(учиться)* ваши друзья?
— _____.

7 — Где ты _____ *(слушать)* музыку позавчера?
— _____.

8 — Где вы _____ *(танцевать)* в субботу?
— _____.

3 Составьте предложения.

а *Суббота, Лена, пляж, быть*
<u>В субботу Лена была на пляже.</u>

б *Мои родители, день, быть, почта.*
_____
_____.

в *Миша, быть, утро, офис, работа, четверг.*
_____
_____.

г *Он, русский, вторник, изучать, язык, университет.* _____
_____.

д *Воскресенье, отдыхать, Таня, озеро, и, лес, гулять.* _____
_____.

е *Заниматься спортом, среда, Антон, стадион.* _____
_____.

ж *Катя, пятница, филармония, слушать музыку, вечер.* _____
_____.

4 Пишите вопросы к выделенным словам.

1 — <u>Где был Андрей вчера?</u>
— Вчера Андрей был **на вечеринке.**

2 — _____
_____?
— **В пятницу** мои друзья были в театре на балете.

3 — _____?
— Во вторник **Сергей** был на выставке в Эрмитаже.

4 — _____?
— Я сейчас **читаю** журнал.

5 — _____?
— Вечером мы были **в баре**.

6 — _____
_____?
— **Днём** мои бабушка и дедушка гуляют в парке.

7 — _____?
— Это книга **брата.**

5 а) Читайте текст. Пишите слова в скобках в правильной форме, подчеркните предлоги **в** или **на**, допишите окончания.

(Я) Меня зовут Энн. Я из Англии, я англичанка. Раньше я жила в/на Лондон_, а сейчас я живу в/на Росс___, в/на Москв__. *(Я)_____* 45 лет. Я оперная певица и работаю в/на театр__. Мой театр находится в/на центр__ Москвы, в/на Театральной площад __.

Мой муж — преподаватель. *(Он)_____* зовут Роберт. Сейчас он тоже в/на Москв___. Он работает в/на университет___. Его занятия очень интересные и весёлые. Студенты Роберт__ изучают английский язык. Раньше они совсем не знали английский, а сейчас они уже неплохо говорят по-английски. Мы много работаем, а в/на выходные гуляем в/на парк_ или отдыхаем дома и смотрим кино. А вчера мы были в/на музее в/на выставк__.

У нас есть дети: сын Томас и дочь Элизабет. Томас — школьник, *(он)_____* 16 лет. Он учится в/на русской школ___. Ему трудно, потому что он ещё плохо говорит по-русски. У него есть подруга, *(она)_____* зовут Инна, и вчера они были в/на свидании.

Наша дочь Элизабет уже не учится. *(Она)_____* 25 лет, она журналистка. Она живёт в/на Лондон__. Там она работает в/на газет__. У неё интересная профессия, но она очень устаёт, потому что много работает. У неё есть муж, *(он)____* зовут Стивен. Он талантливый и известный писатель. Книги Стивен__ знают все англичане. Раньше он тоже работал в редакции, но сейчас он работает дома. Это удобно. В/на выходные они отдыхают за городом, в/на дом__ в/на озер__. Там так красиво!

Мои мама и папа живут в маленьком дом__, в/на деревн___ . Раньше они работали в/на завод__ в/на Манчестер_, а сейчас они в/на пенсии. Они много путешествуют. Они были в Европ__, в Азии, в Америк__, но ещё не были в/на Росс__.

5 б) Заполните таблицу.

	Возраст	Профессия	Где живут?	Где работают?	Где отдыхают?
Энн	45 лет				
Роберт	—				
Томас					—
Элизабет					
Стивен	—				
родители Энн	—				—

5 в) Пишите предложения в прошедшем времени.

Сейчас	Раньше, вчера
Сейчас я живу в Москве.	Раньше я **жила** в Лондоне.
Сейчас Стивен работает дома.	Раньше он
Сейчас они хорошо говорят по-английски.	Раньше они плохо
Он учится в русской школе.	
Они отдыхают в доме на море.	

5 г) Читайте текст ещё раз. Расскажите об Энн и её семье.

Словарь

балéт	**Дни недéли**
бéрег	понедéльник
бульвáр	втóрник
вéчер	средá
вечерúнка	четвéрг
вы́ставка	пя́тница
гóрод	суббóта
день	воскресéнье
день рождéния	
дерéвня	**Когдá?**
дискотéка	позавчерá
заня́тие	вчерá
концéрт	сегóдня
корт	зáвтра
лéкция	послезáвтра
недéля	
ночь	
óпера	
óтпуск	
пол	
проспéкт	
рабóта	
свидáние	
спектáкль	
тренирóвка	
ýгол	
ýлица	
урóк	
ýтро	
шкаф	
экзáмен	
экскýрсия	

1 а) Читайте информацию. Где отдыхают россияне в выходные?

	В России	В _____	Студенты в группе
Зá городом, на дáче	46%		
В пáрке	37%		
В кинó	28%		
В клýбе	11%		
В спортзáле	5%		
В рестоáне	5%		
В филармóнии	5%		
В теáтре	5%		
Дóма	3%		

1 б) Скажите, где обычно отдыхают люди в вашей стране? Заполните таблицу.
Скажите, что вы обычно делаете в выходные.

Теперь вы можете сказать:

— Áнна, ты где?
— Я в аэропортý.

Антóн в óфисе на рабóте.

— Когдá он игрáет в футбóл?
— Он игрáет в футбóл в срéду.

— Где ты был вчерá?
— Я был на дискотéке. Там бы́ло вéсело.

— Что ты дéлал вчерá?
— Я гуля́л в пáрке.

— Что ты дéлал ýтром?
— Ýтром я рабóтал.

Я соглáсен. ≠ Я не соглáсен.

аудио

Фонетика

1 Слушайте и повторяйте.

та – тя	пя – бя – пе – бе	**На столе**	**та – тя – тья**
па – пя	тя – дя – те – де	На столе лежит тетрадь.	ма – мя – мья
ба – бя	ма – мя – ме	**В библиотеке**	мо – мё – мьё
ва – вя	на – ня – не	В библиотеке Людмила читает.	па – пя – пья
ла – ля		В библиотеке Людмила читает книгу.	по – пё – пьё
ра – ря	папа – пятка – пел	**Петя любит**	та – тя – тья
ка – ки	там – Митя – тема	Петя любит играть в шахматы.	са – ся – сья
га – ги	ваза – Вятка – век	**Моя мать**	за – зя – зья
	мама – мясо – мел	Моя мать преподаватель.	ра – ря – рья
пе – пи	Кама – кино – Пекин		ла – ля – лья
те – ти	бар – бел	пять – пятьсот	
бе – би	лаз – лес	[п'иццот]	мама – имя – семья
ве – ви	ест – есть	шесть – шестьсот	мол – мёд – семьёй
ле – ли	любит – любить	[шыссот]	папа – пятый – фортепьяно
ре – ри	хочет – хотеть	семь – семьсот	пол – Пётр – пьёт
ке – ки		[с'им'сот]	зять – нельзя – друзья
ге – ги		восемь – восемьсот	Мила – неделя – Наталья
		[вас'им'сот]	Клара и Наталья.
			Сидят всей семьёй.
			Пётр пьёт кофе.

2 а) Слушайте и повторяйте.

завтрак: хлеб бутерброд колбаса сыр масло йогурт молоко каша яйцо

обед: суп мясо курица сосиска картофель (картошка)

ужин: рыба рис салат салат

фрукты: апельсин яблоко банан вишня

десерт: пирожное печенье мороженое шоколад

напитки: вода с газом/ без газа чай (с сахаром, с лимоном) кофе сок

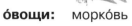

овощи: морковь огурец помидор лук

2 б) Пишите слова во множественном числе.

бана́н — <u>бана́ны</u>   я́блоко — _____

карто́фель — <u>карто́фель</u>   соси́ска — _____

яйцо́ — _____   пиро́жное — _____

бутербро́д — _____   огуре́ц — <u>огурцы́</u>

3 а) Читайте диалоги.

— Что Вы обы́чно еди́те на за́втрак?
— На за́втрак я всегда́ ем ка́шу, йо́гурт, бутербро́д и пью ко́фе.

— Что Вы обы́чно еди́те на обе́д?
— На обе́д я обы́чно ем суп, сала́т, мя́со и карто́шку и пью сок.

— Что Вы обы́чно еди́те на у́жин?
— На у́жин я обы́чно ем ры́бу и рис, пью чай с са́харом и ем пиро́жное.

3 б) Смотрите таблицу. Дополните таблицу формами глагола пить. Дополните диалоги. Читайте.

	есть + что? (В.п. / Асс.)		**пить + что?** (В.п. / Асс.)	
Сейча́с	Я **ем** я́блоко. Ты **ешь** я́блоко. Он/Она́ **ест** я́блоко.	Мы ед**и́м** я́блоко. Вы ед**и́те** я́блоко. Они́ ед**я́т** я́блоко.	Я пью во́ду. Ты пь**ёшь** во́ду. Он/Она́ _____ во́ду.	Мы _____ во́ду. Вы _____ во́ду. Они́ _____ во́ду.
Вчера́	Он **ел** /Она́ **е́ла** я́блоко.	Они́ **е́ли** яблоко.	Он пил / Она́ _____ во́ду.	Они́ _____ во́ду.

— Что ты обы́чно <u>ешь</u> на за́втрак?
— На за́втрак я обы́чно _____ ка́шу, яйца, я́блоко, пече́нье и _____ чай с са́харом.

— Что вы _____ вчера́ на у́жин?
— Вчера́ мы _____ ку́рицу, карто́шку, сала́т. И ещё _____ о́чень хоро́шее вино́.

— Вы _____ мя́со?
— Нет, я никогда́ не _____ мя́со. Я _____ то́лько ры́бу.

— Что Вы сего́дня _____ на обе́д?
— Сего́дня на обе́д я _____ суп, соси́ски и карто́шку и _____ сок. Суп был о́чень вку́сный.

— Они́ _____ ры́бу?
— Нет, они́ никогда́ не _____ ры́бу. Они́ _____ о́вощи и фру́кты. Сего́дня на за́втрак они́ _____ ка́шу, я́блоки, бана́ны и _____ сок.

3 в) Говорите, что вы ели сегодня на завтрак.

Слушайте интервью с гимнасткой Марией Кураевой. Отмечайте в задании 2а), что ест Мария.

🔊 **б)** **Слушайте диалог ещё раз. Смотрите и дополните текст. Отвечайте на вопросы.**

Что Мария Кураева
обычно ест на завтрак?

Что она ест на обед?

Что она ест на ужин?

Что Мария Кураева ест
редко или никогда не ест?

— Доброе утро! Сегодня у нас в гостях известная гимнастка Мария Кураева. Здравствуйте, Мария!

— Здравствуйте!

— Мария, какое ваше обычное меню? У вас прекрасная фигура. Думаю, вы едите очень мало. А что вы едите на завтрак?

— Не думаю, что я ем мало. На завтрак я обычно ем кашу с молоком, фрукты, _____ , сыр и пью _____ с лимоном. Это нормальный завтрак. Конечно, я не ем _____ и колбасу.

— А что Вы едите на обед?

— На обед я ем рыбу и зелёный _____. Иногда овощной _____. И пью воду.

— Но это очень мало. Вы занимаетесь спортом, это трудно. И вы не едите мясо?

— На обед у нас дома часто едят мясо. Но я ем _____ очень редко.

— Может быть, на ужин Вы едите много?

— Нет-нет, что вы! На ужин я ничего не ем. Я только пью зелёный чай с молоком. Иногда ем чёрный _____. Это немного трудно, потому что ужин в моей семье обычно очень вкусный. Но ничего.

---

5 **Смотрите таблицу и диаграмму. Читайте вопросы и отвечайте на них.**

Грамматика
Винительный падеж (Accusative)

	И.п. (Nom.)	В.п. (Acc.)	= И.п. (Nom.)
он (м.р.)	Это сыр. Это чай.	Я ем сыр. Я пью чай.	- -й, -ь
оно́ (ср.р.)	Это молоко. Это мороженое.	Я пью молоко. Я ем мороженое.	-о -е
они́ (мн.ч.)	Это бананы. Это яблоки. Это яйца.	Я ем бананы. Я ем яблоки. Я ем яйца.	-ы -и -а
она́ (ж.р.)	Это рыба. Это вишня. Это морковь.	Я ем рыбу. Я ем вишню. Я ем морковь.	**-а → -у** **-я → -ю** -ь (=И.п.)

ВСЕГДА

КАЖДЫЙ ДЕНЬ

ОБЫЧНО

ЧАСТО

ИНОГДА

РЕДКО

НИКОГДА НЕ

— Что ты обычно ешь/пьёшь на завтрак?

— Что ты обычно ешь/пьёшь на обед?

— Что ты обычно ешь/пьёшь на ужин?

— Что ты никогда не ешь/не пьёшь?

— Что ты ешь/пьёшь очень редко?

6 а) Слушайте начало диалога. Дополните его.

> Ты любишь мясо и́ли ры́бу?

> Я не люблю _____, я люблю _____!

6 б) Дополните таблицу.

любить (II) + что? (В.п./Асс.)	
Я люблю́ сыр.	Мы не _____ кофе!
Ты лю́бишь мя́со?	Вы _____ картофель?
Он(а́) _____ ры́бу и пи́во.	Они́ _____ соси́ски.

в) Слушайте весь диалог. Отмечайте, что любят/не любят Анна и Алексей.

Алексе́й любит	мя́со + о́вощи карто́шку	А́нна любит	сала́т карто́шку о́вощи
Алексе́й не любит	соси́ски пи́во огурцы́	А́нна не любит	я́блоки пи́во вино́

7 а) Читайте модель. Говорите, что вы любите и что не любите.

> Я люблю́ ко́фе. А ты?

> Я то́же люблю́ ко́фе./ Я не люблю́ ко́фе. Я люблю́...

7 б) Читайте модель. Говорите, что вы любите/не любите и что любят/не любят другие студенты.

Модель: — Я люблю́ ко́фе. Мэ́ри то́же лю́бит ко́фе.
— Я люблю́ мя́со, а Мэ́ри лю́бит ры́бу.
— Я не люблю́ морко́вь. Мэ́ри то́же не лю́бит морко́вь.

8 а) Читайте, анализируйте. Дополните предложения.

любить	готовить
Я люблю́ ко́фе.	У́тром я гото́влю ко́фе.
Ты лю́бишь мя́со?	Ты хорошо́ гото́вишь мя́со?
Он(а́) не лю́бит ры́бу.	Он(а́) не _____ ры́бу.
Мы лю́бим сала́т.	Ве́чером мы _____ сала́т.
Вы лю́бите суп?	Вы _____ суп?
Они́ лю́бят пи́ццу.	В суббо́ту они́ _____ пи́ццу.

> Я люблю́ гото́вить!

8 б) Дополните вопросы глаголами любить, готовить:

Вы лю́бите гото́вить?
Кто _____ у вас до́ма?
Вы хорошо́ _____?
Ваш па́па _____ пи́во?
Ва́ша ма́ма _____ моро́женое?
Ва́ши друзья́ хорошо́ _____?

в) Спрашивайте и отвечайте. Используйте вопросы задания 8б).

9 Читайте фразы 1-4. Дополните диалоги на картинках а-г. Дополните таблицу формами глагола **хотеть**.

Я не хочу́ ко́фе. Я хочу́ чай.
Я не пью шампа́нское! Я пью то́лько во́ду.
Я не ем ка́шу. Я хочу́ я́блоко.
Я не ем ры́бу. Я ем то́лько мя́со.

хоте́ть (I/II) + что? (В.п./Acc.)	
Я _____ сала́т.	Мы не хоти́м ка́шу!
Ты _____ ко́фе?	Вы _____ мя́со?
Он(а́) хо́ч**ет** во́ду.	Они́ хот**я́т** спаге́тти.

Вы хоти́те шампа́нское? (а)

Вы хоти́те ры́бу и́ли мя́со? (б)

Ты хо́чешь ко́фе? (в)

Ты хо́чешь ка́шу? (г)

10 Смотрите слова в рамке. Читайте и дополните диалоги глаголами **хотеть, есть, пить** в правильной форме.

— Ты хо́чешь
ко́лу или спрайт?
— Я не хочу́ ко́лу.
Я _____ то́лько спра́йт.

— Хо́чешь бутербро́д?
— Нет, я не _____
бутербро́д.
Я _____ пирожо́к.
— С мя́сом или с капу́стой?
— С мя́сом.
Я не _____ капу́сту.

— Ма́ша, ты _____
гру́шу?
— Я ре́дко ем гру́ши.
Обы́чно я _____ виногра́д.

— Вы _____ сок и́ли во́ду?
— Во́ду без га́за, пожа́луйста.
— Извини́те, но вода́ есть
то́лько с га́зом.
— Нет, спаси́бо, я не _____ с га́зом.
— Мо́жет быть, _____ чай
и́ли ко́фе?
— Я никогда́ не _____ ко́фе.
Да́йте, пожа́луйста, сок.

пи́цца спаге́тти грибы́ капу́ста
гру́ша виногра́д пирожо́к
шампа́нское ко́ла спрайт

А — Хоти́те спаге́тти
или капу́сту с гриба́ми?
Б — Я не _____ спаге́тти. А ты?
В— Я никогда́ не _____ грибы́.
Б — Хм. Мо́жет быть, ты _____
пи́ццу? Я _____ здесь пи́ццу
в понеде́льник, она́ была́ вку́сная.
В — Пра́вда? Тогда́ пи́ццу,
пожа́луйста.

11 Читайте мини-диалог. Говорите, что вы хотите/не хотите есть/пить. Используйте слова ниже.

Ты хо́чешь гру́шу?

Я не хочу́ гру́шу. Я хочу́ я́блоко / Я ем то́лько я́блоки.

ка́ша – яйцо́
сыр – йо́гурт
ку́рица – о́вощи
виногра́д – ви́шня
спаге́тти с гриба́ми – мя́со
соси́ска – бутербро́д с колбасо́й

вино́ – шампа́нское
чай – ко́фе
вода́ – сок
спрайт – ко́ла
пи́во – ви́ски

12 Читайте модель. Расскажите, что едят и пьют люди в вашей стране по модели.

Модель: В Росси́и на за́втрак обы́чно едя́т ка́шу и пьют чай и́ли ко́фе. На обе́д ру́сские всегда́ едя́т суп, ча́сто мя́со или ры́бу и пьют сок. На у́жин то́же едя́т мя́со или ры́бу, пьют чай, а на десе́рт ча́сто едя́т пече́нье.

Ресторан

 аудио

1 а) Слушайте и повторяйте числа.

100 — сто	600 — шестьсо́т	2000 — две ты́сячи
200 — две́сти	700 — семьсо́т	3000 — три ты́сячи
300 — три́ста	800 — восемьсо́т	5000 — пять ты́сяч
400 — четы́реста	900 — девятьсо́т	20 001 —
500 — пятьсо́т	1000 — ты́сяча	два́дцать ты́сяч оди́н

б) Читайте цепочки чисел:

1—11—111—1111
2—12—222—2222
3—13—333—3333
4—14—444—4444
5—15—555—5555
6—16—666—6666
7—17—777—7777
8—18—888—8888
9—19—999—9999

2 а) Слушайте диалоги и пишите числа.

— Слу́шаю Вас.
— Бу́дьте добры́, оди́н бутербро́д и сок.
— _____ рубля́.
— Пожа́луйста.

— Слу́шаю Вас.
— Мо́жно **одну́** ко́лу и чи́псы? Ско́лько э́то сто́ит?
— _____ рубле́й.
— Пожа́луйста.

— До́брый день.
— Здра́вствуйте.
— Да́йте, пожа́луйста, **одни́** блины́.
— Что́-нибудь ещё?
— Да, ещё оди́н чай, пожа́луйста. Ско́лько э́то сто́ит?
— _____ рубля́.
— Пожа́луйста.

— До́брое у́тро. Слу́шаю Вас.
— Здра́вствуйте. У вас есть пи́цца?
— Да, коне́чно.
— Пожа́луйста, **одну́** пи́ццу и сала́т.
— Что́-нибудь ещё?
— Да, ещё я бу́ду одно́ пи́во.
— Хорошо́. _____ рубль.

б) Дополните таблицу.

1, 21, 31	
2, 22, 32... 3,23, 33... 4, 24, 34...	рубля́
0, 5 – 20 25 – 30...	

в) Пишите 4 стандартные просьбы в ресторане. Обрати́те внима́ние на формы слова оди́н.

Бу́дьте добры́, **оди́н** бутербро́д.
_____ **одну́** ко́лу?
_____ **одно́** пи́во.
_____ **одни́** блины́.

3 Восстановите правильный порядок диалога.

1 –

До́брый день! Слу́шаю Вас!

Бу́дьте добры́, одну́ ку́рицу-гриль.

Да, коне́чно!

Вот, пожа́луйста.

576 рубле́й.

У вас есть ку́рица-гриль?

Что́-нибудь ещё?

Мо́жно ещё карто́шку и во́ду? Ско́лько э́то сто́ит?

4 Читайте меню. Делайте заказ.
Используйте фразы из задания 2в).

МЕНЮ РЕСТОРАНА «СОЛЬ И ПЕРЕЦ»

Закуски:
греческий салат.............140 руб.
салат с рыбой ....180 руб.
салат «Оливье».............150 руб.
икра.............130 руб.

Супы:
борщ.............90 руб.
щи.............90 руб.
солянка.............120 руб.

Горячие блюда:
блины с мясом ....170 руб.
блины с икрой ....200 руб.
стейк с картофелем ....290 руб.
рыба по-польски.............230 руб.
пельмени.............180 руб.

Десерты:
фруктовый коктейль.........150 руб.
мороженое.............90 руб.
пирожок ....65 руб.

Напитки:
вода ....50 руб.
апельсиновый сок.............120 руб.
чай ....60 руб.
кофе ....80 руб.
красное вино ....150 руб.
белое вино ....150 руб.
пиво ....80 руб.
водка.............90 руб.

— Здравствуйте!
Слушаю Вас!

— Добрый день!
Будьте добры, один…

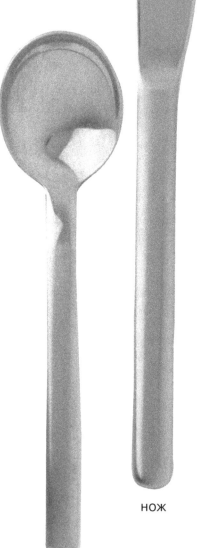

нож

ложка

вилка

5 а) Слушайте диалог. Отмечайте в меню блюда,
которые заказывают Сергей, Оксана и Юля.

Сергей будет…
Оксана будет…
Юля будет…

— Будьте добры, один апельсиновый _____,
_____ _____ без газа, один _____
___ _____, два _____ с картошкой,
солянку, _____, _____ греческих _____
и три _____.

б) Слушайте диалог еще раз. Скажите, что они
будут есть и пить. Дополните их заказ.

в) Слушайте и проверяйте.
Скажите, сколько стоит их обед.

Обед Сергея, Оксаны и Юли
стоит…

аудио

---

1 Смотрите таблицу. Дополните её словами из рамки и прилагательными.

Страна́	Како́й (-ая, -ое, -ие)
Росси́я	ру́сск**ая** ку́хня
Швейца́рия	швейца́рск**ий** шокола́д
Япо́ния	
Испа́ния	
Герма́ния	
Ита́лия	
Аме́рика	
А́нглия	
А́встрия	
Че́хия	че́шск**ое**
Фра́нция	
Ту́рция	туре́цк**ий**
Кита́й	

оли́вки пи́во ~~ку́хня~~ ~~шокола́д~~ вино́ га́мбургер
соси́ски чай су́ши ко́фе пи́цца за́втрак штру́дель

---

3 Дополните предложения. Пишите слова в скобках в правильной форме.

а Вы лю́бите <u>францу́зское вино́</u> *(францу́зское вино́)*? Тогда́ добро́ пожа́ловать в но́вый францу́зский рестора́н «Жеральди́н».

б Это Ва́льтер Штайнма́йер. Он — по́вар из А́встрии. Он о́чень хорошо́ гото́вит

_____ _____

(австри́йский штру́дель).

в На за́втрак Мустафа́ Найе́м обы́чно пьёт
_____ _____ *(туре́цкий ко́фе)*.

г Ва́ша ма́ма ча́сто гото́вит _____
_____ _____ *(италья́нская пи́цца)*?

д На про́шлой неде́ле мы с друзья́ми бы́ли в рестора́не. Там мы е́ли _____
_____ *(неме́цкие соси́ски)* и пи́ли
_____ _____ *(че́шское пи́во)*.
Всё бы́ло о́чень вку́сно!

е Вы лю́бите _____
(ру́сская ку́хня)? Тогда́ рекоменду́ю вам попро́бовать на́ше фи́рменное блю́до — борщ с мя́сом.

---

2 а) Смотрите картинки. Читайте, анализируйте.

Это францу́зск**ий** конья́к.
Я люблю́ францу́зский конья́к.

Это че́шск**ое** пи́во.
Я люблю́ че́шское пи́во.

Это италья́нск**ие** макаро́ны.
Я люблю́ италья́нские макаро́ны.

Это ру́сск**ая** ку́хня.
*Я люблю́ ру́сск**ую** ку́хню.*

---

2 б) Дополните таблицу.

Грамматика
Винительный падеж прилагательных (Accusative of adjectives)

		И.п. (Nom.)	В.п. (Асс.)
он (м.р.)		Како́й это шокола́д? дорого́й дешёвый швейца́рский	Како́й шокола́д ты лю́бишь? <u>Я люблю́ дорого́й шокола́д.</u>
оно́ (ср.р.)	**В.п. = И.п.** (Асс. = Nom.)	Како́е это вино́? хоро́шее францу́зское	Како́е вино́ ты лю́бишь? _____ _____
они́ (мн.ч.)		Каки́е это фру́кты? вку́сные туре́цкие	Каки́е фру́кты ты лю́бишь? _____ _____
она́ (ж.р.)	**ая → ую** **яя → юю**	Кака́я это пи́цца? вку́сная италья́нская	Каку́ю пи́ццу ты лю́бишь? _____

---

4 Смотрите таблицу. Спрашивайте и отвечайте. Используйте слова в рамке и прилагательные задания 1а).

Это... (И.п./Nom.)	Я люблю... (В.п. / Acc.)
он/оно́	**его́**
она́	**её**
они́	**их**

Ты любишь швейцарский сыр?

Да, я его люблю. / Нет, я его не люблю.

сыр вино́ шокола́д чай пи́во
сосиски ко́фе конфе́ты га́мбургеры

5 а) Смотрите конструкции. Читайте модель. Спрашивайте и отвечайте, какую кухню вы любите/не любите. Используйте прилагательные задания 1а).

++ Я о́чень люблю...
+ Я люблю...
+− Я не о́чень люблю...
− Я не люблю...
−− Я совсе́м не люблю...

Модель:

Ты любишь ру́сскую ку́хню? Да, я её о́чень люблю.

Нет, я её не о́чень люблю.

б) Дополните таблицу.

Грамматика	
Винительный падеж местоимений (Accusative of Pronouns)	
Это я.	Ты любишь меня?
Это ты.	Я люблю _____.
Это он.	Она́ любит _____.
Это она́.	Он любит _____.
Это мы.	Вы любите нас?
Это вы.	Мы любим _____!
Это они́.	Почему́ ты не любишь _____?

6 а) Смотрите объявления. Слушайте тексты. Соедините тексты 1-4 с объявлениями а-г.

а

Текст 1 – б
Текст 2 –
Текст 3 –
Текст 4 –

Рестора́н Нирва́на

у́лица Кришья́на Валдема́ра, 55
Европейская ку́хня
Дёшево
Тел.: (+371) 920-20-65
Часы́ рабо́ты: с _____ до 23.00

б

Рестора́н Валха́л

_____
грузи́нская ку́хня
Вку́сная еда́ и прия́тная атмосфе́ра
Выходно́й: понеде́льник
Тел.: +7 (499) 344-68-75
Часы́ рабо́ты: с 12.00 до 22.00

в

Су́ши-бар Евра́зия

Ли́говский проспе́кт, 124
Счастли́вые часы́
с _____ до _____
Тел: 767-45-37
Часы́ рабо́ты: с 11.00 до 23.00
Пт, Сб: до 02.00

г

Рестора́н Ёлки-Па́лки

Моско́вский проспе́кт, 137
_____
+ Вегетариа́нское меню́
Тел.: +7 (495) 327-42-16
Часы́ рабо́ты: пн-пт: с 10.00 до 23.00
сб, вс: с 10.00 до 24.00

б) Слушайте тексты ещё раз. Дополните информацию о ресторанах словами из рамки.

15.00 ру́сская ку́хня 12.00 18.00 у́лица Волхо́нка, 8.

в) Расскажите о ресторанах задания 6а). Продолжите предложения, используйте варианты ниже.

Если вы лю́бите...
/грузи́нская ку́хня/ру́сская ку́хня/япо́нская ку́хня/европе́йская ку́хня,
тогда́ ваш рестора́н — ...

В рестора́не...
прия́тная атмосфе́ра/вку́сные блю́да/отли́чный се́рвис/демократи́чные це́ны

Здесь мо́жно попро́бовать...
фи́рменный борщ и соля́нку/францу́зское вино́/блю́да из мя́са/япо́нские су́ши и ро́ллы

Рестора́н нахо́дится по а́дресу...

Телефо́н рестора́на:

Ресторан

---

1   Пишите ингредиенты:

бутерброд: хлеб, м а _ _ _, с _ _, к о _ _ _ _ _.

греческий салат: п о м _ _ _ _ _, о г _ _ _ _,
о л _ _ _ _, с _ _, л _ _, оливковое м _ _ _ _.

щи: м _ _ _, к а п _ _ _ _, к _ _ _ _ _ _ _ _,
м о _ _ _ _ _, л _ _.

блины: м о _ _ _ _, мука, я _ _ _, сахар, м а _ _ _.

---

2   Читайте предложения. Пишите глаголы в правильной форме.

есть
Вы _едите_ мясо?
Это русские. Они всегда _____ борщ на обед.
Вчера вечером мы были в ресторане и там _____ курицу.
Машенька, что ты _____ сегодня на завтрак?
Ты _____ грибы?

пить
Извините, Вы _____ шампанское?
Они _____ только воду.
Вчера на вечеринке мы _____ пиво.
Благодарю вас, но я не _____ алкоголь.
Что ты обычно _____ на завтрак?

готовить
Наша мама _____ очень вкусные торты.
Вчера на обед я _____ щи с мясом.
Ты любишь _____?
«Кофемания» — хороший ресторан. Там отлично _____ турецкий кофе.
В нашей семье обычно _____ я.

любить
Я _____ гулять в Летнем саду.
Они говорили, что _____ слушать джаз.
Известная книга Анны Гавальды называется «Я её любил. Я его _____».
Ты _____ вечеринки в клубах?
Мой папа очень _____ рыбалку.

хотеть
Что ты _____ на ужин?
В компании все говорили, что глинтвейн очень вкусный. Я не _____ пить его, но потом попробовал. Это и правда отличный напиток!
На десерт я _____ шоколадный торт.
Мы _____ на море. В Москве так холодно!
Что Вы _____ на десерт?

---

3   **Дополните диалоги глаголами** есть, пить, хотеть, любить.

1 — Что ты обычно _ешь_ на завтрак?
— Я _____ йогурт и бутерброды.
— А что ты _____ утром?
— Я всегда _____ кофе.

2 — Дети, вы хотите _____?
— Да, очень! Мы очень _____ мороженое!
— А что вы _____ пить?
— Мы _____ молочный коктейль.

3 — Твои родители _____ итальянскую кухню?
— Да. Они часто _____ на обед спагетти и всегда _____ итальянское вино.
— Я тоже _____ спагетти. Но моя жена всегда на диете, и мы _____ только овощные салаты и рыбу.

4 — Где ты был вчера?
— Вчера вечером я был в ресторане «Нирвана». Мы с друзьями _____ мясо по-французски. Отличное блюдо.
— А что вы _____?
— Испанское вино.
— И как? Хорошее?
— Да, вкусное. Мои друзья очень _____ красные вина. Но я обычно _____ виски.
— О! В среду я был на банкете и там _____ отличный виски!
— Вот это здорово!

5 — Что ты _____ на ужин?
— Я _____ мясо.
— Мы уже _____ мясо вчера и позавчера.
— Тогда рыбу?
— Кира не _____ рыбу. Вчера она говорила, что в школе на обед была рыба с рисом, она _____ только рис.
— Хорошо. А что ты _____?
— Я _____ что-нибудь с грибами.
— Спагетти с грибами?
— Точно. Отличная идея! Тогда сегодня я _____ спагетти с грибами.

4 Дополните предложения словами из скобок в правильной форме.

Я был вчера в ресторане *(ресторан)* и ел там очень _____ _____ *(вкусная пицца).*

Я читаю _____ _____ *(последняя книга)* Умберто Эко.

Мой друг — англичанин. Сейчас он живёт __ _____ *(Италия).* Но он любит _____ *(Англия)* и часто отдыхает там.

Я каждый день пью _____ _____ *(апельсиновый сок)* и ем _____ _____ *(свежие фрукты).*

Я люблю _____ _____ *(классическая музыка).* В субботу я была _____ _____ *(опера).*

Моя подруга — испанка. Вчера я была у неё. Мы ели _____ _____ *(прекрасная паэлья)* и пили _____ _____ _____ *(отличное испанское вино).*

5 Читайте предложения. Дополните колонку «Ваша страна».

Россия	Ваша страна
Мы едим кашу на завтрак каждый день.	
Мы очень часто едим мясо и картошку.	
На обед мы обычно едим суп.	
Мы пьём чай много раз в день.	
Мы каждый день едим фрукты.	
Мы иногда едим в ресторанах.	
Обычно мы готовим и едим дома.	

6 Пишите текст о том, что едят и пьют люди в России и у вас в стране. Используйте информацию задания 5.

Модель: В России на завтрак обычно едят… и пьют… А в Италии…

7 Пишите числа словами.

блины
одни блины

1 пицца и 2 пиццы
_____ _____

1 кола и 3 колы
_____ _____

1 рюкзак и 2 рюкзака
_____ _____

суши _____   1 молоко _____

1 кофе и 2 кофе
_____ _____

8 Пишите результат. Читайте примеры.

800+900= 1700
400+600=_____
200+300=_____
570+1100=_____
460+730=_____
1580+2220=_____
3500+2400=_____
2000+5000+3001=_____

9 Читайте диалоги. Дополните фразы словами из рамки. Пишите ваш диалог.

— Здравствуйте! Вы готовы сделать заказ?
— Да, пожалуйста. Будьте добры, мясо по-французски и салат «Цезарь». Какие супы у вас есть?
— Есть борщ, крем-суп с грибами, а также суп дня — сегодня это солянка с мясом.
— _____ солянку? И хлеб.
— Да, конечно. _____ _____?
— Ещё чай и пирожок.
— Пирожки с мясом, с капустой, с яблоком.
— С яблоком. _____!
— Пожалуйста!

— Добрый день! _____ _____!
— Здравствуйте! _____ _____
один гамбургер, одну картошку-фри и воду.
— Вода есть только с газом.
—Так… А какие соки у вас есть?
— Апельсиновый, яблочный, вишнёвый.
— _____ _____ вишнёвый?
— Да, конечно. _____ _____?
— Нет, _____.
— Заказ здесь или с собой?
— С собой. _____ _____ _____?
— 232 рубля.
— _____!
— Ваши 300 рублей. Ваша сдача — 68 рублей,
и вот ваш заказ.
— _____!
— Спасибо Вам и хорошего дня!

дайте, пожалуйста   будьте добры

слушаю Вас   спасибо   можно, пожалуйста

что-нибудь ещё   сколько это стоит   пожалуйста

10 Дополните колонки «Страна» и «Национальный продукт/блюдо». Пишите, как называются национальные продукты в разных странах.

Продукт	Страна	Национальный продукт/блюдо
вино	Франция	французское вино
оливки		
шоколад		
суши		
щи		
сосиски		
гамбургер		
пиво		
пицца		
кофе		

11 Смотрите картинки. Пишите, кто кого/что любит. Используйте слова из рамки и местоимения в И.п. (Nom.) и В.п. (Acc.).

любить   ~~дети~~ ~~мама~~
девушка   суши
ты   вы   мы   я

Дети любят маму.
Они любят её.

Молодой человек _____

_____.

Такеши Ямамото _____

_____.

____ любишь _____?

Да, ____ люблю _____.

____ любим _____!

12 Пишите вопросы к выделенным словам.

— **Что** ты обычно ешь на завтрак?
— На завтрак я обычно ем **бутерброды.**

— _____?
— Я хочу **яблочный** сок.

— _____?
— **380** рублей.

— _____?
— Вчера вечером мы были на **вечеринке**.

— _____?
— Я люблю **джаз**.

— _____?
— Она **японка**.

*13 Пишите, что вы ели и пили вчера на завтрак, на обед и на ужин.

1 Соедините прилагательные с существительными, от которых они образованы:

рыбный суп   мясо
овощной салат   рыба
мясной суп   фрукты
фруктовый салат   овощи

2 а) Читайте текст. Отвечайте на вопросы.

- Как называется ресторан?
- Какие блюда здесь есть?
- Сколько стоит обед в ресторане?

Ресторан «Ёлки-Палки»

Вы любите русскую кухню? Добро пожаловать в ресторан «Ёлки-Палки»! Это уютные рестораны русской национальной кухни. Они есть в Москве и Санкт-Петербурге. Здесь вкусная еда и приятная атмосфера.

Повара прекрасно готовят русские щи, борщ, овощные супы, солянку, мясные и рыбные блюда. Здесь делают пельмени и вареники.

В ресторане есть специальное вегетарианское меню, большой салат-бар.

Мы рекомендуем фирменное блюдо – блины с икрой. Это очень вкусно и недорого! У нас можно также попробовать квас, морс и, конечно, русскую водку. На десерт – медовый торт, клубничное мороженое и пирожки.

Обычно обед стоит примерно 500 рублей. У нас также есть бизнес-ланч: суп, котлеты с гарниром и морс. Бизнес-ланч стоит 250 рублей.

В нашем ресторане быстрый и отличный сервис, демократичные цены, вкусные блюда домашней кухни. Вечером играет живая музыка.

Мы ждём вас!

2 б) Смотрите текст ещё раз. Дополните таблицу.

Название	<u>Ёлки-Палки</u>
Где находится?	
Блюда	
Десерты	
Напитки	
Сколько стоит	
Сервис	
Рекомендации	
Развлечения	

2 в) Расскажите о ресторане «Ёлки-Палки» по таблице.

3 а) Заполните таблицу, пишите информацию о вашем любимом ресторане.

Название	
Где находится?	
Блюда	
Десерты	
Напитки	
Специальное меню	
Сколько стоит	
Сервис	
Рекомендации	
Развлечения	

3 б) Расскажите о вашем любимом ресторане по таблице. Слушайте других студентов. Скажите, какие блюда вы хотите попробовать.

Я хочу попробовать…

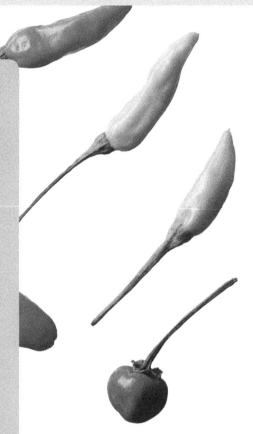

Слова́рь

апельси́н	пиро́жное	гото́вить
атмосфе́ра	пирожо́к	есть
бана́н	по́вар	люби́ть
блины́	рис	пить
блю́до	ры́ба	попро́бовать
борщ	рубль	предлага́ть
бутербро́д	сала́т	рекомендова́ть
га́мбургер	се́рвис	сто́ить
вино́ (кра́сное/бе́лое)	сок	
ви́шня	соля́нка	
вода́ с га́зом/	соси́ски	всегда́
без га́за	суп	иногда́
грибы́	су́ши	ка́ждый день
гру́ша	у́жин	никогда́ не
за́втрак	фигу́ра	обы́чно
икра́	фру́кты	ре́дко
йо́гурт	хлеб	
капу́ста	цена́	
карто́фель/карто́шка	чай с са́харом, с лимо́ном,	
кокте́йль	зелёный /чёрный	
колбаса́	шампа́нское	
конфе́ты	штру́дель	
ку́рица(-гриль)	щи	
ку́хня	яйцо́	
лук		
ма́сло	дома́шний	
молоко́	вку́сный	
морко́вь	гре́ческий	
моро́женое	мясно́й	
мя́со	овощно́й	
обе́д	прия́тный	
о́вощи	ры́бный	
огуре́ц	специа́льный	
оли́вки	фи́рменный	
оливье́	фрукто́вый	
пельме́ни		
пече́нье		
пи́во		
пи́цца		

Теперь вы можете сказать:

Я ем фру́кты ка́ждый день.

Сего́дня на обе́д я ел суп.

Я не пью шампа́нское.

Я не хочу́ чай, я хочу́ ко́фе.

Я о́чень люблю́ италья́нскую пи́ццу.

Бу́дьте добры́, одни́ блины́ с икро́й.

Да́йте, пожа́луйста, во́ду без га́за.

Мо́жно сок?

Пожа́луйста, два сала́та.

Ещё я бу́ду один чай.

Ско́лько сто́ит?

аудио

1 Соедините фразы с картинками.

1	2	3	4	5	6
07:30	07:40	08:00	08:30	09:00	13:30

7	8	9	10	11	12
18:00	18:10	19:30	20:00	22:30	00:00

вставать – 1
идти на работу
смотреть телевизор
обедать
начинать работать
ужинать
заканчивать работать
ехать домой
читать книгу
завтракать
ложиться спать
принимать душ

вставать (I) ≠ ложиться (II)

Я встаю	Мы _____	Я ложусь	Мы _____
Ты _____	Вы встаёте	Ты _____	Вы ложитесь
Он/Она _____	Они _____	Он/Она _____	Они _____

2 а) Читайте текст. Как вы думаете, кто Татьяна по профессии?

Мой рабочий день? Обычно я встаю рано, в 7 часов. Быстро принимаю душ и готовлю завтрак. В 7.30 я завтракаю: пью кофе, ем бутерброд с сыром. Я начинаю работать в 8.00. В 7.45 я иду на работу. Я работаю недалеко, поэтому я иду только 10 минут. В 8.00 я уже на работе. Там мои пациенты — разные люди, у них разные проблемы. Я очень люблю мою работу и мою больницу. У меня важная и интересная профессия. В 13.30 я обедаю на работе. Я заканчиваю работать в 16.00. После работы я немного гуляю и иду домой. Я ужинаю дома в 18.00 или 18.30. Вечером я отдыхаю — читаю книги, смотрю телевизор. В 19.20 я смотрю мой любимый сериал «Доктор Хаус». Обычно я ложусь спать не поздно, в 23.00.

рано ≠ поздно

2 б) Спрашивайте и отвечайте. Используйте слова из задания 1а).

Когда она встаёт? | Она встаёт в 7 часов.

3 а) Смотрите картинки. Сравните фразы. Дополните таблицу.

Что это? | **Где** она работает? | **Куда** она идёт?

Это **больница.** | Она работает **в больнице.** | Она идёт **в больницу.**

Грамматика
Глагол идти в настоящем времени (Present)

Где? П.п. (Prep.)	→ ИДТИ +КУДА? В.п. (Асс.)
Я в театре.	Я иду в театр.
Ты в музее.	Ты идёшь в музей.
Он на озере.	Он/Она _____ на озеро.
Мы на работе.	Мы _____ на работу.
Вы на лекции.	Вы _____ на лекцию.
Они на площади.	Они _____ на площадь.

 Обратите внимание!

— Где сейчас Антон? — Куда идёт Антон?
— Сейчас Антон **дома.** — Антон идёт **домой.**

4 а) Пишите, где работают и куда идут эти люди.

офис   музей   редакция   ~~магазин~~   полиция
ресторан   театр   школа

Кто?	работает	Где?		Когда?	Кто?	идти	Куда?
Продавец	работает	в магазине.	→	Утром	продавец	идёт	в магазин.
Бизнесмен	_____	. →	Утром _____.
Учительница	_____	. →	_____.
Гид	_____	. →	_____.
Полицейский	_____	. →	_____.
Журналист	_____	. →	_____.
Актриса	_____	. →	_____.
Официант	_____	. →	_____.

4 б) Спрашивайте и отвечайте. Скажите, что вы узнали.

Кто ты по профессии?

Я актриса.

Где ты работаешь?

Я работаю в театре.

Когда ты идёшь на работу?

Я иду на работу вечером, в 18.00

5 Пишите вопросы к выделенным словам.

1 — Где живёт твой отец?
— Мой отец живёт **в деревне.**

2 — _____?
— Утром он идёт **на завод.**

3 — _____?
— Днём он обедает **в кафе.**

4 — _____?
— Вечером он идёт **на стадион.**

5 — _____?
— Он смотрит футбол **на стадионе.**

6 — _____?
— В 22.00 он идёт **домой.**

6 Пишите глагол идти в правильной форме.

1 Пётр идёт в ресторан.

2 Мама Серёжи _____ в магазин.

3 Наташа и Саша _____
в университет на лекцию.

4 — Куда Вы _____?
— Мы _____ в кино.

5 Марина _____ в музей на экскурсию.

6 — Куда ты _____, Коля?
— Я _____ в бассейн.

7 а) Смотрите картинки и подписи к ним. Сравните предложения.

Татьяна **идёт** на работу.

Татьяна **едет** на работу.

Пётр **идёт** в магазин.

Пётр **едет** в магазин.

7 б) Дополните таблицу.

Грамматика
Глагол ехать **в настоящем времени** (Present)

Где? П.п. (Prep.)	→ ЕХАТЬ + КУДА? В.п. (Асс.)
Я в России.	Я еду в Россию.
Ты на даче.	Ты _____ на дачу.
Он на озере.	Он/Она _____ на озеро.
Мы в Лондоне.	Мы _____ в Лондон.
Вы на море.	Вы _____ на море.
Они в Санкт-Петербурге.	Они _____ в Санкт-Петербург.

7 в) Слушайте, повторяйте, читайте.

Я идý — Я éду. Я идý в центр. — Я éду в центр.

Ты идёшь — Ты éдешь. Ты идёшь в парк? — Ты éдешь в Москву?

Он идёт в школу. — Он éдет в Тулу.

Мы идём в театр. — Мы éдем на море.

Вы идёте домой? — Вы éдете домой?

Они идýт в лес. — Они éдут на дачу.

8 а) Пишите глагол ехать в правильной форме.

— Привет, Андрей!
— Привет, Маша! Куда ты едешь?
— Я _____ в Италию, на море. А куда ты _____?
— Я _____ в Германию. Там живёт моя сестра, у неё завтра день рождения.
— А твои родители тоже _____ в Германию, Вы _____ вместе?
— Да, мы _____ все вместе.
— Здорово!

8 б) Слушайте и проверяйте. Скажите, куда едет Андрей и куда едет Маша?

9 а) Соедините картинки со словами в таблице 9б).

9 б) Дополните таблицу.

ЕХАТЬ + НА ЧЁМ? П.п. (Prep.)	
Что? И.п. (Nom.)	**На чём? П.п. (Prep.)**
машина – 10	на машине
автобус	на автобусе
поезд	
троллейбус	
трамвай	
велосипед	
мотоцикл	
электричка	
метро	на метро
такси	на такси

9 в) Спрашивайте и отвечайте. Скажите, что вы узнали.

На чём ты едешь в школу/ на работу?

Я еду на работу на метро. А ты?

10 **Дополните предложения глаголами** идти **или** ехать.

1 Дмитрий едет в кино на такси.

2 Дети _____ в бассейн.

3 Туристы _____ на экскурсию в Тверь.

4 Анна _____ на работу на метро.

5 Ольга и Саша _____ в магазин.

6 Мы _____ обедать в кафе.

11 а) **Слушайте рассказ Владимира. Дополните его словами** идти **или** ехать.

Привет! Меня зовут Владимир. Я юрист, я работаю в банке. Обычно я встаю рано, в шесть часов, принимаю душ и в шесть тридцать иду в спортзал. В семь часов у меня тренировка, я занимаюсь спортом сорок пять минут. В восемь я _____ в кафе завтракать. На завтрак я ем кашу и пью кофе. В восемь тридцать я _____ на остановку. Я _____ на работу на автобусе двадцать минут и уже в восемь пятьдесят я в офисе. Я начинаю работать в девять часов. Сначала я читаю новости в Интернете, потом смотрю почту. Я много работаю на компьютере и очень устаю. В час мои коллеги и я _____ обедать в небольшое кафе. Мы вместе обедаем и разговариваем. Потом мы _____ на работу. Я заканчиваю работать в семь часов. В восемь часов моя жена и я _____ ужинать в ресторан. В десять часов мы _____ на такси домой. Дома мы смотрим телевизор и в двенадцать часов ложимся спать.

11 б) **Слушайте текст ещё раз, пишите, что делает Владимир.**

6:00 – он встаёт

6:30 – _____

7:00 – _____

8:00 – _____

8:30 – _____

9:00 – _____

13:00 – _____

19:00 – _____

20:00 – _____

22:00 – _____

00:00 – _____

11 в) **Спрашивайте и отвечайте.**

Когда он встаёт?

Он встаёт в шесть часов.

12 **Спрашивайте и отвечайте. Скажите, что вы узнали.**

Когда ты встаёшь?

Я встаю в шесть часов.

аудио

1 **а)** Читайте диалоги. Где сейчас Таня и Владимир? Где сейчас Миша и Аня? Отвечайте на вопросы после диалогов.

Таня: Привет, Владимир! Куда ты идёшь?

Владимир: Привет, Таня! Я иду в спортзал.

Таня: Здорово! Ты часто ходишь в спортзал?

Владимир: Да, я хожу в спортзал каждый день. Обычно я хожу в спортзал утром, но сегодня утром я не был там и иду на тренировку сейчас. А куда ты идёшь?

Таня: Я иду в театр. Я редко хожу в театр, потому что билеты стоят дорого.

1 Куда идёт Владимир?
2 Он часто ходит в спортзал?
3 Куда идёт Таня?
4 Она часто ходит в театр? Почему?

Миша: Привет, Аня! Куда ты едешь?

Аня: Привет, Миша! Я еду в университет. Я часто езжу на занятия на велосипеде, но сегодня я еду на автобусе, потому что холодно.

Миша: А я сегодня не учусь. Я еду в бассейн.

Аня: Ты всегда ездишь в бассейн на автобусе?

Миша: Да, я всегда езжу туда на автобусе, потому что бассейн далеко.

1 Куда едет Аня?
2 На чём она часто ездит в университет?
3 Куда едет Миша?
4 Почему он всегда ездит в бассейн на автобусе?

1 **б)** Слушайте диалоги. Заполните пропуски.

1 Сейчас Владимир идёт в спортзал. _____ он ходит в спортзал утром.

Таня идёт в театр. Она _____ ходит в театр.

2 Аня _____ ездит на занятия на велосипеде. _____ она едет в университет на автобусе.

Миша едет в бассейн. Он _____ ездит в бассейн на автобусе.

2 Дополните таблицу.

Грамматика
Глаголы ходить – ездить **в настоящем времени**
(Present)

ХОДИТЬ + КУДА В.п. (Acc) ⇄ **ЕЗДИТЬ + КУДА** В.п.(Acc)

Ходить ⇄ 🚶	Ездить ⇄ 🚗
Я хожу	Я езжу
Ты ходишь	Ты ездишь
Он/Она _____	Он/Она _____
Мы _____	Мы _____
Вы _____	Вы _____
Они _____	Они _____

часто ≠ редко   обычно   иногда
всегда ≠ никогда не…   каждый день

3 а) **Заполните пропуски глаголами**
идти — ходить, ехать — ездить.

идти — ходить

— Привет, Владимир, куда ты <u>идёшь</u>?

— Я _____ в ресторан.

— Ты часто _____ в ресторан?

— Да, каждый вечер моя жена и я _____ в ресторан ужинать. А куда ты _____?

— Я _____ в клуб. Я никогда не _____ в клубы, потому что там шумно. Но сегодня день рождения друга, поэтому я _____ туда.

ехать — ездить

— Привет, Инна, куда ты _____?

— Привет! Я _____ на дачу.

— Ты часто _____ на дачу?

— Да, я _____ туда каждые выходные. А куда вы _____?

— Мы _____ на экскурсию в Суздаль. Мы часто _____ на экскурсии, это так интересно!

3 б) **Слушайте и проверяйте.**

4 а) **Смотрите картинки. Спрашивайте и отвечайте.**

Куда он идёт/едет сейчас?
Он часто ходит/ездит …?

4 б) **Спрашивайте и отвечайте. Используйте слова** часто ≠ редко, обычно, иногда, всегда ≠ никогда не… **Скажите, что вы узнали.**

Ты часто ходишь в театр?
Ты редко ездишь на море?

Да, я часто хожу в театр, а ты?
Нет, я часто езжу на море. А ты?

5 а) **Соедините слова.**

Вторник, воскресенье, утро, среду, выходные, день, субботу, четверг, вечер, ~~пятницу~~, понедельник.

каждый

каждое

каждую

<u>пятницу</u>

каждые

5 б) **Спрашивайте и отвечайте. Используйте слова из задания 5а). Скажите, что вы узнали.**

Куда ты ходишь каждый понедельник/ вторник….?

Каждый понедельник… я хожу в спортзал.

1 а) Читайте фрагменты. Составьте письмо.

	1	2	3	4
В				

В Дорогая Анна!
Как дела? У меня всё хорошо. Сейчас я живу в Москве. Здесь я работаю в газете и изучаю русский язык в институте. Каждое утро я хожу на занятия. У меня хорошая дружная группа. Мы обычно ходим обедать в кафе, там мы много говорим по-русски.

Б А в следующие выходные я поеду в Санкт-Петербург. Я хочу пойти в Эрмитаж, в Русский музей и в Мариинский театр на оперу «Евгений Онегин».
А как ты? Куда ты ездила в выходные? Какие новости дома?

Г Каждые выходные я езжу на экскурсии. В прошлые выходные я ездил в Суздаль. Это очень красивый и старый город. Я ходил в Кремль и соборы, там было очень интересно. Потом я ходил на ярмарку и купил там сувениры.

А Москва — прекрасный город. Я часто хожу в театр и кино. Я уже ходил в Кремль и Третьяковскую галерею, много гулял. Я здесь никогда не скучаю.

Обнимаю,
Том.

1 б) Отвечайте на вопросы.

1 Где сейчас живёт Том? Где он работает?
2 Куда он ходит каждое утро?
3 Где он обычно обедает?
4 Куда он часто ходит в Москве?
5 Где он уже был в Москве?
6 Куда он ездит каждые выходные?
7 Куда он ездил в прошлые выходные?

2 Читайте диалоги, заполняйте таблицу.

— Том, куда ты ходил вчера?
— Я ходил в Кремль.
= (Я был в Кремле.)

— Том, куда ты ездил в прошлые выходные?
— Я ездил в Суздаль.
= (Я был в Суздале.)

Грамматика
Глаголы ходить – ездить **в прошедшем времени** (Past)

🚶 ХОДИТЬ ⇄ КУДА В.п.(Acc.)		🚗 ЕЗДИТЬ ⇄ КУДА В.п.(Acc.)	
Он ходил Она _____ Они _____ } в институт.		Он ездил Она _____ Они _____ } в Москву.	
= был (-а, -и) в институте. П.п. (Prep.)		= был (-а, -и) в Москве. П.п. (Prep.)	

вчера, позавчера, в прошлый вторник, раньше, недавно ≠ давно, уже, ещё не...

3 а) Дополните диалоги. Пишите глагол ходить или ездить в правильной форме.

Джек: Привет, Том! Как дела? Что ты делал вчера?

Том: Привет, Джек! Вчера я ходил на выставку Серова в Третьяковскую галерею. Это прекрасная выставка! А как твои дела?

Джек: Отлично! У меня сейчас гости из Англии. Вчера мы вместе _____ в Исторический музей. А в выходные мы _____ в Кусково. Там сейчас так красиво! А что ты делал в выходные?

Том: Я _____ на дачу. Там был день рождения Антона. Было весело!

3 б) Скажите, где были Джек и Том?

4 а) Слушайте рассказ Тома. Отмечайте, куда он ходил и ездил на прошлой неделе.

Понедельник:
- ☑ Лондон
- ☐ ресторан
- ☐ редакция
- ☐ вечеринки
- ☐ встречи

Четверг:
- ☐ офис
- ☐ занятия
- ☐ тренировка
- ☐ театр
- ☐ спортзал

Пятница:
- ☐ занятия
- ☐ работа
- ☐ спортзал
- ☐ бар
- ☐ театр

Выходные:
- ☐ деревня
- ☐ дача
- ☐ сад
- ☐ лес
- ☐ река
- ☐ озеро

4 б) Спрашивайте и отвечайте.

Куда ходил Том в прошлый понедельник?

Он ходил на встречи.

5 а) Дополните таблицу А.

А на прошлой неделе	≠	Б на следующей неделе	
В прошлый понедельник		В следующий _____	
В прошлый _____		В следующий вторник	
В прошлую среду		В следующую _____	
В прошлый _____	ходить	В следующий _____	пойти
В прошлую _____	ездить	В следующую _____	поехать
В прошлую _____		В следующую _____	
В прошлое _____		В следующее _____	
В прошлые выходные		В следующие _____	

5 б) Спрашивайте и отвечайте. Узнайте, куда ходили или ездили студенты на прошлой неделе, где они были?

Марк, куда ты ходил/ ездил в прошлую среду?

Я ходил/ ездил в …

6 Вы помните письмо Тома? Читайте фрагмент его письма. Скажите, куда он поедет в следующие выходные? Куда он хочет пойти?

Б   А в следующие выходные я поеду в Санкт-Петербург. Я хочу пойти в Эрмитаж, в Русский музей и в Мариинский театр на оперу «Евгений Онегин». А как ты? Куда ты ездила в выходные? Какие новости дома?

Обнимаю,
Том.

7 Дополните таблицу.

Грамматика
Глаголы идти-ехать **в будущем времени** (Future)

👥 → ПОЙТИ		🚗 → ПОЕХАТЬ	
Я пойду		Я поеду	
Ты пойдёшь		Ты поедешь	
Он/Она _____	в театр на оперу.	Он/Она _____	в Тулу
Мы _____	В.п. (Асс.)	Мы _____	на экскурсию.
Вы _____		Вы _____	В.п. (Асс.)
Они _____		Они _____	

завтра   послезавтра   в следующий вторник

8 Заполните пропуски. Используйте слова из рамки. Скажите, куда они пойдут и поедут? Почему?

а) пойти

1 Антон хочет есть. Он <u>пойдёт в ресторан.</u>

2 Мария и Анна хотят заниматься спортом. В следующий вторник они _____ ___ _____.

3 Коля, ты любишь танцевать? Ты _____ ___ _____?

4 Инна хочет купить продукты. Завтра она _____ ___ _____.

5 Мы хотим слушать музыку. В следующую пятницу мы _____ ____ _____.

6 Студенты хотят смотреть кино. Они _____ ___ _____.

7 Вы любите футбол? Вы _____ ____ _____ в следующий четверг?

> кино ~~ресторан~~ стадион концерт спортзал магазин клуб

б) поехать

1 Серёжа, ты был в Лондоне? Ты _____ ___ _____ ?

2 Ольга любит путешествовать. Она _____ ___ _____.

3 Студенты любят экскурсии. Послезавтра они _____ ___ _____.

4 Мы очень любим море. Мы _____ ____ _____.

5 Кэрол, Вы не были в Туле? Вы _____ ___ _____ в следующие выходные?

6 Саша любит отдыхать на озере. Он _____ ____ _____.

> экскурсия Тула озеро Лондон Германия море

9 а) Дополните таблицу Б (Модуль 3, задание 5а). Узнайте, куда пойдут или поедут студенты на следующей неделе.

> Куда ты пойдёшь/ поедешь завтра/ в следующую пятницу?

> Завтра я пойду/ поеду…

9 б) Вы любите путешествовать? Скажите, что вы узнали. Слушайте, что говорят студенты, отмечайте на карте*, где они были.

— Марко, ты любишь путешествовать?
— Где ты был?
— Куда ты ещё не ездил?
— Куда ты хочешь поехать?

> хотеть + инфинитив
> любить

10 а) Том уже давно живёт в Москве. Смотрите картинки, скажите, куда он ходил/ где он был?

10 б) В следующие выходные Том поедет в Санкт-Петербург. Смотрите план его поездки. Куда он пойдёт сначала, куда он пойдёт потом?

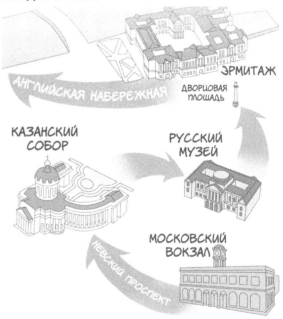

10 в) Спрашивайте и отвечайте. Скажите, какие интересные места есть в вашем городе, в вашей стране? Спросите, куда пойдут/ поедут студенты?

> В Париже находится собор Нотр Дам, Эйфелева Башня, Лувр… Там интересно/красиво … Куда ты хочешь пойти?

> Сначала я хочу пойти в Лувр, потом я пойду в…

* Карта в книге для преподавателя

11 а) Читайте предложения.

1 В субботу я не работаю. Я свободен весь день.
2 Сегодня я очень занята. Я работаю целый день.

Я, ты, он	свободен ≠ занят
Я, ты, она	свободна ≠ занята
Мы, вы, они	свободны ≠ заняты

🔊 11 б) Слушайте диалоги. Заполните таблицу.

Кто?	Когда пойдут?	Куда пойдут?	На чём поедут?
Том и Изабель		в Русский музей	
Анна Павловна и Сергей Петрович			

🔊 11 в) Слушайте фрагменты диалогов. Заполняйте пропуски.

— Привет, Изабель!
— Привет, Том!
— Какие планы? Что ты делаешь в пятницу?
— Я <u>занята</u> весь день. Утром я пойду на занятия, потом в библиотеку, а вечером у меня тренировка, я пойду в спортзал.
— Понятно. А в субботу ты тоже _____?
— Нет, в субботу я _____.
— Отлично! Я тоже _____. Давай пойдём в кино вечером?

— Добрый день, Анна Павловна!
— Здравствуйте, Сергей Петрович!
— Давайте пойдём в ресторан завтра.
— Я завтра _____. У меня важная встреча и совсем нет времени. Может быть, послезавтра, в среду? Вы _____?
— Нет, к сожалению, я _____. Я пойду на конференцию. А в четверг вечером я _____, а Вы?

12 а) Смотрите таблицу, читайте предложения.

Как пригласить:	Как согласиться (+):	Как отказаться (-):
— Давай(те) пойдём в кафе! — Пойдём в кафе! — Я хочу пойти в кафе, пойдём (те) вместе!	— С удовольствием! — Хорошая идея, давай пойдём!	— К сожалению, я занят (занята). — Нет, у меня нет времени. — Нет, у меня нет настроения. — Может быть, в следующий раз.

12 б) Смотрите карточки*. Студент А приглашает, студент Б соглашается или отказывается. Используйте выражения из таблицы.

13 Дополните диалоги глаголами в правильной форме.

идти — ходить — пойти

— Привет! Куда ты <u>идёшь</u>?
— Я _____ на тренировку в спортзал. Давай _____ вместе!
— Нет. Я уже сегодня утром _____ на тренировку.
— Ты всегда _____ в спортзал утром?
— Да, обычно я _____ утром. Это очень удобно. _____ завтра вместе.
— Договорились!

ехать — ездить — поехать

— Здравствуйте! Куда вы _____?
— Мы _____ на дачу в Ольгино.
— Правда?! У нас тоже есть дача в Ольгино! Мы _____ туда каждую субботу.
— А в прошлую субботу вы _____ на дачу?
— Нет, не _____. Мы были заняты. Но в следующую субботу мы _____.
— Давайте в следующую субботу _____ вместе!
— С удовольствием!

1 **Составьте предложения.**

а Принимать/ Андрей/ в/ душ/ 8/ часов
Андрей принимает душ в 8 часов.

б Утром/ в/вставать/ он/ 7/ час/ рано
_____.

в Готовить/ его жена/ в/ 7.15/ завтрак/
_____.

г 7.30/ вместе/ они/ завтракать/ в
_____.

д Работа/ машина/ они / 8/ на/ ехать/ в/ час/ на
_____.

е 13 / Андрей/ в/ обедать/ идти/ ресторан/ час/в
_____.

ж В/работать/ он/ час/ заканчивать/ 18
_____.

з В / его жена/ дом/ 20.00/ он/ ужинать/ и/
_____.

и Он/ спать/ в/ час/ ложиться/ 23
_____.

2 **Пишите глаголы в правильной форме.**

— Привет, Юля! Я вчера звонил весь вечер, но никто не отвечал. Куда ты ходила вчера *(идти — ходить)*?

— Привет! Я вчера _____ *(идти — ходить)* в джаз-клуб на концерт. А ты куда _____ *(идти — ходить)* вчера?

— Мы _____ *(ехать — ездить)* на экскурсию в Пушкин. Это было здорово!

— А на чём вы _____ *(ехать — ездить)* туда?

— На автобусе. Это недалеко, всего 30 минут. А ты уже _____ *(ехать — ездить)* туда?

— Нет, ещё не _____ *(ехать — ездить)*, но очень хочу посмотреть Пушкин.

— А куда ты сейчас _____ *(идти — ходить)*?

— Я _____ *(идти — ходить)* в магазин. Хочу купить какие-нибудь сувениры. А ты куда _____ *(идти — ходить)*?

— На футбол. Сегодня играет «Зенит».

— Ну, пока.

— До встречи.

3 Заполните пропуски.

Каждый день Джим ездит в школу <u>на метро</u> 🚈.
Но сегодня была хорошая погода, и он ездил в школу
_____ 🚲. Вечером он ездил в театр
_____ 🚕. Каждый понедельник Джим ездит
в спортзал _____ 🚌, но вчера он ездил
туда _____ 🚊. В прошлые выходные Джим
ездил на экскурсию в Суздаль _____ 🚌.
В следующие выходные он хочет поехать в Тулу
_____ 🚆. Друзья Джима тоже хотят
поехать в Тулу, но не на электричке, а _____ 🚗.

4 Дополните вопросы словами
Где? **или** Куда?

<u>Где</u> работает ваш друг?
_____ он идёт утром?
_____ он обычно обедает?
_____ он обычно ходит
вечером?
_____ он был вчера?
_____ вы ходите вечером?
_____ вы гуляете?

5 Отвечайте на вопросы, используйте слова в скобках.

Где работает Инна?
Инна работает <u>в институте</u>. *(институт)*

Куда она ходит каждый день?
Каждый день она ходит <u>в институт.</u>

1 Где учится Егор? *(школа)*

_____ .

Куда он сейчас идёт? *(школа)*

_____ .

2 Где отдыхают родители Егора? *(озеро)*

_____ .

Куда они ездили в прошлые выходные? *(озеро)*

_____ .

3 Где был вчера Серёжа?   *(театр, опера)*

_____ .

Куда он ходил вчера? *(театр, опера)*

_____ .

4 Где обедает Анна? *(ресторан)*

_____ .

Куда она обычно ходит обедать? *(ресторан)*

_____ .

5 Где были Михаил и Елена в прошлое воскресенье? *(экскурсия, Петергоф)*

_____ .

Куда они ездили в прошлое воскресенье? *(экскурсия, Петергоф)*

_____ .

6 Дополните диалоги глаголами
идти – ходить, ехать – ездить, пойти, поехать.

1 — Куда ты <u>идёшь</u>?
— Я _____ в филармонию на концерт.
— Правда? Ты часто _____ на концерты?
— Нет, не очень часто.

2 — Катя, ты _____ на занятие вчера?
— Да, _____. Я всегда _____
на все занятия.
— Я тоже обычно_____ на все
занятия, но вчера я был занят, я
_____ на важную встречу.

3 — Юля, ты вчера _____ на экскурсию
в Павловск?
— Конечно, _____. Это было прекрасно!
А ты почему не _____? Я знаю, ты хотела
_____.
— Я была занята. Я _____ на конференцию.
Я _____ в Павловск в следующую субботу.

4 — Игорь, ты уже знаешь, куда ты
_____ в субботу?
— Ещё нет. Может быть, в кино или в театр.
— У меня есть два билета на «Остров».
_____ вместе!
— Нет, я уже _____ на этот фильм
в четверг.

7 Читайте письмо Тома ещё раз. (Модуль 3,
Задание 1). Напишите ему ответ. Вопросы
помогут вам.

Дорогой Том!
Я рад(а) читать твоё письмо.

1 Как у вас дела?
2 Где вы сейчас живёте?
3 Что вы делаете каждый день? Когда встаёте,
когда работаете, когда и где завтракаете/
обедаете/ ужинаете, когда ложитесь спать?
4 Куда вы ходите каждый день?
5 Куда вы ходили/ездили на прошлой неделе/
в прошлые выходные?
6 Куда вы пойдёте/ поедете на следующей
неделе/ в следующие выходные?

А как твои дела?
Пока!
_____

*8 а) Читайте текст. Пишите глаголы
идти-ходить, ехать-ездить, пойти, поехать
в правильной форме.

Знакомьтесь. Это известный бизнесмен
Виктор Смирнов. Он очень энергичный человек.
Он всегда занят, потому что много работает и
часто _____ **на встречи**. Каждое утро он
встаёт в 7 часов. Он _____ **в спортзал**, там
он занимается спортом, потом принимает душ
и _____ домой. В это время его жена Ирина
готовит завтрак. В 9 часов Виктор и Ирина
завтракают вместе. Обычно на завтрак они
едят **салат**, йогурт и яйца и пьют кофе. В 9.30
он _____ в офис. Обычно он _____ туда
на метро, потому что в городе пробки. Его офис
находится недалеко, в бизнес-центре Москва-
Сити. В 10 часов он **на работе**. В 14.00 Виктор и
его коллеги _____ вместе обедать **в ресторан**,
а потом снова _____ на работу. Обычно
Виктор заканчивает работать поздно, **в 22.00** и
сразу _____ домой. Дома он ужинает, смотрит
новости, читает книги и **в 23.30** ложится спать.
Виктор и Ирина любят _____ **в театр**.
В прошлую субботу они _____ **на балет**
«Спартак» в Большой театр, а в следующую
субботу они хотят _____ **в театр Вахтангова**
на спектакль «Дядя Ваня».
У Ирины и Виктора есть дача. Там живут их
родители. Каждое воскресенье они _____
туда. Они любят отдыхать **на даче**, потому что
там свежий воздух, тихо и спокойно. Там есть
река и лес, они часто гуляют **в лесу** и _____
на реку на велосипеде.
Ещё Виктор любит путешествовать. Он часто
_____ в командировки и в отпуск заграницу.
Он _____ в Европу, в Америку и даже был
на Северном полюсе. Но он ещё не _____
в Азию. Он не был в Китае и Японии.
В следующем году он _____ в Токио.
У Виктора и Ирины есть дети. Сейчас они
не живут в Москве, потому что они учатся
в Лондоне. Виктор часто _____ в гости
в Лондон, потому что очень скучает.

8 б) Задайте вопросы к выделенным словам.

Куда часто ходит Виктор?

8 в) Расскажите о Викторе от его лица/ от лица
его детей/ его жены.

Смотрите фотографии. Вы знаете этих людей? Как вы думаете, что они делают каждый день?

Андрей Макаревич
музыкант, певец

Сильвия
королева Швеции

Ольга
продавец

Михаил
водитель автобуса

Том Хэнкс
актёр

Лев Толстой
писатель

Маргарет Тетчер
политик

Анна
домохозяйка

Пётр
журналист

Егор
художник

Слова́рь

авто́бус	встава́ть	всегда́ ≠
велосипе́д	е́хать – е́здить	никогда́ не…
гид	идти́ – ходи́ть	
командиро́вка	ложи́ться спать	далеко́ ≠
маши́на	начина́ть ≠ зака́нчивать	недалеко́
метро́	пое́хать	
мотоци́кл	пойти́	ещё не…
остано́вка	принима́ть душ	обы́чно
по́езд	скуча́ть	ра́но ≠ по́здно
полице́йский		уже́
продаве́ц	ва́жный	ча́сто ≠ ре́дко
реда́кция	дру́жный	
собо́р	ка́ждый	
такси́	люби́мый	
трамва́й	про́шлый ≠ сле́дующий	
тролле́йбус	за́нят, -а́/ -ы	
учи́тельница	свобо́ден, -а/ -ы	
электри́чка		
я́рмарка		

Теперь вы можете сказать:

— Куда ты идёшь?
— Я иду на работу.

— Куда ты едешь?
— Я еду на экскурсию.

— На чём ты едешь?
— Я еду на поезде.

— Каждую субботу я хожу в театр.
— Каждые выходные я езжу на дачу.
— Вчера я ходил на работу.
— В прошлую пятницу я ездил в Лондон.
— В следующую субботу я пойду в кино.
— В следующий вторник я поеду в Тверь.

— Давай(те) пойдём в кино!
— С удовольствием!/ К сожалению, я занят.
— Я хочу пойти в ресторан, пойдём вместе?
— Хорошая идея, пойдём! / Я занят, может быть, в следующий раз?

1 Как вы думаете, что делают люди на картинках?

Она смотрит	Он читает	Он слушает	Она смотрит	Он смотрит
а комедию	а стихи	а джаз	а балет	а новости
б мелодраму	б детектив	б поп-музыку	б спектакль	б сериал
в триллер	в фантастику	в рок	в фильм	в ток-шоу
г боевик	г женский роман	г оперу	г мюзикл	г мультфильмы
д мультфильм	д классическую	д классическую		
е детектив	литературу	музыку		
	е пьесу			

2 а) Скажите, что вы любите или не любите.

я ненавижу   я не люблю   мне нравится   я люблю   я очень люблю

что? (В.п.)	+ глагол (инфинитив)
классическую музыку	слушать классическую музыку
фантастику	читать фантастику
мелодрамы	смотреть мелодрамы
джаз	слушать джаз
балет	смотреть балет
новости	смотреть/слушать новости

2 в) Спрашивайте и отвечайте.

Ты любишь **комедии?**
— Да, я люблю комедии.
— Да, мне нравятся комедии.

— Нет, я ненавижу комедии.
— Нет, я люблю боевики.
— Нет, мне нравятся боевики.

Ты часто **смотришь комедии?**
— Да, часто.
— Нет, я редко смотрю комедии.

2 б) Дополните таблицу.

что? В. п.
Я люблю опер**у**.

кому? Д.п.   что? И.п.
Мне нравится опер**а**.

Я люблю джаз.	Мне нравится джаз.
_____ любишь классическую музыку?	Тебе _____ классическая музыка?
Он _____ детективы.	Ему нравятся детективы.
_____ любит поп-музыку.	Ей не нравится _____.
Мы очень _____ это ток-шоу.	Нам очень _____ это ток-шоу.
Вы _____ фантастику?	Вам _____ фантастика?
Они _____ сериалы.	Им _____ сериалы.

3 Пишите фразы-синонимы с глаголом нравиться.

а Я люблю мелодрамы. —
<u>Мне нравятся мелодрамы.</u>

б Он не любит женские романы.—
_____

в Мы любим классическую литературу. —
_____

г Вы любите балет? —
_____

д Они очень любят стихи. —
_____

е Ты любишь фантастику? —
_____

ж Я очень люблю мюзиклы. —
_____

4 🔊 Слушайте, что говорят эти люди. Смотрите фотографии. Как вы думаете, о ком они говорят?

1 <u>е</u>
2 ___
3 ___
4 ___
5 ___
6 ___

5 Грамматика
Винительный падеж
неодуш. и одуш. существительных (Acc.)

ненавидеть любить слушать смотреть
читать знать ждать

И.п. (Nom)	что? (неодуш.)	кого? (одуш.)
концерт Борис Эйфман	ø концерт	ø --- -а Бориса Эйфмана
опера Лариса Долина	-а --- -у оперу	Ларису Долину
симфония Валерия	-я --- -ю симфонию	Валерию
Сергей	-й --- -я	Сергея

6 🔊 **а)** Слушайте тексты к заданию 4) ещё раз. Дополните предложения.

1 В прошлую пятницу я слушала _____. Я очень люблю его. И ещё я люблю русскую _____ Ларису Долину. Я так жду её новый _____!

2 Я очень люблю современный _____. Я обожаю Бориса Эйфмана. Я недавно смотрела «Чайку». Это самый красивый балет.

3 Моя мама ненавидит Джорджа Лукаса, а я люблю его _____. Вчера мы вместе _____ «Звёздные войны». Она сказала, что ей не нравится этот _____.

4 Я _____ Сергея Довлатова. Его рассказы такие умные и смешные! Он прекрасный _____.

5 Я люблю Валерию. Она очень талантливая _____. Вчера я ходила на ____ концерт. Было _____!

ждать (I)	
я ждУ	мы ждЁМ
ты ждЁШЬ	вы ждЁТЕ
он ждЁТ	они ждУТ

6 Я люблю Олега Меньшикова. Он очень _____ актёр и режиссёр. Его _____ такие интересные.

6 б) Дополните предложения словами из скобок в правильной форме.

а Бабушки любят <u>Джастина Тимберлейка</u> (Джастин Тимберлейк).

б Мальчики часто слушают _____ _____ (Кристина Агилера).

в К сожалению, дети не слушают _____ (классическая музыка).

г Женщины ненавидят _____ (боевики).

д Американские домохозяйки любят _____ (Дастин Хоффман).

е Иностранцы не знают _____ _____ (Владимир Набоков).

ж В Европе все читают _____ _____ (Татьяна Толстая).

з Мужчины часто смотрят _____ (мелодрамы).

6 в) Вы согласны с фразами из задания 6а)? Спрашивайте и отвечайте.

> Бабушки любят Джастина Тимберлейка. Ты согласен / согласна?

> Да, я согласен / согласна.

> Нет, не согласен/согласна. Я думаю, что они любят...

7 <u>Подчеркните</u> правильный вариант.

1 — Ты любишь Тома Круза?
   — Да, я он/<u>его</u> очень люблю.

2 — Ты любишь рок?
   — Нет, я не очень люблю его/он.

3 — Тебе нравится Патрисия Каас?
   — Нет, она/её мне не нравится.

4 — Ты любишь сериалы?
   — Нет, они/их я ненавижу.

5 — Ты любишь мультфильмы?
   — Да, они/их мне очень нравятся.

6 — Тебе нравится группа «Металлика»?
   — Нет, она/её я не люблю.

8 Закончите фразы.

а Я люблю <u>Брэда Питта</u>.

б Мне нравится _____.

в Я часто слушаю _____.

г Я никогда не смотрю _____.

д Я люблю _____.

е Я ненавижу _____.

ж Я часто читаю _____.

9 Смотрите фотографии. Что делают или делали эти люди? Соедините фото и словосочетания.

Мадонна

Антон Чехов

Кирк Хэмметт

Юрий Башмет

Виктор Цой

Альфред Хичкок

Анна Курникова

Харуки Мураками

играет на скрипке – 4
поёт поп-песни
играет в теннис
писал пьесы
играет на гитаре
пишет романы
пел рок
снимал триллеры

играть

во что?	на чём?
в футбол	на гитаре
в хоккей	на скрипке
в теннис	на пианино

10   **Пишите глагол** писать **в правильной форме.**

а   Что ты _____?

б   Он обычно _____ новый роман в кафе.

в   Я _____ письмо домой.

г   Вы _____ стихи?

д   Всё, что они _____, нам нравится.

е   Дина Рубина раньше _____ такие интересные рассказы, а теперь она _____ только маленькие заметки.

ж   Эдуард Артемьев часто _____ музыку к фильмам Никиты Михалкова.

писать (I)	
я пиш**У**	мы пиш**ЕМ**
ты пиш**ЕШЬ**	вы пиш**ЕТЕ**
он пиш**ЕТ**	они пиш**УТ**
писал/-а/-и	

11   **Пишите глагол** петь **в правильной форме.**

а   Я не пью, я <u>пою</u> в хоре.

б   Ты хорошо _____?

в   Он пьёт пиво и _____ рок.

г   Мы очень плохо _____.

д   Что вы _____?

е   Сегодня они _____ блюз, а вчера _____ арию.

петь (I)	
я по**Ю**	мы по**ЁМ**
ты по**ЁШЬ**	вы по**ЁТЕ**
он по**ЁТ**	они по**ЮТ**
пел/-а/-и	

12 а)   **Читайте текст. Как вы думаете, кто автор рассказа — Лена или Стас?**

 Лена    Стас

Мне 25 лет. Сейчас я учусь в консерватории. Я играю на фортепиано и пою в хоре. Конечно, в консерватории я играю только классическую музыку. Я очень люблю играть Шуберта, Штрауса и Моцарта. Мне нравятся австрийские композиторы. Я играю на фортепиано день и ночь. А ещё я неплохо пою. Вечером 2 раза в неделю я работаю в клубе. Я играю и пою джаз. Обычно это известные песни. Я часто слушаю Нину Симоне, Дюка Эллингтона, Ларису Долину и пою песни. Но иногда я пишу музыку. Ещё я часто хожу в театр на оперу. Я люблю немецкую и русскую оперу. Мне нравится слушать Вагнера, Бородина, Чайковского. И я очень люблю балет «Ромео и Джульетта».

12 б)   **Спрашивайте и отвечайте.**

1 Она работает или учится? Где?

2 На чём она играет?

3 Какую музыку она играет в консерватории?

4 Какие композиторы ей нравятся?

5 Кого она любит слушать?

13   **Спрашивайте и отвечайте.**

1 Какую музыку вы любите слушать?

2 Какую последнюю книгу вы читали?

3 Кто ваш любимый актёр?

4 Какой последний фильм вы смотрели?

5 Вы любите балет?

6 Когда вы последний раз ходили на концерт?

7 Вы знаете Хичкока? А Тарантино?

8 Вам нравится Мадонна? Вы слушали её песни?

1 а) Соедините предложения с картинками.

а Он будет играть на гитаре. – 4

б Они будут смотреть телевизор.

в Она будет играть в теннис.

г Он будет читать книгу.

д Они будут смотреть фильм.

е Они будут смотреть футбол.

ж Он будет кататься на велосипеде.

я буд**У**	мы буд**ЕМ**
ты буд**ЕШЬ**	вы буд**ЕТЕ**
он буд**ЕТ**	они буд**УТ**

🔊 **1 б)** Слушайте четыре фразы. Кто это говорит?

а — номер 1

б —

в —

г —

🔊 **1 в)** Слушайте реплики ещё раз. Дополните фразы.

а — Мамочка, спасибо! Теперь я буду кататься на велосипеде каждый день! Можно, я поеду домой на велосипеде?

б — Так-так, это очень интересная книга! Сейчас я _____ домой и _____ _____.

в — Отличная ракетка, правда? Вечером я _____ на корт и _____ _____ в теннис.

г — Прекрасно! Теперь у меня будет гитара! Наконец я _____ _____ в группе!

2 а) Дополните таблицу.

Грамматика
Три времени глагола (The Tenses of the Verbs)

Прошедшее Past	Настоящее Present	Будущее Future
Раньше	**Сейчас**	**Потом**
я /ты /он читал	я читаю	я буду читать
я /ты /она _____	ты _____ вы _____	ты _____
мы /вы /они _____		вы _____
я /ты /он был дома	я дома	я буду дома
я /ты /она _____ дома	ты _____ вы _____	ты _____ дома
мы /вы /они _____ дома		вы _____ дома

2 б) Дополните диалоги глаголами из скобок в будущем времени.

1 — Что ты будешь делать сегодня вечером? (делать)
— Я _____ на футбол. (пойти)
— А твоя подруга тоже _____ _____ футбол? (смотреть)
— Нет, она не любит футбол, она _____ _____ книгу дома. (читать) Ей очень нравятся любовные романы.
— А завтра что вы _____ _____? (делать)
— Завтра мы _____ на экскурсию в Новгород. (поехать) А вечером _____ в гости, там Аня _____ _____ на гитаре. (пойти / играть)

2 — Вы завтра _____ в кино? (пойти)
— Нет, не _____. (пойти) Я _____ _____ тест. (писать)
— Очень жаль! _____ очень хороший фильм! (быть)
— А что вы потом _____ _____? (делать)
— Потом я свободна. Я ещё не думала, что я _____ _____. (делать)
— Может быть, _____ (пойти) в кафе? _____ _____ мороженое (есть), пить кофе и разговаривать.
— С удовольствием!

3 а) Соедините вопросы 1-5 с ответами а-д.

1 Ты пойдёшь на вечеринку сегодня?

2 У тебя будет отпуск летом?

3 Что ты будешь делать через год, где ты будешь работать?

4 Через неделю здесь будет концерт Юрия Башмета. Ты пойдёшь?

5 Твой самолёт через три часа. Ты поедешь на такси?

а — Нет. Это недалеко. Я поеду на маршрутке.

б — Думаю, да. Я его очень люблю.

в — Да, конечно. Через месяц мы поедем в Юрмалу. Будем отдыхать на море.

г — Наверное, нет. Я очень устала. Через час будет отличный фильм по телевизору. Я буду смотреть телевизор дома.

д — Ещё не знаю. Может быть, я поеду в Швейцарию и буду работать в банке.

3 б) Дополните предложения словами из диалогов задания 3а).

а Через час <u>будет отличный фильм.</u>

б Через три часа _____

_____.

в Через неделю _____

_____.

г Через месяц _____

_____.

д Через год _____

_____.

4 Грамматика
Предлоги через и назад

		1	2, 3, 4	5... 20	
через	минута	**минуту**	**(две) минуты**	**минут**	**назад**
	час	**час**	**часа**	**часов**	
	день	**день**	**дня**	**дней**	
	неделя	**неделю**	**(две) недели**	**недель**	
	месяц	**месяц**	**месяца**	**месяцев**	
	год	**год**	**года**	**лет**	

Через час я буду отдыхать.
Через 2 часа я пойду домой.
Через 5 лет я буду работать.

Год назад я отдыхал на море.
Две недели назад я ездил в Москву.
Пять лет назад я учился в школе.

5 а) Спрашивайте и отвечайте.

а) Составьте мини-диалоги, используя конструкции ниже.

> Что ты делал ... назад?
> Что ты делаешь сейчас?
> А что ты будешь делать?

б) Узнайте, что и когда ваш друг делал или будет делать. Используйте словосочетания из рамки.

> Когда ты играл в теннис?

— Я ещё никогда не играл в теннис.

— Я играл в теннис месяц назад.

— Может быть, я буду играть в теннис через месяц.

> — играть в теннис (футбол, волейбол...)
> — играть на гитаре (на пианино, на скрипке...)
> — кататься на велосипеде (на мотоцикле, на скейтборде...)
> — ехать/ездить в Японию (Италию, Америку...)
> — идти/ходить на концерт (балет, спектакль, оперу...)
> — быть в театре (кино, магазин, ресторан...)

5 б) Составьте биографию вашего друга.

6 а) Читайте афиши. Что сегодня идёт в кино и театрах?

МХТ имени А.П. Чехова
Московский художественный театр

Дядя Ваня	19:00 – 21:30
Карамазовы	19:00 – 22:00

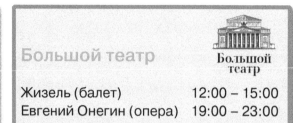
Большой театр
Большой театр

Жизель (балет)	12:00 – 15:00
Евгений Онегин (опера)	19:00 – 23:00

Спорткомплекс «Олимпийский»

Концерт Валерии   18:30 – 22:30

Кинотеатр «Октябрь»

«Помпеи»	12:00 – 14:00
«Ной»	17:00 – 20:00

КАРО сеть кинотеатров

6 б) Скажите, когда начинаются и когда заканчиваются спектакли и концерты. Сколько времени они идут?

Когда начинается балет «Жизель»?

> Балет «Жизель» начинается в 12 часов дня.

Когда он заканчивается?

> Он заканчивается в 15 часов (в три часа).

6 в) Выберите, куда вы хотите пойти. Составьте диалог.

спектакль, фильм…
начинается
идёт
заканчивается

Сколько идёт этот спектакль?

> Он идёт два часа.

7 а) Нина и Алексей хотят посмотреть телевизор. Слушайте диалог, напишите время передачи.

Первый	РОССИЯ 1 Россия	РОССИЯ К Культура	ТНТ ТНТ
«Времена» с Владимиром Познером	матч «Зенит» — «Спартак»	х/ф «Красотка» (16+)	сериал «Интерны» (16+), 115 серия

7 б) Слушайте диалог ещё раз, пишите правильно – П или неправильно – Н.

а Алексей хочет смотреть футбол. — П

б Сегодня будет играть «ЦСКА».

в Нина любит футбол.

г Алексей смотрел футбол неделю назад.

д Алексей хочет посмотреть фильм «Красотка», потому что он ещё не смотрел его.

е Алексей ненавидит мелодрамы.

ж Нина не хочет смотреть политическую программу.

з Через три часа будет сериал «Интерны».

8 Дополните диалоги словами из рамки. Пишите глаголы в правильной форме. Слушайте и проверяйте.

Приглашаем

— Привет! Как дела? Что ты сейчас <u>делаешь</u>?

— Ничего, отдыхаю.

— А что ты _____ сегодня вечером? Какие у тебя планы?

— Я ещё не знаю. Сейчас час. Через час у меня _____ урок. Он _____ в четыре часа. Потом я свободен. Вечером я _____ дома. Наверное, _____ _____ телевизор. А что?

— Сегодня в клубе играет Юрий Шевчук и его группа «ДДТ». Говорят, они _____ петь свои самые известные песни. Может, _____?

— С удовольствием!

Договариваемся о встрече

—Ты не знаешь, что сегодня _____ в кинотеатре «Мираж»?

—Фильм «Терминал». Говорят, что это очень интересный фильм. Главную роль играет Том Хэнкс.

— Правда?! Я очень _____ Тома Хэнкса! Ты _____ фильм «Форрест Гамп»? Он там отлично играет!

— Да, это хороший фильм. Я видел его пять лет _____. Мне он тоже очень _____. А во сколько сегодня «Терминал»?

— В семь часов.

— Так, сейчас пять часов. Значит, _____ два часа. У меня ещё есть время. Может, _____ вместе? Ты свободна?

— Да, и с удовольствием _____ в кино.

— Значит, встречаемся _____ полтора часа в кинотеатре. Договорились?

— Договорились!

через
назад

быть
смотреть
делать
идти
пойти
начинаться
заканчиваться
любить
нравиться

Покупаем билеты

— Будьте добры, 2 билета на «Спартак» в Мариинский театр.

— Пожалуйста. 1700 рублей.

— Извините, а во сколько _____ спектакль?

— Все вечерние спектакли _____ в семь часов.

— Спасибо. А когда он _____?

— Спектакль _____ два с половиной часа, плюс антракт. Значит, он _____ примерно в девять сорок пять.

— Спасибо, до свидания.

— Всего хорошего.

---

9 Смотрите афишу театров, кино, концертных залов. Выберите спектакли, концерты и т.д., которые вы хотите посмотреть. Пригласите друга, договоритесь о встрече или купите билет.

АФИША		начало
Театр оперы и балета	«Борис Годунов», опера	11:00
	«Лебединое озеро», балет	19:00
Филармония	Ансамбль «Дивертисмент». Концерт классической музыки	20:00
Джаз-холл	Андрей Макаревич и Оркестр креольского танго	19:00
Кинотеатр «Мираж»	«12 друзей Оушена»	13:00, 16:30
	«Ночь в музее»	18:10, 20:20

1 Как называются эти фильмы?

> Этот фильм называется «Гарри Поттер».

2 а) О чём эти фильмы? Соедините фразы с картинками.

а фильм о любви – 2
б фильм **об** истории
в фильм о Форресте Гампе
г фильм о войне
д фильм о Гарри Поттере
е фильм о семье
ж фильм о шпионе
з фильм о революции
и фильм о вампире

о	об
о **политике**	об **искусстве**

2 б) Скажите, о чём или о ком эти фильмы?

> О чём этот фильм?
> О ком этот фильм?
> Этот фильм о/об ...

3 а) Грамматика
Предложный падеж (Prepositional)

	Что?	Где?	О чём?	
М.р.	город ∅ словар**ь** музе**й**	в город**е** в словар**е** в музе**е**	о город**е** о словар**е** о музе**е**	**–е**
Ср.р.	письм**о** пол**е**	в письм**е** в пол**е**	о письм**е** о пол**е**	
Ж.р.	Москв**а** деревн**я** тетрад**ь**	в Москв**е** в деревн**е** в тетрад**и**	о Москв**е** о деревн**е** о тетрад**и**	**–и**
М.р. Ср.р. Ж.р.	санатор**ий** общежит**ие** Росс**ия**	в санатор**ии** в общежит**ии** в Росс**ии**	о санатор**ии** об общежит**ии** о Росс**ии**	**–ии**

3 б) Дополните предложения.

1 Джек сейчас в Петербурге. Он пишет письмо о Петербурге.

2 Мой друг учится ___ университет__ . Он часто рассказывает ___ университет__.

3 Недавно моя подруга была ___ Мексик__ . Сейчас она говорит только ___ Мексик__ .

4 Журналист работает ___ Итали__ . Он пишет статью ___ Итали__ .

5 Мои родители были ___ отдых__ в санатор___.Они рассказывают ___ отдых__ в санатор___.

6 Сейчас он ___ работ__ . Он думает только ___ работ__.

7 Наши друзья сейчас ___ футбол__. Они разговаривают и спорят только ___ футбол__.

8 Я хочу дом ___ мор__ . Я всю жизнь мечтаю ___ дом__ ___ мор__ .

3 в) Дополните таблицу словами из упражнения 3б).

	где? (Prep.)		о ком? о чём? (Prep.)
быть		писать	
жить		говорить	
работать		рассказывать	
учиться		думать	
		мечтать	

4 а) Соедините части диалогов.

1 — Ты не знаешь, о чём фильм «Звёздные войны»?

2 — Ты смотрел этот фильм?

3 — Тебе он понравился?

а — Да, я смотрел его год назад. /Нет, я ещё не смотрел.

б — Да, мне понравился этот фильм, потому что он интересный. / Нет, не понравился. Он скучный.

в — Это фильм о войне в космосе. / Нет, не знаю.

4 б) Смотрите таблицу.

Грамматика

Глагол понравиться в прошедшем времени (Past)

Вчера я был в клубе.	Мне очень **понравилось**.	**-лось**	-
Вчера я был в кино.	Мне очень **понравился** фильм.	**-лся**	м.р.
Вчера я был на опере.	Мне **понравилась** опера.	**-лась**	ж.р.
Вчера я смотрел телевизор.	Мне **не понравилось** ток-шоу.	**-лось**	ср.р.
Вчера я был в театре.	Мне **понравились** актёры.	**-лись**	мн.ч.

4 в) Читайте отзывы о фильме «Легенда №17». Дополните их глаголом понравиться в правильной форме.

👤 **Дуэйн**   21 апреля 2013 | 09:26

Я смотрел фильм «Легенда №17» год назад. Мне так понравилось! Это такой хороший фильм! Я вообще не очень люблю фильмы о спорте, но этот был очень интересный.

👤 **Шестакова Ирина**   21 апреля 2013 | 11:09

Как мне фильм? Конечно, он мне _____! Там играет Олег Меньшиков, а значит, фильм умный, нескучный и романтический. Я думаю, Меньшиков — замечательный актёр и очень красивый мужчина!

👤 **Zorti**   22 апреля 2013 | 13:14

А мне фильм совсем не _____. Он слишком грустный. Конечно, иногда было смешно, и ещё мне _____ девушка главного героя. Но всё остальное мне не очень _____.

👤 **Болельщик**   22 апреля 2013 | 21:25

Я очень люблю хоккей, поэтому мне особенно _____ тренировки. Только мне не _____, что канадцы там агрессивные. Они совсем не такие!

👤 **Алекс**   23 апреля 2013 | 10:16

Я ходил в кино вместе с женой. Ей _____ всё. Там ведь играл её любимый актёр Данила Козловский. А мне было скучно. Фильм был очень серьёзный и совсем не весёлый.

5 а) Составьте диалоги. Используйте названия некоторых фильмов и книг.

Фильмы:
«Один дома»
«Красотка на миллион»
«Космический десант»
«Апокалипсис сегодня»
«ВаллИ»
«Бэтмен»
«Титаник»

Вы смотрели фильм …? Когда?
Вам понравился этот фильм?
О чём / о ком этот фильм?

Книги:
У. Шекспир «Ромео и Джульетта»
П. Зюскинд «Парфюмер»
Л.Толстой «Война и мир»
М.А. Булгаков «Мастер и Маргарита»
А. Конан Дойл «Приключения Шерлока Холмса»
К. Маркс «Капитал»
Д. Браун «Код да Винчи»

Вы читали книгу … ? Когда?
Вам понравилась эта книга?
О чём / о ком эта книга?

5 б) Расскажите о вашем любимом фильме/ вашей любимой книге.

6 а) Читайте письмо.

Дорогие мои!

Я сейчас далеко, но часто думаю **о вас**. Вы, конечно, тоже думаете **обо мне**? Я в Москве уже месяц. Много работаю. Я уже неплохо говорю по-русски. Мне здесь очень нравится, всё так интересно. Мне нравится ходить в музеи и театры. Часто думаю **о тебе,** мама. Ты ведь так любишь русский балет. Вчера я была в театре, смотрела балет "Лебединое озеро". **О нём** здесь много говорят. Это новая постановка очень известного хореографа. А какая прекрасная музыка Чайковского! Её можно слушать бесконечно. И артисты танцуют замечательно. **О них** я слышала столько хорошего!

Недавно я видела статью в Интернете и теперь часто думаю **о ней**. Там автор рассказывал об истории театра в Париже. Я помню, как мы в Париже вместе ходили на балет и всегда дарили цветы, а бабушка говорила **о нас**, что мы настоящие любители балета.
К сожалению, я не могу сейчас часто вам писать. Но я жду вас в гости!

До свидания!
Ваша Мари

6 б) Задайте вопросы к **выделенным** словам.

7 а) Дополните таблицу, используя выделенные слова из упражнения 6а).

Грамматика
Предложный падеж личных местоимений

Кто это?	О ком мы говорим?
Это я.	Обо мне
Это ты.	
Это	О нём
Это она.	
Это	О нас
Это вы / Вы.	
Это они.	

7 б) Дополните предложения личными местоимениями в правильной форме.

а Мои друзья не могут жить без футбола. Они говорят только о нём .

б У меня есть собака. Я _____ очень люблю.

в Я обожаю Кайли Миноуг. А _____ она нравится?

г Я часто о тебе думаю. А ты _____?

д Я сейчас читаю Василия Аксёнова. Ты знаешь _____?

е У моей подруги есть молодой человек. Теперь она говорит только _____.

ж Я часто хожу на балет. Мне _____ очень нравится.

8 а) Читайте две рецензии на фильм «Ночной дозор».

11.08.2012 | 16:40

Я смотрел фильм «Ночной дозор» в кинотеатре. Мне совсем не понравилось!
Я люблю фантастику, я очень люблю Анатолия Лукьяненко. Я читал его книгу, и она мне очень понравилась. О ней мне много лет назад рассказал мой лучший друг. Я ждал, что фильм тоже будет интересный. Но сейчас я думаю, что этот фильм — дорогой рекламный ролик. Люди смотрят не фильм, а рекламу банка, кофе и т.д. Я знаю, что режиссёр раньше снимал рекламу. И когда человек смотрит этот фильм, он думает не о добре и зле, а о рекламе. Книга добрая, а фильм нет. Я думал, что это будет серьёзный фильм, а в итоге получился глупый триллер, где есть только дешёвые спецэффекты. И, наконец, актёры. Что я думаю о них? Я люблю Константина Хабенского. Он играет главного героя Антона Городецкого. Но здесь он мне совсем не понравился. Его герой очень скучный, и играет он ужасно.
В общем, я думаю, что смотреть этот фильм не надо.

11.08.2012 | 18:30

В выходные я ходил на фильм «Ночной дозор». Замечательный фильм! Мне очень понравилось! Я не очень люблю фантастику, но это было классно! Я не читал книгу, но думаю, она тоже очень интересная. Говорят, что в фильме есть реклама. Неправда! Там показывают современный город! Важно думать не о рекламе, а об идее кино. А в фильме прекрасная идея: что добро и зло всегда рядом с нами. Это настоящее серьёзное и очень актуальное кино. А какие там отличные спецэффекты! Это первый дорогой русский фильм. Я раньше не знал режиссёра Тимура Бекмамбетова и ничего не читал о нём, но сейчас я думаю, что он делает замечательные фильмы. Ещё мне очень понравились актёры, особенно Константин Хабенский. Он прекрасно играет Антона. Это интересный герой. Такие фильмы надо смотреть!

8 б) Расскажите, почему фильм не понравился первому зрителю. А второму?

Фильм ему (не) понравился, потому что …

аудио   Повторяем!

1 Какое слово лишнее?

а комедия, мелодрама, ~~роман~~, боевик, триллер

б новости, ток-шоу, сериал, мультфильмы, стихи

в прекрасный, ужасный, замечательный, интересный, добрый

г хоккей, пианино, скрипка, гитара, флейта

д обожать, нравиться, любить, ненавидеть

2 Пишите предложения-синонимы.

а Я люблю поп-музыку. = <u>Мне нравится поп-музыка.</u>

б Ему не нравится балет. = _____.

в Мне очень нравится Боб Дилан. =
_____.

г Она не очень любит сериалы. =
_____.

д Ты любишь Владимира Набокова? =
_____?

е Мы любим Анджелину Джоли. =
_____.

ж Им не нравится итальянская опера. =
_____.

з Вам нравится Брэд Питт? =
_____?

3 Дополните предложения словами **через** и **назад**.

а Я буду дома <u>через 10 минут</u> *(10 минут)*.

б Андрей ездил в Бразилию _____ _____ *(2 года)*.

в Мои родители пойдут в театр _____ _____ *(неделя)*.

г Футбол заканчивается _____ _____ *(20 минут)*.

д Я был в магазине _____*(час)*.

е Что ты будешь делать _____ *(3 часа)*?

4 Дополните тексты словами из скобок в правильной форме.

1 Сейчас я читаю <u>Дину Рубину</u> *(Дина Рубина)*. Раньше она жила _____ *(Ташкент)*, сейчас живёт _____ *(Иерусалим)*. Она пишет романы по-русски, и почти все они о _____ *(любовь)*. Месяц назад я _____ *(читать)* её роман «На солнечной стороне улицы». Это роман о _____ *(художник)*. Сейчас я читаю роман «Синдром Петрушки». Это очень _____ *(грустный)* книга и скоро по ней _____ *(быть)* снимать фильм.

2 Я очень люблю _____ *(Том Уэйтс)*. Он прекрасный музыкант. Он _____ *(петь)* и _____ *(играть, пианино)*. Еще он _____ _____ _____ *(писать, музыка и слова)* и _____ *(играть, кино)*. Четыре года назад я _____ *(смотреть)* фильм «Кофе и сигареты», где играл Том Уэйтс. Мне очень _____ *(понравиться)* этот фильм. Я люблю _____ _____ *(режиссёр Джим Джармуш)*. Он _____ *(снимать)* отличные фильмы.

5 Дополните диалог глаголами в правильном времени.

— Что ты <u>будешь</u> делать сегодня вечером?

— Я _____ в клуб и _____ танцевать там всю ночь.

— А в выходные?

— Я _____ на дачу. Говорят, _____ хорошая погода. Я _____ гулять и играть в волейбол. А ты? Что ты _____ делать в выходные?

— В субботу я _____ в театр на оперу «Травиата». Я _____ на этой опере год назад, и мне очень понравилось. А в воскресенье я весь день _____ дома, _____ убирать квартиру, готовить. А вечером я _____ смотреть телевизор или читать.

6 Пишите вопросы к выделенным словам.

1 — О чём эта книга?
Эта книга **об экономике**.

2 — _____?
Фильм начинается **через 20 минут**.

3 — _____?
Мне очень нравится **Джонни Депп**.

4 — _____?
Моя подруга очень любит **Майкла Джексона**.

5 — _____?
Мой брат любит играть **в баскетбол**.

6 — _____?
Я рассказываю **о Диме**.

7 — _____?
Балет «Жизель» идёт **3 часа**.

8 — _____?
Мой папа любит **рок и джаз**.

9 — _____?
Вечером я **буду смотреть** телевизор.

10 — _____?
Катя играет **на гитаре**.

7 а) Составьте предложения и прочитайте рассказ Стаса.

а Я / сейчас / работать / в / клуб
Сейчас я работаю в клубе.

б Я / петь / пианино / и / играть / на / группа / в
_____

в Я / ещё / играть / неплохо / саксофон / на
_____

г Вечером / играть / мы / рок / и / популярный / петь / и / песни
_____

д Мы / писать / сами / песни / иногда
_____

е Любить /Джастин Тимберлейк /я / и / Брайан Адамс
_____

ж Я / слушать / день и ночь / они
_____

з Я / нравиться / ещё / Элтон Джон
_____

и Музыка / он / красивый / очень
_____

к MTV / я / музыкальный / программы / смотреть / часто / на / и ещё
_____

7 б) Задайте вопросы к рассказу Стаса.

1 Где Стас сейчас работает?

2 На чём _____?

3 Что _____?

4 Кого _____?

5 Когда _____?

6 Кто _____?

7 Какие _____?

8 Дополните интервью актёра Егора Бероева. Слушайте и проверяйте.

— **Здравствуйте, Егор! Добро пожаловать в нашу студию. Расскажите немного о своей семье. Где сейчас живёт Ваш брат?**

— Добрый день. Он живёт в Санкт-Петербурге. Я часто вспоминаю <u>о нём</u> и звоню ему. Мы долго говорим обо всём. Потом я звоню родителям. Они живут далеко, но я знаю, что они тоже думают _____ .

— **А Ваша жена? Где она?**

— _____ я могу говорить бесконечно. Конечно, она здесь, в Москве. Она весёлая, красивая и талантливая актриса. Я очень её _____. О нас редко пишут журналисты, потому что у нас замечательная семья.

— **Когда _____ Ваш рабочий день?**

— Достаточно рано. А _____ обычно довольно поздно, в полночь.

— **Вы много работаете.**

— Да, наверное. К концу дня я очень устаю, но всё равно мне _____ моя работа.

— **Скоро в прокат выйдут два новых фильма. В каждом из них Вы играете главную роль. Мы можем поговорить _____?**

— Хорошо. Первый фильм серьёзный и грустный, он о войне и о дружбе. Он _____ долго, три часа. Второй смешной, романтичный, а главный герой там немного глупый, но всё равно фильм очень интересный.

— **Да-да, _____ вчера много говорили на вечере в Доме Кино. Я лично очень жду его. Вы не знаете, как долго _____ этот фильм?**

— Примерно полтора часа.

— **Кстати, о вечере, который был вчера. Вы там не были. А вот Ваш друг, актёр Гоша Куценко, спрашивал _____.**

— К сожалению, я был занят. Да и сегодня после интервью я иду в театр. Спектакль _____ два часа, а _____ поздно.

— **Спасибо Вам за интервью!**

— Пожалуйста. До свидания.

1 а) Читайте сценарий и разыграйте его.

Формула кино

Московская квартира. Пятница. Вечер. Муж в кресле, читает газету.
Входит жена, идёт по комнате, садится рядом.

ЖЕНА *(мужу)*
Дорогой! Я буду играть в кино!

МУЖ *(не слушал её)*
Что? Что ты сказала?

ЖЕНА
Я буду играть в кино! Сегодня я была на премьере в театре.
Там я встретила Марка Захарова.

МУЖ
Кого?

ЖЕНА
Марка Захарова, режиссёра.

МУЖ *(смотрит на жену)*
Не может быть!

ЖЕНА
Правда, правда! Он долго смотрел на меня, а потом сказал,
что он будет снимать новый фильм о любви. Сейчас он ищет
актрису на главную роль. И теперь она моя! В общем, завтра я
иду на студию. Сначала я буду фотографироваться,
потом читать текст, а он будет меня снимать.
А потом я поеду в Африку…

МУЖ
Куда?! Куда ты поедешь?! В Африку?!

ЖЕНА
Да, потому что в Африке мы будем снимать фильм!
Это будет фильм о любви!

МУЖ
Но почему вы будете снимать его там?

ЖЕНА
Потому что моя героиня — бедная девушка из Нигерии.
Но ей понравится профессор из Шотландии и …

МУЖ
Но ты ведь не африканка, у тебя белая кожа!

ЖЕНА
У меня будет хороший грим! Ещё я буду плавать, ездить
на лошади и есть африканскую еду.

МУЖ
Но ты не плаваешь и не ездишь на лошади! Это опасно!
И ты ненавидишь африканскую еду!

ЖЕНА
Ничего, у меня будет отличный тренер! И ты ничего
не знаешь, я люблю африканскую кухню.

МУЖ
А что я буду делать здесь один? Кто будет готовить обед,
стирать, убирать квартиру?

ЖЕНА
Дорогой, ты отлично готовишь.
Ты будешь сам готовить обеды, стирать и убирать. Помнишь,
что ты говорил мне пять лет назад, когда мы поженились?
Ты говорил, что будешь делать всё, если мы будем вместе.

МУЖ
Но пять лет назад я не знал, что ты поедешь в Африку,
а я буду дома один.

ЖЕНА
Я буду в Африке только три месяца. А через три месяца
мы поедем в Шотландию...

МУЖ
О Боже!

1 б) Отвечайте на вопросы.

— Вы любите фильмы о любви?
Об Африке?

— Вы режиссёр. Вы будете снимать
такой фильм? Какие актёры будут
играть в вашем фильме?

— Как вы думаете, надо смотреть
этот фильм или нет?

Словарь

бале́т	добро́
боеви́к	зло
детекти́в	
джаз	весёлый
коме́дия	глу́пый
мелодра́ма	гру́стный
мультфи́льм	до́брый
мю́зикл	замеча́тельный
но́вости	злой
о́пера	интере́сный
поп-му́зыка	класси́ческий
пье́са	краси́вый
расска́з	романти́ческий
рок	серьёзный
рома́н	ску́чный
саксофо́н	смешно́й
сериа́л	ужа́сный
спекта́кль	у́мный
стихи́	
телесериа́л	начина́ться
ток-шо́у	зака́нчиваться
три́ллер	
фанта́стика	ненави́деть
фи́льм	люби́ть
хор	

Теперь вы можете сказать:

— Ты любишь оперу?
— Да, люблю.

— Вам нравится Джонни Депп?
— Да, мне он нравится.
— Он замечательный актёр. Вы согласны?
— Да, согласен.

— Что ты будешь делать через час?
— Пойду домой.

— А что ты делала два года назад?
— Работала в больнице.

— Я сегодня думала о тебе. А ты обо мне?
— Да, я часто думаю о нас.

1 Какие комнаты вы видите на фотографиях? Пишите названия комнат под фотографиями.

гостиная | | |

| | |

~~гостиная~~ спальня
кухня
прихожая детская
ванная

2 а) Соедините глаголы с существительными.

смотреть ● пиццу
читать чай
есть ● фильм по телевизору
пить книги

делать письмо
слушать посуду
отдыхать домашнее задание
писать на диване
мыть музыку

принимать одежду
готовить по телефону
стирать душ
разговаривать ужин

 2 б) Слушайте и проверяйте.

2 в) Читайте предложения. Пишите, что делают эти люди. Смотрите и дополните таблицу.

Он снимает пальто.
Они чистят зубы.
Она умывается.

Она умывается. _____
_____

3 а) Пишите, что вы делаете в этих комнатах. Используйте слова задний 2а) и 2в).

Кухня
Я готовлю ужин _____
_____
_____
_____

Спальня
_____
_____
_____
_____

Гостиная
_____
_____
_____
_____

Ванная
_____
_____
_____
_____

3 б) Смотрите таблицу. Спрашивайте и отвечайте.

Где? П.п. (Prep.)	
в спальне на кухне	в гостиной, в ванной, в детской, в прихожей

1 Где вы спите?
2 Где вы завтракаете?
3 Где вы смотрите телевизор?
4 Где вы принимаете душ / ванну?
5 Где вы работаете на компьютере?
6 Где вы принимаете гостей?
7 Где вы разговариваете по телефону?
8 Где вы снимаете пальто?

спать (II)	
я сплю	мы _____
ты спишь	вы _____
он/она _____	они спят

чистить (II) зубы	
я чи**щ**у	мы _____
ты чистишь	вы _____
он/она _____	они _____

умываться (I)	
я умываюсь	мы умываемся
ты _____	вы _____
он/она _____	они _____

мыть (I) посуду	
я мою	мы _____
ты моешь	вы _____
он/она _____	они _____

4 а) Смотрите картинку. Какие комнаты там есть?

🔊 **4 б)** Слушайте и повторяйте слова. Что есть в комнатах? Соедините слова с номерами на картинках.

стол	кровать	комод	холодильник	диван
стул	шкаф	зеркало	картина	лампа
плита – 21	ковёр	вешалка – 2	занавески – 11	полка
часы	кресло	компьютер	тумбочка	телевизор
посуда	одежда			

5 а) Читайте новые глаголы. Читайте предложения.

стоять   лежать   висеть

ГДЕ?

Стул **стоит** в комнате. Стулья **стоят** в комнате.

Ковёр **лежит** на полу. Ковры **лежат** на полу.

Картина **висит** на стене. Картины **висят** на стене.

5 б) Смотрите картинку и пишите, что есть в квартирах.

Квартира 14

а Кресла <u>стоят</u> в гостиной.

б Столик _____ в гостиной.

в Занавески _____ на кухне.

г Одежда _____ на кровати.

д Лампы _____ на стене.

е Холодильник _____ на кухне.

ж Книги _____ и _____ на полке.

з Часы _____ на стене на кухне.

Квартира 15

а Диван _____ в комнате.

б _____ в шкафу.

в _____ на комоде.

г Стереосистема _____.

д _____.

е _____.

121

6 а) Читайте письмо. Смотрите картинку. О какой квартире пишет Алиса?

Дорогая мамочка! Ура! Мы купили квартиру!

Это замечательно!

В квартире две комнаты: гостиная и спальня. Кухня маленькая, а вот прихожая большая, и ещё у нас есть балкон. На балконе стоят все мои цветы. В гостиной уже есть четыре стула и два кресла. Вчера мы ездили в «МЕГУ» и там купили две полки, маленький журнальный столик, три картины и DVD-плеер. Но у нас нет телевизора и шкафа для посуды. В спальне стоит кровать, тумбочка, и ещё здесь есть две лампы. Твой ковёр лежит на полу в гостиной. К сожалению, у нас нет зеркала и шкафа. А вот на кухне уже есть почти всё, что нужно, только нет плиты. Готовить каждый день в микроволновке ужасно. Я хочу купить плиту в эти выходные. Думаю, Ване понравится моя идея. И ещё на кухне на окне уже висят две симпатичные занавески. ☺

В общем, у нас отличная квартира!

Целую. Люблю. Твоя дочь Алиса.

P.S. Привет от Вани!

6 б) Пишите, правильно – П или неправильно – Н.

а В квартире Алисы и Ивана 2 комнаты. – П

б У них нет кровати.

в У них в гостиной 2 стула.

г У них нет телевизора и шкафа для посуды.

д На кухне есть 2 симпатичные занавески.

7 а) Дополните таблицу.

		Грамматика		
		Р.п. (Gen.) «Нет кого/чего»		
	И.п. (Nom.)	**Р.п. (Gen.)**		
М.р. (m)	Здесь есть стол и календарь.	Здесь нет стола и календаря.	Здесь 2, 3, 4 стол__ и календар__.	-а -я
Ср.р. (n)	Здесь есть кресло. Здесь есть здание.	Здесь нет кресла. Здесь нет здания.	Здесь 2, 3, 4 кресл__. Здесь 2, 3, 4 здани__.	-а -я
Ж.р. (f)	Здесь есть картина, занавеска, фотография и тетрадь.	Здесь нет картин__, занавески, фотографии и тетради.	Здесь 2, 3, 4 картины, занавеск__, фотограф___ и тетрад__.	-ы -и

7 б) Дополните диалоги.

—В гостиной Алисы есть диван?

—Нет, в гостиной Алисы нет дивана.

—Там есть телевизор?

—Нет, там нет _____.

—В кухне есть шкаф для посуды?

—Нет, в кухне нет _____ ____ _____.

—В спальне есть шкаф?

—Нет, в спальне нет _____.

—Там есть зеркало?

—Нет, там нет _____.

—На кухне есть плита?

—Нет, на кухне нет _____.

—В спальне есть картина?

—Нет, там нет _____.

—В гостиной есть стул?

—Да, там 4 _____.

—Там есть кресло?

—Да, там 2 _____.

—Там есть картина?

—Да, там 3 _____.

—Там есть полка?

—Да, там 2 _____.

—В спальне есть лампа?

—Да, там 2 _____.

—На кухне есть занавеска?

—Да, там 2 _____.

8 а) Смотрите картинки и предложения. Пишите номера картинок рядом с предложениями.

а Это Максим. У Максима есть ноутбук. – 4

б Это Вика и Юля. У Вики и Юли есть собака.

в Это Алиса. У Алисы есть квартира.

г Это Андрей и Игорь. У Андрея и Игоря есть кафе.

8 б) Смотрите таблицу. Дополните предложения.

Грамматика		
Р.п. (Gen.) «У кого есть …»		
	И.п. (Nom.)	**Р.п. (Gen.)**	
М.р. (m)	Это Максим.	Это ноутбук Максима.	У Максима есть ноутбук.
	Это Андрей и Игорь.	Это кафе Андрея и Игоря.	У _____ и _____ есть кафе.
Ж.р. (f)	Это Елена.	Это квартира Елены.	У _____ есть квартира.
	Это Вика и Юля.	Это собака Вики и Юли.	У _____ и _____ есть собака.

9 а) Пишите предложения. Что у них есть и чего у них нет?

1 Михаил: машина (+), гараж (-)

У Михаила есть машина, но нет гаража.

2 Алексей: машина (-), гараж (-)

У Алексея нет ни машины, ни гаража.

3 Ирина: сад (-), дача (-)

_____.

4 Юля: кошка (+), собака (-)

_____.

5 Сергей: фотоаппарат (-), видеокамера (-)

_____.

6 Олег: ноутбук (+), принтер (-)

_____.

7 Катя: диван (-), кресло (-)

_____.

8 Антон: холодильник (+), телевизор (-)

_____.

9 б) Читайте модель. Спрашивайте и отвечайте, используйте информацию задания 9а).

У Михаила есть машина или гараж?

У Михаила есть машина, но нет гаража.

9 в) Спрашивайте студентов в группе о том, что у них есть и чего у них нет. Отвечайте на вопросы.

10 а) Читайте рассказ о квартире Саши и Макса. Найдите их квартиру на картинке задания 4а). Дополните текст.

10 б) Слушайте и проверяйте.

10 в) Смотрите текст задания 10а). Спрашивайте и отвечайте. Используйте слова из рамки.

Привет! Меня зовут Саша, а это мой сосед Макс. Мы студенты, учимся в университете в Москве. Я из Ростова, а Макс из Рязани. Это наша квартира. У нас 2 комнаты, маленькая _____ и прихожая. Моя комната большая и светлая, в ней 2 _____, большой _____, 2 _____ и письменный стол. Я очень люблю музыку, особенно группу «Металлика», поэтому на стене в комнате висят 3 фотографии группы. У меня также есть отличная стереосистема и124 _____! Я слушаю музыку 3–4 часа в день.

Мой сосед Макс любит футбол и даже играет в команде университета. В комнате у Макса очень мало мебели: там стоит только стол, 2 _____, _____ и _____. На стене — 2 _____. Макс — отличный футболист. У него уже есть медаль и 2 диплома. В комнате Макса нет _____, поэтому мы смотрим телевизор у меня.

У Саши есть кровать?

Нет, у Саши нет кровати.

Саша: кровать кресло мяч окно диски полка фотография «Металлики»

Макс: диван гитара медаль стереосистема телевизор стул тумбочка

11 Сравните квартиры Саши и Макса и Алисы и Ивана. Смотрите картинку задания 4а). Пишите, что есть у Саши и Макса и чего нет у Алисы и Ивана и наоборот.

У Саши и Макса есть шкаф.

У Алисы и Ивана нет шкафа.

_____
_____
_____
_____
_____

_____
_____
_____
_____
_____

12 Нарисуйте план вашей квартиры (дома). Скажите, какая мебель там есть.

Это моя квартира. Здесь одна большая комната — гостиная, маленькая кухня, прихожая, ванная и туалет. У меня нет балкона. В гостиной стоит диван, ...

1 Это Олег, сейчас он отдыхает на юге. Смотрите картинки. Пишите номер картинки рядом с предложениями.

1

2

3

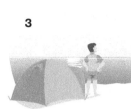

4

а Олег пьёт чай **без** сахара. – 1
б Олег сейчас **недалеко от** Тамани.
в Олег сейчас **около** моря.
г Олег сейчас **далеко от** дома.

• Москва

• Тамань

2 Дополните предложения.

а Я живу недалеко от _____.
б Мой дом находится далеко от _____.
в Мне нравится жить около _____.
г Я не могу жить без _____.
д Я учусь/работаю далеко от _____.
е Я не могу работать без _____.

3 Смотрите таблицу. Дополните её.

искать (I)	
Я ищу ключи	Мы _____ ключи.
Ты ищешь ключи.	Вы ищете ключи.
Он/Она ищет ключи.	Они _____ ключи.

4 а) Слушайте разговор Макса и его подруги Ани. Ответьте на вопрос, ему нравится его новая квартира?

4 б) Слушайте диалог ещё раз. Подчеркните правильный вариант.

а Квартира Макса находится недалеко от университета/магазина/парка.
б Два месяца назад Макс жил в общежитии/ в доме/в квартире.
в В общежитии в его комнате не было душа и воды/душа и туалета/душа.
г Макс не мог заниматься, потому что в общежитии не было компьютера/интернета/света.
д Его сосед не может заниматься без музыки/ учебника/телевизора.
е У них на кухне нет плиты/холодильника/посуды.
ж У Макса в комнате нет стола/телевизора/ интернета.
з Макс не может жить без футбола/соседа/ телевизора.
и Макс будет искать квартиру без подруги/ соседа/друга.

5 Дополните вопросы. Отвечайте на них.

1 <u>Где</u> находится новая квартира Макса?
2 У Макса хорошая _____?
3 _____ комнаты есть в квартире?
4 Где он жил ____ _____ _____?
5 ___ _____ была вода?
6 Почему Макс не мог _____?
7 Без чего ____ _____ _____ его сосед Саша?
8 _____ музыку любит слушать Саша?
9 У Макса в комнате _____ телевизор?
10 ____ _____ Макс не может жить?
11 Какую квартиру он _____ искать?

6 Дополните таблицу.

Наст. время (Present)	У меня есть (+) И.п. (Nom.)	У меня нет (-) Р.п. (Gen.)
Прош. время (Past)	Раньше **у меня был** душ. **было** зеркало. **была** ванна. **были** деньги.	Раньше **у меня не было** душа. зеркала. ванны. **денег.**
Буд. время (Future)	Скоро **у меня будет** душ. **будет** зеркало. **будет** ванна. **будут** деньги.	Скоро **у меня не будет** душ__ зеркал__ ванн__ _____

7 а) Читайте реплики Ани. Ищите ответы на них. Восстановите диалог Ани и Макса.

Аня	Макс
— Как твоя новая квартира? Тебе нравится? 1•	— Я думал, что когда я буду жить в квартире, всё будет прекрасно. И сначала так и было.
— А потом? Что случилось потом?	— Мой сосед Саша очень любит музыку, и он не может жить без музыки.
— Так это же прекрасно! Я тоже не могу жить без музыки!	•2 — Ну как сказать… У меня есть проблема.
— Какой кошмар! Бедный Макс! И что ты будешь делать?	— Он не понимает, что я не могу жить без футбола!
— Что? Что-то не так?	

7 б) Слушайте и проверяйте. Скажите, что будет делать Макс.

8 Продолжите диалоги.

Ситуация 1

Саша, мы живём вместе уже 2 месяца, но у меня есть проблема.

Что случилось, Макс?

Ситуация 2

Здравствуй, Алиса! Как у тебя дела? Как ваша новая квартира? Тебе нравится?

Мама, привет!

9 Слушайте диалоги. Дополните их.

Его сейчас нет. — У **н**его сейчас лекция.

Её сейчас нет. — У **н**её сейчас лекция.

Их сейчас нет. — У **н**их сейчас лекции.

1
— Алло, здравствуйте! Можно Антона?
— Здравствуйте! Извините, но _____ нет. Он здесь не живёт.
— _____ не живёт? Это номер 285-75-65?
— Да. Но ____ _____ сейчас новая квартира.
— А вы не знаете его _____ _____ или адрес?
— Знаю. А кто говорит?
— Меня зовут Александра. Мы с Антоном вместе учились в университете.
— Хорошо. Пишите: Курская улица, дом ____, квартира ____. Телефон 355-41-28.
— Большое спасибо! До свидания!
— До свидания!

2
— Добрый день! Можно _____ _____?
— Извините, _____ сейчас нет. А кто это говорит?
— Это Владислав. Я студент. Вы не знаете, где она сейчас?
— ____ _____ _____ сегодня лекция. Я думаю, она в университете.
— Спасибо! До свидания!
— До свидания!

3
— Алло, это Лена?
— Да, это я.
— Лена, привет! Это Юра.
— Привет, Юра! Как дела?
— ____ _____ отличные новости. Ты знаешь, что у меня _____ квартира?
— Правда? Я очень рада! Ну и как? Тебе _____?
— Да, очень! Две комнаты, _____! Правда, балкона нет. Ну ничего. В общем, я приглашаю тебя _____ в гости!
— Ой, извини, но сегодня __ ___ _____. У мамы день рождения и я должна быть _____!
— Как жаль! Может быть, __ _____? Ты свободна?
— Да, в пятницу я _____!
— Тогда до пятницы!
— Договорились!

4
— Добрый день! Будьте добры Сергея!
— Это Сергей.
— Ой, _____, Сергей! Это Катя. Ты свободен _____ вечером?
— Да. А что? Что-то случилось?
— Нет-нет! Всё в порядке! У Антона _____ _____, и он приглашает нас в гости.
— Ах, вот почему его не было сегодня на тренировке!
— Ну что? Ты пойдёшь _____ к Антону?
— Конечно!

1 а) Читайте, какой это этаж.

— Какой это этаж?

	— Это первый этаж.
один	
два	второй
три	третий
четыре	четвёртый
пять	пятый
шесть	шестой
семь	седьмой
восемь	восьмой
девять	девятый
десять	десятый

1 б) Смотрите план гостиницы под картинкой. Читайте модель. Спрашивайте и отвечайте, где что находится.

Где находится магазин «Сувениры»?

Магазин «Сувениры» — это первый этаж.

магазин «Сувениры»	салон красоты
ресторан	обмен валюты
фитнес-клуб	сауна
кафе	солярий
газетный киоск	ювелирный
бассейн	магазин
конференц-зал	бар
	интернет-кафе

ГОСТИНИЦА

10 фитнес-клуб, сауна, бассейн
9 ресторан
8 конференц-зал, бар
7 салон красоты, солярий
6 ювелирный магазин, конференц-зал
5 бар, библиотека
4 кафе, кинозал
3 магазин «Сувениры», газетный киоск
2 интернет-кафе, обмен валюты
1 магазин «Сувениры», ресторан

2 Смотрите картинку и читайте предложения. Читайте мини-диалог. Смотрите план гостиницы, спрашивайте и отвечайте.

↑ Кафе **наверху**, четвёртый этаж.

✓ Я **здесь**. Это третий этаж.

↓ Обмен валюты **внизу**, второй этаж.

Какой это этаж?

Это третий этаж.

А где магазин «Сувениры»?

Магазин «Сувениры» внизу, первый этаж.

3 Читайте диалоги. Спрашивайте и отвечайте. Используйте данные таблицы.

> **В каком номере живёт Иванов Сергей Иванович?**

Иванов Сергей Иванович живёт в номере 219.

> **Какой это этаж?**

Это второй этаж.

Иванов Сергей Иванович **219**

Леонова Ирина **915**

Семёнов Юрий **810**

Погодин Леонид Сергеевич **725**

Фёдорова Светлана Васильевна **301**

Антонова Любовь Николаевна **112**

Смирнов Артур Борисович **516**

4 Читайте. Заполните пропуски.

(И.п./Nom.)	(П.п./Prep.)	
Какой это этаж?	На каком этаже?	В какой квартире?
Это _____ этаж.	На перв**ом** этаже.	В перв**ой** квартире.
Это втор**ой** этаж.	На втор**ом** этаже.	Во втор**ой** квартире.
Это _____ этаж.	На треть**ем** этаже.	В треть**ей** квартире.
Это четвёрт**ый** этаж.	На четвёрт**ом** этаже.	В четвёрт**ой** квартире.
Это пят**ый** этаж.	На пят**ом** этаже.	В пят**ой** квартире.
Это шест**ой** этаж.	На шест**ом** этаже.	В шест**ой** квартире.
Это _____ этаж.	На седьм**ом** этаже.	В седьм**ой** квартире.
Это _____ этаж.	Бар находится на восьм**ом** этаже.	В восьм**ой** квартире.
Это девят**ый** этаж.	Ресторан находится на девят**ом** этаже.	В девят**ой** квартире.
Это _____ этаж.	Сауна находится на десят**ом** этаже.	В десят**ой** квартире.

5 Читайте текст. Дополните текст, пишите окончания.

Я живу в маленькой квартир<u>е</u> в центре Берлин__. Моя квартира находится в большом дом__ на двенадцатом этаж__. Я люблю смотреть телевизор в уютной гостиной. Мне также очень нравится гулять в старом парк__ недалеко от дома и ужинать в хорошем итальянском ресторан__, потому что я очень люблю итальянск____ кухн__. Ещё мне нравится ходить по магазинам на Потсдамской площад__. Иногда я хожу на ночные дискотек__ в клуб__. В общем, я очень рада, что живу в этом замечательном город__!

6 **а)** Читайте диалоги.

1 — Что ты **смотришь**?
— Я **смотрю** новости.

2 — Там справа наш дом. Ты его **видишь**?
— Нет, я его не **вижу**. Он ещё далеко.

3 — Какую музыку ты **слушаешь**?
— Я **слушаю** классическую музыку.

4 — Почему ты так громко говоришь?
— Мой дедушка плохо **слышит**.

6 **б)** Дополните таблицу.

видеть (II)	
Я не ви**жу** его.	Мы видим вас.
Ты видишь тот дом?	Вы что-нибудь _____?
Он ничего не _____.	Они не _____ нас.

слышать (II)	
Я слы**шу** шум.	Мы плохо _____.
Ты что-нибудь слышишь?	Вы меня _____?
Он не _____ телефон.	Они не слышат меня.

6 в) Дополните фразы. Используйте слова из рамки, пишите ваши примеры.

> море программа актёр друг церковь

Он смотрит	*что?*	телевизор, _____, _____.
Она смотрит	*на что?*	на улицу, ___ _____, ___ _____.
	на кого?	на брата, ____ _____, ____ _____.
Они видят	*что?*	дом, _____, _____.
	кого?	собаку, _____, _____.

7 а) <u>Подчеркните</u> правильный вариант.

а Вчера я ходил в театр и <u>слушал</u>/слышал оперу.

б Мои дедушка и бабушка очень старые. Дедушка уже плохо слушает/слышит, а бабушка плохо смотрит/видит.

в Каждое утро я смотрю/вижу новости.

г На улице очень темно. Я ничего не смотрю/вижу.

д Почему ты видишь/смотришь на меня?

е Когда я еду в школу, я всегда слушаю/ слышу плеер.

ж Здесь очень шумно. Я ничего не слышу/ слушаю.

з Ты слушал/слышал, что мы сегодня идём на экскурсию в Эрмитаж?

и Ты уже смотрел/видел Кремль?

🔊 7 б) Слушайте и проверяйте.

8 Читайте предложения.

М.р. (m) Ср.р. (n)	Это мой дом.	В **моём** доме три комнаты.
	Это твой номер.	В **твоём** номере есть душ и балкон.
	Это наш район.	В **нашем** районе есть отличный парк.
	Это ваше кафе.	В **вашем** кафе готовят вкусный кофе.
	Это его /её/их город.	В **его/её/их** городе очень красивые мосты.
Ж.р. (f)	Это моя квартира.	В **моей** квартире маленькая гостиная.
	Это ваша деревня.	Жить в **вашей** деревне очень здорово!

9 а) Читайте рассказы. Скажите, что для Софи и Стивена значит «дом мечты».

Софи Лотье, 23 года, студентка

В каком городе я живу? Я живу в самом красивом городе мира — Париже! Я всегда мечтала жить в большом старом городе, никогда не хотела жить в маленькой деревне. Я часто слышу, что жить в большом городе ужасно. Но я не согласна. Конечно, в центре шумно, потому что там много людей и машин. Но всё равно я люблю гулять в нашем шумном, но очень красивом районе, пить кофе в моём любимом кафе недалеко от Лувра. Ещё мне нравится покупать продукты в большом супермаркете, **который** находится около дома.

Я живу в очень маленькой, но очень уютной квартире на последнем этаже. В моей квартире только одна комната, ванная и туалет. Это квартира-студия, поэтому у меня нет кухни. В небольшой комнате я сплю, работаю, смотрю телевизор, готовлю обед, но я абсолютно счастливый человек! Я люблю вечером отдыхать в удобном кресле около окна, смотреть на Эйфелеву башню. Я смотрю в окно и вижу весь Париж!

В нашем доме живут очень разные люди: дизайнеры и менеджеры, пенсионеры и студенты. Все они очень милые и симпатичные люди, особенно одна женщина — Николь. Она живёт на третьем этаже. Иногда мы вместе пьём чай в её маленькой гостиной и разговариваем о нашей жизни и о нашем любимом городе. Часто мы слышим, как играет на пианино сосед Николь. Он музыкант. Нам очень нравится слушать, как он играет музыку Моцарта и Вивальди.

Да, я всегда мечтала о такой квартире и о таком городе!

Стивен
Маккензи,
31 год,
инструктор

В каком городе я живу? Я живу не в городе, а в небольшой деревне, **которая** находится недалеко от Сиднея, в Австралии. Мне очень нравится жить в этом тихом, спокойном месте. Иногда я слышу, что жить в маленькой деревне очень скучно.

Наш дом находится на берегу океана. У нас есть яхта и 2 катера. Я обожаю плавать на нашей замечательной яхте! Я могу день и ночь смотреть на океан! В нашей деревне не очень много людей, мало машин. Мы все знаем друг друга, и это здорово! Я люблю сидеть в баре, где работает мой друг, и покупать продукты в маленьком магазине, где работает наш сосед. Я никогда не хотел жить в большом городе, где много людей и мало друзей, где всегда очень шумно.

У нас большой удобный дом. В доме 4 спальни, большая гостиная, столовая, кухня, кабинет отца. Моя комната находится на втором этаже. Она большая, светлая и очень уютная. Здесь есть всё, что нужно. Я смотрю в окно и вижу океан, яхты и сад около дома. Я очень люблю отдыхать в этом саду, слушать, как поют птицы, как шумит океан.

Мои родители и моя младшая сестра тоже живут в этом доме. Каждый день мы вместе ужинаем в большой столовой на первом этаже, разговариваем о нашей жизни и о нашем замечательном доме.

Я очень рад, что все мы в нашей семье живём вместе, в одном доме. О другой жизни я не мечтаю!

9 б) Спрашивайте и отвечайте.

1 В каком городе он/она живёт?

2 В каком городе он/она мечтал(а) жить?

3 Ему/Ей нравится жить в городе/ в деревне? Почему?

4 Что он/она любит делать в его/её городе?

5 В каком доме/какой квартире он/она живёт?

6 На каком этаже находится его/её комната?

7 Что он/она любит делать в его/её доме/ квартире?

8 Что он/она видит, когда смотрит в окно?

9 Как он/она любит отдыхать?

10 Кто ещё живет в его/её доме?

10 Читайте предложения. Обратите внимание на значение слова который.

Это большой супермаркет. **Он** находится около дома Софи. → Это большой супермаркет, **который** находится около дома Софи.

Это деревня Стивена. **Она** находится недалеко от Сиднея. → Это деревня Стивена, **которая** находится недалеко от Сиднея.

11 Расскажите о доме Софии и о доме Стивена.

12 Спрашивайте студентов в группе о том, в каком городе, доме/квартире они живут и о том, где они мечтают жить.

13 Пишите текст о вашем городе, доме/квартире.

1 Пишите, где есть эти вещи?

а диван, телевизор, кресла — <u>в гостиной</u>

б плита, холодильник, стол — _____

в ванная, душ, зеркало — _____

г кровать, лампа, шкаф — _____

д вешалка, пальто, зонт — _____

2 Дополните предложения глаголами из рамки в правильной форме.

а Кто будет <u>мыть посуду</u> после обеда?

б В свободное время женщины любят _____ ____ _____.

в Алиса редко видит свою подругу, поэтому они много _____ ____ _____.

г Я очень люблю _____. Мои любимые писатели — Л.Н. Толстой и А.П. Чехов.

д Я встаю в 7.30, иду в ванную, _____, _____ _____, а потом _____ _____ и _____ в кухне.

е Влад учится в 7 классе. Дома вечером он обычно _____ _____.

ж Я _____ _____ после каждой тренировки.

з Вечером Виктор приходит домой, _____, потом немного _____: _____ _____ или смотрит телевизор. В 23 часа он _____ _____ и _____ _____.

> ~~мыть посуду~~   завтракать
> ложиться спать
> разговаривать по телефону
> готовить завтрак   ходить по магазинам
> читать   отдыхать
> принимать душ   стирать одежду
> делать домашнее задание
> чистить зубы   умываться
> ужинать   читать газету

3 Что стоит/лежит/висит в вашей комнате?

стоять/лежать/висеть.

<u>Стул стоит на полу.</u>

_____

_____

_____

_____

_____

_____

_____

_____

4 Дополните диалог словами из скобок в правильной форме.

— Федерика, где ты живёшь в Риме?

— Я живу в центральном <u>районе</u> (район), недалеко от _____ (Тибр), около _____ _____ (площадь Фарнезе).

— В каком доме ты живёшь?

— Я живу в очень старом _____ (дом). В моей _____ (квартира) 3 _____ (этаж).

— Сколько?! Ты живёшь в большой _____ (квартира)!

— Нет, я живу в небольшой _____ (квартира). На первом _____ (этаж) находится гостиная и кухня, на втором _____ (этаж) — спальня и ванная, на третьем _____ (этаж) детская и ванная. Как ты видишь, у меня в квартире 3 _____ (комната). В центре _____ (Рим) дома очень узкие. В доме часто только одна квартира.

— Ты давно там живёшь?

— Нет, не очень. У меня ещё нет _____ и _____ (диван и телевизор) в _____ (гостиная), у меня нет _____ (шкаф) в _____ (спальня) и только 2 _____ (стул) на _____ (кухня). И ещё у меня нет ковра. И это очень плохо, потому что пол в моём _____ (дом) холодный.

— Ты работаешь далеко от _____ (дом)?

— Да. Я езжу на _____ (работа) на _____ (велосипед).

— А почему ты не ездишь на машине?

— Потому что в _____ _____ (центр города) очень узкие улицы, и ездить на машине очень трудно. Но мне нравится жить в центре. Туристы ездят смотреть на _____, _____ _____, _____ _____ (Ватикан, вилла Боргезе, площадь Испании), а я вижу это каждый день. Я обожаю римскую _____ (архитектура) и я думаю, что не могу жить без _____ (Рим).

5 Пишите предложения в прошедшем и настоящем времени.

а Олег — телевизор

У Олега был телевизор.
Сейчас у него нет телевизора.

б Лена — картина

_____
_____

в Михаил — машина

_____
_____

г Саша — зеркало

_____
_____

д Ольга — рюкзак

_____
_____

е Юля — ноутбук

_____
_____

ж Иван — учебник

_____
_____

з Андрей — словарь

_____
_____

е Наталья — лекция

_____
_____

6 Найдите и исправьте ошибки.

а У Лены нет кошка и.

б У меня никогда не были машины.

в В каком этаже ты живёшь?

г Моя младшая сестра не может жить без шоколад.

д Мой друг музыкант. У него дома есть рояль, скрипка и два гитары.

е Магазин «Зара» — это первом этаж.

ж Я работаю недалеко метро.

з В какая компании ты работаешь?

и У Катя есть гараж около дома.

*7 Читайте предложения. Дополните предложения словами который, которая, которое.

1 Это банк. **Он** находится в центре города. → Это банк, который находится в центре города.

2 Это девушка Инна. **Она** работает в моей компании. → Это девушка Инна, _____ работает в моей компании.

3 Это спектакль «Три сестры». **Он** идёт 3 часа 20 минут. → Это спектакль «Три сестры», _____ идёт 3 часа 20 минут.

4 Это ресторан «Националь». **Он** находится на улице Моховая. → Это ресторан «Националь», _____ находится на улице Моховая.

5 Это книга «Война и мир». **Она** мне очень нравится. → Это книга «Война и мир», _____ мне очень нравится.

1 Смотрите картинки. Как вы думаете, кто где живёт?

Валерия Витальевна

Лариса и Валентин

Пётр Евгеньевич и Ольга Семёновна, Аня и Рома

Владимир Потанин

Баба-Яга

дядя Витя

Слова́рь

балко́н	спа́льня
ва́нная	холоди́льник
газе́тный кио́ск	шкаф
гости́ная	ювели́рный магази́н
де́тская	я́хта
занаве́ски	
зе́ркало	ви́деть
ку́хня	висе́ть
кабине́т	лежа́ть
ковёр	мечта́ть
комо́д	мыть (посу́ду)
конфере́нц-зал	обожа́ть
кре́сло	слы́шать
ла́мпа	снима́ть (пальто́)
микроволно́вка	стира́ть (оде́жду)
мяч	стоя́ть
обме́н валю́ты	умыва́ться
общежи́тие	чи́стить (зу́бы)
оде́жда	
плита́	ми́лый
прихо́жая	споко́йный
сало́н красоты́	счастли́вый
са́уна	удо́бный
сосе́д	ую́тный

хрущёвка

коммуналка

дача

многоэтажный дом

избушка на курьих ножках

коттедж / особняк

2 Читайте текст. Расскажите о других домах.

Это хрущёвка — небольшой, старый, не очень красивый дом в городе. В доме 5 этажей и много квартир. Думаю, что квартиры здесь неудобныс. В квартире есть 1 или 2 комнаты: гостиная и спальня, прихожая, маленькая кухня, ванная. Первый этаж без балкона. Наверно, здесь живут пожилые люди. Я не очень хочу жить в этом доме.

3 Отвечайте на вопросы.

Какой дом вам нравится? В каком доме вы хотите жить? Почему?

Какой дом вам не нравится? В каком доме вы не хотите жить? Почему?

Где вы хотите жить: в доме или в квартире? Почему?

Какие дома есть в городе, где вы сейчас живёте?

Какие дома есть в вашем родном городе?

Какие ещё здания есть в городе, где вы сейчас живёте? (музеи, церкви и т.д.)

Какие здания вам нравятся?

Теперь вы можете сказать:

У Саши есть телефон, но нет фотоаппарата.

Я живу недалеко от университета.

Раньше я жил один, и у меня не было соседа.

Я поеду на море на поезде, поэтому там у меня не будет машины.

— Алло, привет, Маша! Это Стивен.
— Привет, Стивен! Извини, у меня сейчас лекция.

1 а) Читайте слова и текст.

сдавать – сдать + что? (В.п./Асс.)
получать – получить + что? оценку/
письмо (В.п./Асс.)

Григорий Перельман — известный российский математик. Он учился в университете в Санкт-Петербурге. Он хорошо **сдавал** экзамены и **получал** отличные оценки.

1 б) Спрашивайте и отвечайте. Скажите, что вы узнали.

> 1 Ты хорошо учился в университете?
>
> 2 Ты всегда делал домашнее задание, учил новые слова и правила?
>
> 3 Ты хорошо сдавал экзамены?
>
> 4 Какие оценки ты получал?

1 Я хорошо/ плохо учился в университете. А ты?

2 Я всегда ...../ нет, я никогда не....

3 Я хорошо/плохо сдавал экзамены.

4 Я получал хорошие/плохие оценки.

2 а) Слушайте диалог. Отвечайте на вопросы, пишите ответы.

Что делает Рауль?

_____

Что делает Мария?

_____

> **Грамматика**
> **Глаголы НСВ** (Imperfective)
> **Факт.**
> — Рауль, ты делаешь домашнее задание?
> — Нет, не делаю. Я смотрю телевизор.

2 б) Читайте фрагмент диалога. <u>Подчеркните</u> глаголы НСВ.

М: Что <u>делаешь</u>, Рауль?

Р: Я сейчас смотрю новый фильм о Джеймсе Бонде.

М: Как? Ты не делаешь домашнее задание?

Р: Нет, не делаю. Делать уроки скучно. А что ты делаешь?

М: Я учу новые слова и повторяю правила. Завтра будет тест.

Р: Я не знал, что будет тест. Я ничего не учил и не повторял.

3 Смотрите карточки, спрашивайте студентов. Найдите пару.[1]

> Где ты был вчера?

> Я вчера был на уроке.

> Что ты делал?

> Я читал текст, делал задания и много говорил.

[1] Карточки в книге для преподавателя

4 Смотрите картинки, читайте подписи к ним.

Рауль пишет тест.

Рауль написал тест.

Рауль смотрел фильм.

Рауль посмотрел фильм.

Мария читает книгу.

Мария прочитала книгу.

процесс НСВ (Imperfective)	—	результат СВ (Perfective)
Он долго писал тест.	—	Он уже написал тест.

5 а) Читайте текст о Рауле. <u>Подчеркните</u> глаголы НСВ. Скажите, почему Рауль получил плохую оценку?

поступать – поступить + куда? В.п. (Асс.)

Рауль закончил школу и поступил **в** университет.

Обратите внимание!

Учиться **в** университете **на** факультете.

Поступить **в** университет **на** факультет.

Рауль — студент из Испании. Он учится в Московском университете на экономическом факультете. Он учится не очень хорошо и поэтому плохо сдаёт экзамены. Ему нравятся экономика и математика, он любит решать задачи, но ему не нравится изучать русский язык и совсем не нравится делать домашнее задание, поэтому он часто получает плохие оценки. Сегодня был тест. Рауль долго писал его, но опять **получил** плохую оценку, потому что ничего не повторял, ничего не учил и не читал. Вчера он отдыхал весь день. Днём он гулял в парке два часа, потом три часа играл в футбол, а потом весь вечер смотрел фильм, поэтому он **не сделал** домашнее задание.

5 б) Читайте текст о Марии. Скажите, почему Мария хорошо написала тест? <u>Подчеркните</u> глаголы СВ.

Мария — студентка из Германии. Она хорошо сдала все экзамены и поступила в Московский университет на экономический факультет. Она учится с удовольствием, ей нравятся все предметы. Сегодня на уроке русского языка был тест. Она быстро написала его и получила хорошую оценку, потому что вчера днём она сделала домашнее задание: повторила все правила, выучила слова и прочитала текст. А вечером она немного отдохнула и посмотрела интересную передачу.

5 в) Пишите ответы.

Что Рауль делал вчера? (НСВ)

<u>Рауль отдыхал весь день.</u>

_____.

_____.

_____.

Что Мария сделала вчера? (СВ)

<u>Мария сделала домашнее задание.</u>

_____.

_____.

_____.

Грамматика
Глаголы НСВ и СВ: процесс и результат

процесс НСВ → Как долго? / Сколько времени? долго, 3 часа, всё утро, весь день/вечер, всю ночь	результат СВ →x уже, наконец
Он смотрел фильм <u>весь вечер</u>.	Он <u>уже</u> посмотрел фильм.
Она повторяла правило <u>два часа</u>.	Она <u>наконец</u> повторила правило.
Он отдыхал <u>весь день</u>.	Он <u>хорошо</u> отдохнул?

6   Читайте глаголы НСВ и СВ.

НСВ	СВ
делать	**с**делать
читать	**про**читать
писать	**на**писать
учить	**вы**учить
смотреть	**по**смотреть
слушать	**по**слушать
знать	**у**знать
заниматься	**по**заниматься
повторять	повтор**и**ть
получать	получ**и**ть
поступать	поступ**и**ть
решать	реш**и**ть
отвечать	отвеtить
понимать	пон**я**ть
отдыхать	отдохн**у**ть
сд<u>ава</u>ть	сдать
вст<u>ава</u>ть	встать
уст<u>ава</u>ть	устать
говорить	сказать
покупать	купить
искать	найти

7   Выпишите из текста задания 5а) все глаголы НСВ. Найдите им пару СВ в тексте 5б).

1 <u>делать</u> — сделать
2 _____ — поступить
3 _____ — _____
4 _____ — _____
5 _____ — _____
6 _____ — _____
7 _____ — _____
8 _____ — _____
9 _____ — _____
10 _____ — _____

8   Пишите глаголы в правильной форме.

1 Вчера на уроке студенты <u>писали</u> тест. Они _____ его час. Они _____ его хорошо. *(писать – написать)*

2 В субботу Виктор наконец _____ роман «Война и мир». Он _____ его два месяца. *(читать – прочитать)*

3 — Что ты сейчас _____? *(делать – сделать)*

— Я _____ музыку. *(слушать – послушать)*

4 Анна _____ стихотворение весь вечер. Она хорошо _____ его. *(учить — выучить)*

5 Смотри, это мой новый компьютер, я _____ его вчера. *(покупать – купить)*

6 На уроке математики мы _____ задачи. Мы _____ их правильно, но мы _____ их целый час. *(решать – решить)*

7 Джим и Эмми ездили на море. Они _____ там неделю. Они прекрасно _____. *(отдыхать – отдохнуть)*

8 Рауль долго _____ домашнее задание. Наконец он его _____. *(делать – сделать)*

9 Мама долго _____ обед. Она _____ очень вкусный обед. *(готовить – приготовить)*

10 Вчера был сложный экзамен, студенты _____ его очень долго. Они _____ его и _____ хорошие оценки. *(сдавать – сдать; получать – получить)*

🔊 9 а) Слушайте диалог. Что вчера делали Рауль и Мария? Заполните таблицу.

	Что делали?	Сколько времени?
Рауль	читал рассказ _____ _____ _____	3 часа _____ _____
Мария и Антон	_____ _____ и _____ _____ и _____ _____ _____	_____ _____ _____ _____ _____

9 б) Спрашивайте и отвечайте. Что вы делали вчера? Сколько времени/ Как долго? Скажите, что вы узнали.

> Что ты делал вчера?

> Вчера я занимался спортом.

> Сколько времени ты занимался спортом?

> Я занимался спортом час.

10 а) Смотрите картинки. Что они любят делать? Что и сколько времени они делали?

> **Обратите внимание!**
>
> начинать — начать   **+ инфинитив НСВ**
> заканчивать — закончить

> Рауль любит играть в футбол. Вчера он долго играл в футбол. Он начал играть в футбол в 13:00, а закончил играть в 15:00. Он играл в футбол 2 часа.

13:00–15:00

16:00–17:00

18:30

22:00–23:00

19:00–20:00

00:00–09:00

10 б) Спрашивайте и отвечайте. Что вы делали вчера? Сколько времени/ Как долго? Скажите, что вы узнали.

> Что ты любишь делать?
> Когда ты гулял?

> Я люблю гулять.
> Я гулял в прошлую субботу.

> А что ты не любишь делать?

> Я не люблю готовить.

1 a) Соедините глаголы НСВ с глаголами СВ.

НСВ	СВ
ужинать	лечь (лёг/легла/легли)
начинать(ся)	поужинать
завтракать	пригласить
опаздывать	пообедать
заканчивать(ся)	опоздать
обедать	закончить(ся)
ложиться	позавтракать
нравиться	начать(ся)
приглашать	понравиться

часто, каждый день	— 1 раз/результат
НСВ	**СВ**
Каждое утро Мария встаёт в 7 часов.	— Сегодня Мария встала в 9 часов.

🔊 **1 б)** Слушайте рассказ о Марии. Заполните пропуски.

Как вы знаете, Мария учится в Московском университете на экономическом факультете. Каждый день она ходит в университет на лекции. Обычно занятия _____ в 9:00. Каждое утро она _____ в 7 часов и _____, но сегодня утром она _____ поздно и не _____. Она никогда не _____ на лекции, но в этот раз _____. Каждый день занятия _____ в 16:00, но сегодня они _____ рано.

Обычно Мария _____ в столовой, но у её подруги был день рождения, поэтому они _____ в кафе. Иногда Мария ходит в библиотеку. Там она _____: _____ разные книги, _____ домашнее задание. Сегодня она тоже была в библиотеке и _____ там интересную статью. Мария любит _____ музыку, поэтому иногда она ходит на концерты. Сегодня вечером она ходила в клуб, там она _____ прекрасный концерт, играли джаз. Потом она хотела пойти домой, но друг Марии _____ её в ресторан на ужин. Они хорошо _____, ей очень _____. Дома она была поздно. Она _____ спать в 12 часов. Надеюсь, завтра она не _____.

2

Грамматика
НСВ и СВ: повторяемость и однократность действия

НСВ Повтор действия		СВ 1 раз + результат
часто ≠ редко, обычно, каждый день, иногда, всегда ≠ никогда		вчера, позавчера, сегодня, в среду, в прошлый четверг ...
1 Иван обычно <u>покупает</u> продукты на рынке.	(покупать – купить)	1 А сегодня он <u>купил</u> их в магазине.
2 Анна редко _____ боевики.	(смотреть – посмотреть)	2 Но вчера она _____ фильм «Адреналин».
3 Антон и Ира часто _____ обед вместе.	(готовить – приготовить)	3 А в субботу Ира _____ вкусный обед одна.
4 Обычно Мария медленно _____ задачи.	(решать – решить)	4 Но сегодня она _____ их быстро.
5 Каждые выходные они _____ на даче.	(отдыхать – отдохнуть)	5 В прошлые выходные они прекрасно _____ в городе.
6 Она никогда не _____ в ресторане.	(обедать – пообедать)	6 В прошлую пятницу она _____ в ресторане.
7 Ты всегда _____ работать в 9 часов?	(начинать – начать)	7 Нет, сегодня я _____ работать в 10 часов.

3 а) Пишите предложения в СВ.

1 Андрей Петрович — преподаватель, он работает в университете. Каждый день он встаёт в 7 часов.
Сегодня он встал в 7:30.

2 Он всегда готовит себе завтрак.
Но сегодня он не _____.

3 Обычно он заканчивает работать в 18 часов.
Сегодня _____
в 19 часов.

4 Он редко смотрит кино.
Но _____ хорошую комедию.

5 Каждое утро он покупает свежую газету.
Но _____ не _____ газету.

6 Он никогда не ложится спать рано.
Но _____ в 22 часа.

3 б) Пишите предложения в НСВ.

а Днём Андрей Петрович пообедал в дорогом ресторане.
Он редко обедает в ресторанах.

б Андрей Петрович опоздал на лекцию.
Он редко _____.

в Утром он позавтракал в кафе.
_____ дома.

г Потом он прочитал интересную статью.
_____.

д Сегодня он очень устал.
Он никогда не _____.

е Андрей Петрович начал работать в 9:15.
Каждый день _____
в 9 часов.

3 в) Поставьте предложения из заданий 3а) и 3б) в правильном порядке. Напишите рассказ «Один день Андрея Петровича».

3 г) Спрашивайте и отвечайте. Что вы обычно делаете? Что вы сделали вчера?

> *Когда ты обычно встаёшь?*
> *Когда ты начинаешь работать/ учиться?*

> *Обычно я встаю в 7:00.*
> *Я начинаю работать в 9.*

> *Когда ты встал вчера?*
> *Когда ты начал работать/ учиться вчера?*

> *Вчера я тоже встал в 7:00.*
> *Я начал работать в 9.*

4 а) Слушайте диалог, заполните пропуски. Скажите, как отдыхают Мария и Рауль?

Рауль: Мария, ты так много занимаешься. Как ты отдыхаешь? Что ты делаешь, когда отдыхаешь?

Мария: Когда я _____, я _____ журналы. А вчера я ходила в парк. Когда я _____, я _____.

Рауль: Как интересно. Я хочу посмотреть твои фотографии.

Мария: Ты можешь посмотреть их сейчас. Они лежат на столе. А что ты делаешь, когда отдыхаешь?

Рауль: Когда я _____, я _____ телевизор или _____ музыку. Но вчера я не отдыхал, я ходил в библиотеку.

🔊 4 б) **Слушайте диалог, заполните пропуски. Скажите, что сделал Рауль, когда прочитал рассказ? Что сделала Мария?**

Мария: Рауль, ты читал вчера рассказ Чехова «Дама с собачкой»?

Рауль: Да, читал. Я знал, что это грустный рассказ, но я _____ его, и он мне _____.

Мария: Я тоже хочу прочитать этот рассказ. Он сложный?

Рауль: Да, сложный. Когда я его _____, я _____ новые слова в тетрадь. А когда _____ рассказ, я _____ на вопросы преподавателя. Это было трудно.

Мария: А я ещё не читала рассказ. Вчера вечером я отдыхала. Сначала я немного _____ в парке, а потом _____ в кафе.

Грамматика

Глаголы НСВ и СВ: параллельные и последовательные действия

Параллельно

НСВ ⟶
НСВ ⟶

Когда Рауль читал рассказ, он писал новые слова в тетрадь.

Последовательно

СВ ⟶ СВ ⟶

Когда он прочитал рассказ, он ответил на вопросы преподавателя.

---

5 **Соедините предложения со схемами.**

1 Когда Мария гуляла, она слушала музыку. •·····················➤

2 Когда Рауль написал эссе, он прочитал его.

3 Когда они завтракают, они говорят о планах.

4 Когда он учился в школе, он всегда опаздывал на уроки.

5 Когда мы отдохнули, мы начали заниматься.

6 Когда Рауль приготовил обед, он пригласил друга.

---

6 **Заполните пропуски. Пишите глаголы в правильной форме.**

Когда я училась в школе я всегда _____ *(делать – сделать)* домашнее задание. Когда мои друзья гуляли и играли, я _____ *(заниматься – позаниматься)* дома. Когда преподаватель спрашивал, я _____ *(отвечать – ответить)*. А мои друзья не отвечали и _____ *(получать – получить)* плохие оценки. Когда я _____ *(заканчивать – закончить)* школу, я получила медаль. Когда я сдала экзамены, я _____ *(поступать – поступить)* в МГУ. Когда я училась в университете, у меня было мало денег и я _____ *(работать – поработать)* в кафе. Это было трудно, я очень уставала. Когда я закончила университет, я _____ *(начинать – начать)* работать в офисе. Когда я работала в офисе, я _____ *(делать – сделать)* презентации.

---

7 **Читайте вопросы. Спрашивайте и отвечайте. Скажите, что вы узнали.²**

---

² Карточки в книге для преподавателя

1   Читайте текст.

Рауль очень талантливый человек. Он **умеет** играть на гитаре и петь. Он **может** играть на гитаре целый день. Рауль хотел учиться в консерватории, но его отец сказал: «Рауль, ты **должен** учиться в университете. Ты **должен** получить серьёзную профессию». Поэтому Рауль учится в университете.

мочь + инфинитив	
я могу	мы _____
ты можешь	вы _____
он/она _____	они могут

уметь + инфинитив НСВ	
я умею	мы _____
ты _____	вы _____
он/она _____	они умеют

я, ты, он	должен	
я, ты, она	должна	+ инфинитив
мы, вы, они	должны	

2 а)   Дополните диалоги словами уметь/ мочь/ должен.

1 — Рауль, ты <u>можешь</u> мне помочь? Я не _____ решить задачу.
— Конечно, Мария. С удовольствием! Я _____ быстро решать задачи.
— Большое спасибо! Когда ты решишь задачу, давай пойдём в кино?
— Нет, я не могу. Я _____ заниматься сегодня. Я думаю, Антон _____ пойти. Он уже сделал домашнее задание и свободен.

2 — Катя, ты _____ готовить?
— Да, я _____ неплохо готовить.
— Завтра у меня день рождения, я хотел приготовить торт. Ты _____ мне помочь?
— К сожалению, не _____, я занята, я _____ сделать домашнее задание. Я думаю, Анна _____ тебе помочь. Она отлично _____ готовить.
— Хорошо, спасибо!

3 — Мы сейчас _____ написать эссе. Но мы не _____ быстро писать по-русски. Может быть, мы _____ написать эссе дома?
— Хорошо. Вы _____ сдать его завтра.

🔊 **2 б)**   Слушайте и проверяйте.

3 а)   Пишите предложения. Что умеют делать эти люди?

Писатель умеет писать книги.

Футболисты _____.
Пианист _____.
Певец _____.
Повар _____.
Журналист _____.
Художник _____.
Танцор _____.

3 б)   Спрашивайте и отвечайте. Скажите, что вы узнали.

Луиза, ты умеешь играть в футбол?

Да, я умею … / Нет, я не умею…

4 а)   Соедините названия предметов с картинками.

1   2   3   4

5   6   7   8

9   10   11   12

Предметы

биология – 1   математика –
химия –   иностранный язык –
физика –   литература –
история –   физкультура –
география –   музыка –
экономика –   право –

4 б)   Скажите, какие предметы вам нравятся/ нравились, какие не нравятся.

5 а) Читайте названия факультетов. Как вы думаете, какие предметы там изучают? Какую профессию получают студенты?

Факультет	Предметы	Профессия
Филологический		
Юридический		
Медицинский		
Экономический		
Биологический		
Исторический		
Факультет журналистики		

5 б) Читайте интервью ректора университета. Заполните таблицу в задании 5а).

Абитуриент заканчивает школу и поступает в университет.
Ректор — глава университета.
Выпускник закончил университет.

Журналист: Добрый день, дорогие абитуриенты. Сегодня в нашей студии ректор Латвийского университета Ивар Лацис. Здравствуйте, Ивар!

Ивар Лацис: Добрый день!

Журналист: Ивар, расскажите, пожалуйста, о вашем университете.

Ивар Лацис: Наш университет очень старый. У него длинная и богатая история. Он начал свою работу 100 лет назад. В нашем университете учатся талантливые и очень умные студенты, им нравятся разные предметы.

Журналист: Какие факультеты есть в университете?

Ивар Лацис: В университете тринадцать факультетов. У нас есть гуманитарные факультеты. Например, филологический, исторический и факультет журналистики. Там студенты изучают иностранные языки, литературу, историю, право.

Журналист: А студенты изучают родной язык?

Ивар Лацис: Конечно, студенты филологического факультета и факультета журналистики изучают родной язык.

Журналист: Скажите, какие профессии они получают, когда заканчивают университет?

Ивар Лацис: Наши выпускники — филологи, журналисты, историки и писатели.

Журналист: Какие ещё есть факультеты?

Ивар Лацис: В университете есть биологический и медицинский факультет. Там изучают биологию, химию и физику. Наш университет заканчивали известные врачи и биологи.

Журналист: Я знаю, что в университете есть юридический и экономический факультет. Что там изучают?

Ивар Лацис: Там изучают право, экономику и иностранный язык. Студенты получают хорошие знания. Когда они заканчивают университет, они начинают работать в больших компаниях, потому что они отличные юристы и экономисты.

Журналист: Кто работает в вашем университете?

Ивар Лацис: У нас работают очень опытные преподаватели. Они работают у нас уже много лет.

Журналист: Наша передача заканчивается. Что Вы можете сказать нашим абитуриентам?

Ивар Лацис: Я приглашаю Вас в наш университет. Вам никогда не будет скучно, у нас очень интересно учиться.

Журналист: Ивар, спасибо. Было интересно поговорить с Вами. До свидания!

Ивар Лацис: Всего доброго!

5 в) Спрашивайте и отвечайте. Узнайте, где и когда учились студенты, какие предметы они изучали и какую профессию получили. Заполните анкету. Скажите, что вы узнали?

Имя	
Университет/институт/ школа	
Факультет	
Предметы	
Профессия	
Когда закончил школу/ университет? (*5 лет назад*)	

1 Пишите пару НСВ или СВ.

1 учить — _____
2 _____ — купить
3 писать — _____
4 читать — _____
5 поступать — _____
6 вставать — _____
7 _____ — решить
8 _____ — пообедать

2 НСВ или СВ? Пишите глаголы в правильной форме.

а) Вчера Антон был очень занят. Он весь вечер _____ *(делать – сделать)* домашнее задание, _____ *(учить – выучить)* формулы. И потом целый час _____ *(решать – решить)* задачи.

б) Антон любит _____ *(заниматься – позаниматься)* спортом. Он часто ходит в спортзал. Но вчера он очень _____ *(уставать – устать),* поэтому не ходил в спортзал. Вчера он отлично _____ *(сдавать – сдать)* последний экзамен. Он всегда хорошо _____ *(сдавать – сдать)* экзамены. А завтра каникулы. И он будет отдыхать.

в) Утром Антон готовил завтрак. Когда он _____ завтрак, он слушал радио. Когда он _____ завтрак, он начал есть. *(готовить – приготовить)* Когда Антон _____, он читал газету. Когда он _____, он помыл посуду. *(завтракать – позавтракать)* Когда он _____ посуду, он пел песни. Когда он _____ посуду, он начал читать текст. *(мыть – помыть)* Когда Антон _____ текст, он смотрел новые слова в словаре. Когда он _____ текст, он начал смотреть фильм. *(читать – прочитать)* Когда Антон _____ фильм, он ел попкорн. Когда он _____ фильм, он написал о нём эссе. *(смотреть – посмотреть)*

*3 а) Читайте текст об Изабель. Пишите глаголы в правильной форме.

У Рауля есть подруга из Англии, её зовут Изабель. Она тоже учится в России, но не в Москве, а в Санкт-Петербурге, в художественной академии. Она уже _____ *(заканчивать – закончить)* институт в Лондоне. Там она училась на биологическом факультете. Но когда Изабель _____ *(заканчивать – закончила)* институт, она _____ *(понимать – понять),* что не хочет быть биологом. Она очень любит _____ *(рисовать – нарисовать)* и мечтает _____ *(работать – поработать)* в театре.

Изабель плохо _____ *(говорить – сказать)* по-русски, поэтому она много _____. *(заниматься – позаниматься)* Каждый день она ходит на занятия. Утром она _____ *(изучать – изучить)* русский язык, а днём она _____ *(слушать – послушать)* лекции. Обычно после занятий она _____ *(рисовать – нарисовать)* дома или в академии. Но сегодня была хорошая погода и она _____ *(рисовать – нарисовать)* прекрасную картину в парке.

В выходные она ходит в музеи. В прошлую субботу она _____ *(смотреть – посмотреть)* выставку Федотова в Русском музее, она ей очень _____ *(нравиться – понравиться).* Ещё она долго _____ *(гулять – погулять)* в парке, а вечером _____ *(ужинать – поужинать)* в кафе. Изабель часто _____ *(ужинать – поужинать)* в кафе, потому что не умеет хорошо _____ *(готовить – приготовить).* Недавно у Изабель был день рождения, она _____ *(приглашать – пригласить)* друзей в гости. Она _____ *(покупать – купить)* продукты и _____ *(готовить – приготовить)* прекрасный ужин. Друзья _____ *(говорить – сказать),* что они никогда не _____ *(есть – съесть)* такие вкусные блюда. Теперь Изабель с удовольствием _____ *(готовить – приготовить)* и каждую пятницу _____ *(приглашать – пригласить)* друзей в гости на ужин.

3 б) Отвечайте на вопросы.

1 Какой институт закончила Изабель? Где она учится сейчас? Почему?

2 Что она любит делать?

3 Почему она много занимается?

4 Где она обычно рисует?

5 Что она обычно делает в выходные?

6 Какую выставку Изабель посмотрела в прошлую субботу? Она ей понравилась?

7 Почему она всегда ужинает в кафе?

8 Почему она пригласила друзей в гости?

9 Какой ужин она приготовила?

10 Что сказали друзья?

3 в) Расскажите об Изабель.

*4 а) Рауль написал письмо. Найдите и исправьте ошибки. Поставьте ему оценку.

Дорогая Изабель!

Я ~~получал~~ получил твоё письмо, спасибо! Я рад, что у тебя всё хорошо.

У меня тоже есть хорошие новости. Я отлично сдавал два экзамена: экономику и математику. У меня хороший результат, потому что я часто позанимался. Каждый день я сделал домашнее задание и решал задачи. Я люблю изучать экономику, это очень интересный предмет.

Но у меня есть проблема. Я плохо сказать по-русски. Я не люблю выучил слова, я никогда не повторил правила, я редко читаю, потому что это скучно. Каждый день я послушал лекции на русском языке, но я ничего не понял. Это ужасно.

У меня есть подруга из Германии, её зовут Мария. Она часто помочь мне. Мы вместе сделали домашнее задание, посмотрели кино на русском языке и много сказать.

Недавно мы ходили в кафе и сказать по-русски 3 часа. Я очень уставал. Ещё мы вместе ходили в библиотеку. Мы начали прочитать в 14:00, а закончили в 18:00. Мы прочитали 4 часа, очень долго! Дома я отдохнул 2 часа. Потом я начал написать письмо. Я пишу письмо долго, потому что это сложно.

Спасибо, что приглашала меня в Санкт-Петербург! Я уже покупал билеты.

Как ты? Как твои занятия?

До скорого,
Рауль

4 б) Изабель хочет написать ответ Раулю. Помогите ей. Используйте информацию задания 3а).

Дорогой Рауль!

Спасибо! Я с удовольствием прочитала твоё письмо.

Как ты знаешь, я учусь в Петербурге, в ...

Сегодня день открытых дверей на факультете журналистики. Слушайте разговор преподавателя и абитуриентов. Заполните таблицу.

Что написал абитуриент?

Экзамены	
Что должен уметь?	
Что должен делать?	
Какие предметы изучают?	
Какую профессию получают?	

Студент А — абитуриент.
Узнайте у преподавателя всю информацию об университете и факультете.
Вы будете поступать на этот факультет?Почему?
Студент Б — преподаватель.
Расскажите об университете. Отвечайте на вопросы абитуриента.
Отвечайте на вопросы.

Словарь

абитурие́нт
выпускни́к
геогра́фия
биоло́гия
иностра́нный язы́к
исто́рия
литерату́ра
матема́тика
отме́тка
предме́т
ре́ктор
рисова́ние
факульте́т
фи́зика
физкульту́ра
хи́мия
эконо́мика

до́лжен
мочь (могу́…)
опа́здывать — опозда́ть
получа́ть — получи́ть
помога́ть — помо́чь
поступа́ть — поступи́ть
приглаша́ть — пригласи́ть
сдава́ть — сдать
уме́ть

Теперь вы можете сказать:

— Я читал текст 3 часа.

— Я уже прочитал текст.

— Обычно я обедаю дома.

— Когда она гуляла, она фотографировала.

— Когда он закончил школу, он поступил в университет.

— Что ты любишь делать?
— Я люблю гулять.

— Ты можешь мне помочь?

— Ты должен хорошо учиться!

— Ты умеешь танцевать?
— Да, я умею танцевать.

1

Соедини́те слова́ и фотогра́фии. Как вы ду́маете, како́й пода́рок мо́жно подари́ть же́нщине? А мужчи́не? А ребёнку?

| 1 | 2 | 3 | 4 | 5 | 6 | 7 |
| 8 | 9 | 10 | 11 | 12 | 13 | 14 |

су́мка – 7	кошелёк
духи́	утю́г
реме́нь	цветы́
игру́шка	чемода́н
свеча́	галсту́к
кулина́рная кни́га	котёнок
соба́ка	телефо́н

Я ду́маю, же́нщине мо́жно подари́ть …
Я ду́маю, мужчи́не мо́жно подари́ть …
Я ду́маю, ребёнку мо́жно подари́ть

2 а) Допо́лните табли́цу.

Грамма́тика Да́тельный паде́ж (Dative)		
Кто э́то?	**Кому́** мо́жно подари́ть **что?** (В.п.)	
М.р. Это оте́ц. Это ребёнок. Это Андре́й. Это учи́тель.	Отцу́ мо́жно подари́ть галсту́к. _____ мо́жно подари́ть _____ мо́жно подари́ть телефо́н. _____ мо́жно подари́ть	∅ → -у -й → -ю -ь → -ю
Ж.р. Это ма́ма. Это тётя. Это Мари́я. Это дочь. Это пло́щадь.	Ма́ме мо́жно подари́ть цветы́. _____ мо́жно подари́ть кни́гу. _____ мо́жно подари́ть духи́. **До́чери** мо́жно подари́ть игру́шку. пло́щади	-а → -е -я → -е -ия → -ии -ь → -и
Ср.р. Это молоко́. Это мо́ре.	молоку́ мо́рю	-о → -у -е → -ю

2 б) Соста́вьте предложе́ния.

ба́бушка	карти́на
дочь	шокола́д
де́душка	цветы́
актри́са	велосипе́д
президе́нт	кни́га
дире́ктор	очки́
писа́тель	маши́на
сын	я́хта

Ба́бушке мо́жно подари́ть шокола́д.

_____

_____

_____

_____

_____

_____

3   **Отвечайте на вопросы.**

1   Вы любите праздновать день рождения?
А день рождения друга/подруги?

2   Где вы обычно празднуете день рождения?

3   Вы любите дарить подарки?

4   А получать подарки вы любите?

> праздновать/отпраздновать день рождения
> дарить/подарить подарки
> получать/получить подарки

4 а)   **Слушайте диалог Макса и Нины. Пишите, правильно – П или неправильно – Н.**

1   Игорь посоветовал Максу подарить Кате цветы. – П

2   Макс хотел написать Кате роман.

3   Макс покупал Кате цветы каждый месяц.

Нина(30)

4   Отец Макса подарил жене собаку.

5   Макс подарил Кате цветы.

6   Нина хотела купить Денису кошелёк.

Макс (28)

7   Нина рассказала Марии Петровне о дне рождения мужа.

8   Мама посоветовала Нине купить Денису билет на футбол.

9   Нина подарила мужу билет на хоккей.

4 б)   **Подчеркните правильный вариант.**

1   **Кому** Макс рассказал о проблеме с подарком?
Он рассказал Игорю/Денису.

2   **Кому** позвонил Макс?
Макс позвонил отцу/другу.

3   **Кому** Макс подарил самый лучший подарок?
Он подарил самый лучший подарок Кате/маме.

4   **Кому** отец Макса уже 20 лет дарит подарки?
Он дарит подарки матери/жене.

5   **Кому** Нина рассказала о проблеме с подарком?
Она рассказала о проблеме Марии/Дарье.

5 а)   **Читайте предложения.**

Грамматика	
Дательный падеж местоимений	
Это я.	Ты поможешь **мне**?
Это ты.	Я помогу **тебе**!
Это он.	Давай позвоним **ему**.
Это она.	Что мы подарим **ей**?
Это мы.	Они помогут **нам**.
Это вы.	Что посоветовать **вам**?
Это они.	Не мешайте **им**!

5 б)   **Дополните предложения местоимениями в правильной форме.**

а   Это я. Меня зовут Макс. <u>Мне</u> 28 лет. Моя подруга Нина рассказала <u>мне</u> интересную историю.

б   Это ты. Тебя зовут Фред. _____ 26 лет. Я хочу предложить _____ пойти вместе в кино.

в   Это он. Его зовут Игорь. 31 год. Вчера я позвонил _____ .

г   Это она. Её зовут Катя. _____ 24 года. Я подарил _____ на день рождения кота.

д   Это мы. Нас зовут Макс и Катя. Покажите _____ эту машину.

е   Это вы. Вас зовут Денис. 29 лет. Что Нина подарила _____ на день рождения?

ж   Это они. Их зовут Нина и Денис. Сегодня _____ 30 лет. Может, написать письмо?

6 **а)** Дополните таблицу.

НСВ	СВ	кому? (Дат.)	что? (Вин.)
давать	дать	другу	книгу
дарить	подарить	жене	цветы
показывать	показать		
говорить	сказать		
писать	написать		
заказывать	заказать		
продавать	продать		
предлагать	предложить		
звонить	позвонить		—
советовать	посоветовать		

6 **б)** Задайте вопросы со словами из таблицы 6а).

Вы даёте чаевые официанту?

6 **б)** Дополните предложения.

а — Я давно не видел подругу. Сегодня я, наконец, позвонил <u>подруге</u>.

б — У брата сегодня день рождения. Я не знаю, что подарить _____.

в — Стивен первый раз в Москве. Девушка показывает _____, где находится Кремль.

г — Максим встретился с Ниной. Он рассказал _____ интересную историю.

д — У Саши очень хороший друг. Он всегда помогает _____ в трудной ситуации.

е — Мне нравится Света. Я хочу написать _____ письмо.

ж — Андрей всегда заказывает в ресторане котлеты. Я хочу приготовить их _____.

з — Вчера мне позвонили Нина и Макс, но я не мог ответить _____. Я был очень занят.

7 **а)** Читайте страницу из ежедневника Кати. Скажите, что ей нужно сделать?

Катя

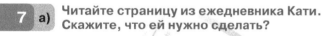

ЗАВТРА

День рождения Алисы

Нужно:
✓ купить подарок
✓ заказать столик в ресторане
✓ пригласить Лену, Свету и Олю

Ей нужно купить подарок Алисе.

7 **б)** Дополните таблицу.

мне	нужно	
тебе	надо	+ инф.
	можно	
	не нужно	

7 **в)** Ваш друг решил сделать предложение девушке. Скажите, что ему нужно сделать.

Ему нужно заказать/купить…

8 а) Слушайте диалог. Скажите, какая у Кати проблема?

8 б) Слушайте вторую часть диалога. Дополните информацию об Алисе.

Имя	Алиса
Возраст	29
Профессия	
Где работает?	
Замужем?	
Есть дети?	
Умеет готовить?	
Много путешествует?	
Нравится кино?	
Нравится музыка?	
Нравится спорт?	

8 в) Как вы думаете, что можно подарить Алисе?

Мне кажется, Алисе можно подарить. . .

9 а) Заполните анкету о вашем друге или подруге.

Имя	
Возраст	
Профессия	
Где работает?	
Женат/замужем?	
Есть дети?	
Умеет готовить?	
Много путешествует?	
Нравится кино?	
Нравится музыка?	
Нравится спорт?	

9 б) Спрашивайте и отвечайте. Используйте информацию анкеты.

Как зовут твоего друга/подругу?   *Его/Её зовут...*

10 а) Читайте рассказ.

Подарок бабушке

На прошлой неделе у моей бабушки был день рождения. Ей 75 лет. Она всегда мечтала увидеть Италию. Бабушка много читала об этой прекрасной стране, но никогда не бывала там. Она всегда много работала и не могла найти время на это путешествие.

Мои родители и я долго спорили, что подарить бабушке, но так и не решили. И вот день рождения бабушки. Бабушка приготовила вкусный шоколадный торт и пригласила нас в гости. Мы начали поздравлять её. Я думал, что приготовил сюрприз. Но мои родители тоже приготовили сюрприз. Мы поздравили её и положили на стол два одинаковых конверта. Бабушка открыла их и удивилась — там было два билета в Италию. Один билет — на самолет в Рим, а другой — на автобусную экскурсию по Италии. Бабушка была очень рада!

10 б) Спрашивайте и отвечайте.

1 У кого был день рождения?
2 О чём мечтала бабушка?
3 О чём спорили родители и внук?
4 Что бабушка приготовила на день рождения?
5 Что подарили бабушке на день рождения?

11 а) Пишите три предложения, что вам нужно сделать, если сегодня день рождения вашей бабушки.

☐ _____
☐ _____
☐ _____

11 б) Пишите рассказ о том, кому и как вы подарили подарок.

1 Соедините слова и картинки.

1

2 *1400.-*

3

4 *2800.-*

8500.-

6 *7900.-*

5200.-

8

5 *4150.-*

7 *2100.-*

9 *900.-*

11

10 *3500.-*

750.-

12 *600.-*

3300.-

- ☑ красное платье
- ☐ коричневые брюки
- ☐ жёлтая шапка
- ☐ чёрные туфли
- ☐ зелёная куртка
- ☐ чёрные перчатки
- ☐ белая юбка
- ☐ синие джинсы
- ☐ чёрный костюм
- ☐ коричневые ботинки
- ☐ серый шарф
- ☐ голубая рубашка

1 б) Соедините слова с цветами 1-9.

чёрный –1
жёлтый
белый
синий
красный
зелёный
коричневый
голубой
серый

3   2   1

6   5   9

7   8

4

1 в) Смотрите картинки ещё раз. Спрашивайте и отвечайте.

Сколько стоит этот чёрный костюм?

Этот костюм стоит 8500 рублей.

2 а) Дополните предложения.

м.р. Это костюмы.
<u>Этот</u> костюм дешёвый, а **тот** костюм дорогой.

ср.р. Это платья.
_____ платье чёрное, а **то** — жёлтое.

ж.р. Это юбки.
_____ юбка красная, а **та** — синяя.

мн.ч. Это ботинки.
_____ ботинки маленькие, а **те** — большие.

2 б) Дополните диалоги местоимениями этот / тот, эта / та, это / то, эти / те.

1 — Тебе нравится <u>эта</u> шапка?
— Нет, мне нравится <u>та</u>, синяя.

2 — Ты будешь покупать _____ коричневые брюки?
— Нет, мне нравятся _____, серые.

3 — Дайте, пожалуйста, пальто.
— Какое? _____, белое?
— Нет, вон _____, голубое.

4 — Это дорогой галстук?
— Да, _____ галстук дорогой,
а вон _____ — дешёвый.

3 а) Слушайте диалоги из передачи «Модный приговор». Выберите правильный ответ.

1 Она купит себе
   а красивые брюки.
   б коричневые брюки.

2 Она покажет гостям
   а красное пальто.
   б красное платье.

3 Она возьмёт
   а белую юбку.
   б белые брюки.

4 Она обязательно найдёт мужу
   а чёрные перчатки.
   б дешёвые перчатки.

3 б) Слушайте диалоги ещё раз и дополните их.

—Ты будешь покупать их?
—Да. Я <u>куплю</u> эти брюки.
—А своё новое красное платье ты им _____?
—Конечно, _____!
—Ну, что, ты _____ эту юбку?
—Ладно, я _____ её.
—И ты _____ ещё перчатки мужу?
— Да, буду. И обязательно _____ их!

Модный приговор — передача на Первом канале. Сначала люди покупают в магазине вещи и показывают их публике, а потом стилисты дарят им новую красивую одежду.

4 а) Читайте предложения/таблицу.

Грамматика Будущее время	
НСВ (факт)	**СВ (результат)**
Я **буду покупать** брюки. Ты **будешь искать** перчатки?	Я обязательно **куплю** эти брюки. Ты обязательно **найдёшь** перчатки!

4 б) Дополните таблицу.

Запоминайте трудные формы глаголов!						
Инф.	**я**	**ты**	**он (она)**	**мы**	**вы**	**они**
дать	дам	дашь	даст	дадим	дадите	дадут
найти	найду		найдёт			найдут
купить	куплю	купишь				
показать	покажу			покажем		
помочь	помогу	поможешь				помогут
взять	возьму		возьмёт			
пойти	пойду			пойдём		
поехать	поеду				поедете	

5 а) Дополните диалог глаголами НСВ и СВ в будущем времени.

— Дорогая! Мы уже три часа ходим по магазину, и ты уже полчаса смотришь на эту белую блузку. Ты будешь <u>покупать</u> её или нет? *(покупать/купить)*

— Если она тебе нравится, я её _____. *(брать/взять)*

— Хорошо, она мне нравится! Мы _____ ещё что-нибудь? *(искать/найти)*

— Да, нам нужно ещё купить подарок маме. Ты не забыл, что послезавтра у неё день рождения?

— Нет, не забыл. А ты уже решила, что мы ей _____? *(дарить/подарить)*

— Нет, не решила. Я надеюсь, ты мне _____. *(помогать/помочь)*

— Давай купим ей перчатки. Мне кажется, это очень хороший подарок.

— Нет, перчатки ей _____ папа. О, я, кажется, знаю! Мы _____ ей лыжные ботинки! *(дарить/подарить)*

— Что?! Ты хочешь подарить маме лыжные ботинки? Но ей будет 70 лет! Ты думаешь, что она ещё _____ на лыжах? *(кататься/покататься)*

— Конечно. Она у меня такая спортивная.

5 б) Слушайте и проверяйте.

5 в) Завтра у вас день рождения. Скажите, что вы будете делать?

6 а) Читайте твиты. <u>Подчеркните</u> все формы глаголов идти и пойти. Разделите хэштеги на слова.

Ваша любимая вещь

Где и когда вы её купили/получили в подарок?

Я просто шёл по улице и вдруг увидел в магазине эти джинсы. Теперь они мои!
#любимыеджинсы

Когда я пошла в школу, мама подарила мне красную шапку. Я очень её любила!
#янепокупала

Я год мечтала о белой юбке. Но эта юбка была очень дорогая. А потом мой муж пошёл и купил её. Я была так счастлива!
#люблюмужа

Два года назад я шла в университет, и тут из магазина вышла моя сестра. Она купила новые чёрные туфли. Мне они очень понравились. Через месяц на мой день рождения она подарила мне их!
#моясестралучшая

6 б) Напишите ваш ответ на вопрос о любимой вещи и дайте его преподавателю. Сыграйте в «Угадай кто?»

7 а) Слушайте диалоги. Соедините диалоги 1-4 с картинками а-г.

а

б

в

1 –
2 –
3 –
4 –

д

г

7 б) Составьте предложения.

а *Вы, помочь, я, мочь*
— Я могу Вам помочь?

б *эта, примерить, мочь, я, юбка*
_____ ?

в *Вы, примерочная, не, где, сказать*
_____
_____ ?

г *тот, сколько, шарф, стоит, жёлтый*
_____ ?

д *эти, вот, пожалуйста, туфли, дать, чёрный*
_____ ?

е *я, мочь, заплатить, карта*
_____ ?

ж *показать, то, пожалуйста, пальто, голубой*
_____ ?

7 в) Соедините эти ответы с вопросами из задания 7б).

• 1 В конце зала.

2 Да, конечно.

3 Какой размер?

4 1860 рублей.

5 Да, пожалуйста.

6 Нет, спасибо, я просто смотрю.

7 Извините, я не продавец.

8 Придумайте диалог к картинке д задания 7а). Вы покупатель, а ваш друг — продавец.

1 а) Читайте названия месяцев.

январь	май	сентябрь
февраль	июнь	октябрь
март	июль	ноябрь
апрель	август	декабрь

1 б) Пишите названия месяцев.

зима ❄	весна ☀
январь	
лето ☼	**осень** 💧

2 Дополните предложения словами из списка.

Сейчас в Петербурге зима.
Зимой здесь холодно и
_____.

Сейчас в Риге весна.
Весной здесь _____
и _____.

Сейчас в Москве лето.
Летом здесь _____
и _____.

Сейчас в Петербурге осень.
Осенью здесь _____
и _____.

жарко
тепло
холодно
прохладно
идёт снег
идёт дождь
светит солнце
тает снег

3 а) Читайте названия самых популярных праздников.

Новый год	Рождество
Международный женский день	
День Победы	Пасха
День России	Масленица

3 б) Смотрите на календарь.
Когда эти праздники празднуют в России?
А в вашей стране?

Рождество
Новый год
День России
Международный женский день
Пасха

Январь	Февраль	Март	Апрель
Май	Июнь	Июль	Август
Сентябрь	Октябрь	Ноябрь	Декабрь

Когда в России празднуют Рождество?

В январе. А у вас?

4 а) Дополните таблицу.

Когда?		
В январе	_____	В сентябре
_____	В июне	_____
В марте	_____	_____

4 б) Отметьте на календаре праздники, популярные в вашей стране. Спрашивайте других студентов о праздниках в их странах.

Что вы празднуете в феврале?

4 в) Соедините даты и праздники.

первое января — Рождество
седьмое января — День Победы
девятое мая — Новый год
восьмое марта — День Святого Валентина
четырнадцатое февраля — Международный женский день

5 а) Читайте глаголы.

готовиться/подготовиться	**+ к чему?**
	к празднику
поздравлять/поздравить	**+ кого? с чем?**
	друга с днём рождения
праздновать/отпраздновать	**+ что?**
	Новый Год

5 б) Дополните предложения словами из рамки.

а Мы всегда <u>празднуем</u> Новый год дома.

б Я хочу _____ тебя с Днём рождения!

в Извини, я не могу пойти сегодня в кино. Мне нужно _____ к экзамену.

г Моя дочь поступила в университет! Это надо _____!

6 а) Читайте, что говорят Катя и Чанг о любимом празднике. О каком празднике они рассказывают?

Катя

Если вы спросите русского человека: «Какой Ваш любимый праздник?» — вы услышите: «Конечно, Новый Год!» Я тоже люблю этот праздник. В России к нему начинают **готовиться** ещё в декабре: ходят по магазинам, покупают красивую одежду, ёлку и, конечно, подарки. Я дарю подарки всем: маме и папе, брату, сестре, бабушке и дедушке, друзьям и подругам. Обычно я встречаю Новый год дома, с семьёй. Уже утром мама начинает **готовить** праздничный ужин, а мы помогаем ей. Готовит она так много, что я иногда думаю, что мы никогда не сможем столько съесть. Салаты, закуски, мясо, рыба, пироги, торты… На столе обязательно должно быть шампанское и… мандарины. Почему мандарины? Не знаю. Может быть, потому что зимой, когда на улице холодно, идёт снег, очень приятно увидеть на столе маленькое жёлтое солнце. Праздник начинается поздно вечером и продолжается всю ночь. Везде фейерверки, салюты. Люди ходят по улице, поют, танцуют, поздравляют друг друга: «С Новым Годом!» Это очень весело! А потом мы всегда идём в гости к друзьям.

Чанг

Самый главный китайский праздник — Новый год. Правда, в Китае празднуют Новый год не в начале января, как, например, в Европе, а в конце. В этот день все едут в магазины, на рынки, покупают продукты для праздника и обязательно убирают квартиру или дом. Город очень яркий, красивый. На каждой двери красные плакаты и красные фонари. На Новый год мы покупаем даже красную одежду. Это очень старая традиция. Если в доме всё красное, год будет счастливый. Родители дарят детям подарки — красные конверты с деньгами. Обычно я встречаю Новый год дома. Родители готовят праздничный ужин. Мы едим мясо, курицу, сыр тофу и обязательно пельмени. Ужин начинается поздно вечером. Ночью все идут гулять. Люди ходят по улице, танцуют, поют. Но, конечно, самое главное — это салюты и фейерверки. Это так красиво! Праздник продолжается неделю и заканчивается в феврале. Мы ходим в гости и дарим друг другу мандарины как символ золота. Это мой самый любимый праздник!

6 б) Пишите, правильно – П или неправильно – Н.

а В России Новый год празднуют в январе. — П

б В Китае на Новый год обязательно покупают ёлку.

в В России на праздник покупают красную одежду и золото.

г В России на Новый год едят мандарины.

д В Китае на Новый год дарят друг другу красные конверты с деньгами.

е В России на Новый год друг другу дарят подарки.

6 в) Заполните таблицу. Как празднуют Новый год Катя и Чанг?
Пишите, как празднуете вы?

	в России	в Китае	в Вашей стране
1 Когда празднуют?			
2 Как готовятся к празднику?			
3 Где и с кем празднуют?			
4 Кому дарят подарки?			
5 Что дарят?			
6 Что готовят на ужин?			
7 Сколько времени продолжается праздник?			
8 Как празднуют?			
9 Особые традиции?			

7 а) Читайте предложения.

Грамматика
Безличные предложения

Они дарят подарки.	**Им дарят подарки.**

Они готовят ужин.	**Им готовят ужин.**

7 б) Составьте диалоги. Используйте вопросы из таблицы задания 6в).

Когда в вашей стране празднуют Новый год?

У нас ...

8 Читайте вопросы из задания 6в) и пишите о Вашем любимом празднике.

1 Пишите по 3 слова в каждой группе.

а **цвета:**

красный, _____, _____

б **женская одежда:**

_____, _____,

_____

в **месяцы:**

_____, _____,

_____

г **праздники:**

_____, _____,

_____

д **мужская одежда:**

_____, _____,

_____

е **времена года:**

_____, _____, _____

2 Дополните предложения словами из скобок в правильной форме.

а Мой брат подарил <u>мне</u> *(я)* велосипед.

б Я посоветовал _____ *(друг)* купить эту машину.

в Я обязательно позвоню завтра _____ *(секретарь)* и передам _____ *(она)* всю информацию.

г _____ *(ты)* обязательно нужно купить сегодня все подарки!

д Это мои сестры. _____ *(Мария)* 25 лет, _____ *(Ира)* 16.

е Я живу в Москве, а моя семья в Омске. В выходные я показывал _____ *(семья)* город.

ж Я часто помогаю _____ *(мать)* готовить и убирать квартиру.

з Я предложил _____ *(Андрей)* взять отпуск. _____ *(я)* кажется, что _____ *(он)* нельзя так много работать.

3 Дополните диалоги глаголами НСВ и СВ в будущем времени.

звонить/позвонить

— Как твоя семья?

— Не знаю, я _____ домой завтра.

— А ты помнишь, что сегодня у сестры день рождения?!

— О! Я забыл! Я сегодня обязательно ей _____!

покупать/купить

— Скоро Новый год! Посмотри, какая красивая ёлка! Давай _____ её. А на следующей неделе я буду покупать подарки.

— Кому ты _____ подарки?

— Я _____ подарки маме, папе и брату.

— Ты уже знаешь, какие подарки ты _____?

— Конечно, знаю! Маме я _____ ее любимые духи, папе я _____ новый кошелёк, а брату — компьютерную игру.

— А сестре? Я знаю, что она очень любит украшения.

— Ещё не знаю. Посмотрим, что будет в магазине.

4 Дополните текст глаголами из рамки в правильной форме. Глаголы можно использовать несколько раз.

звонить подарить рассказывать писать объяснять поехать помогать показывать предложить рассказать

Я хочу <u>рассказать</u> вам о моём лучшем друге. Мой лучший друг — это мой старший брат Кирилл. Когда я учился в школе, Кирилл всегда _____ мне делать домашнее задание. Он _____ мне математику и физику, потому что я плохо понимал эти предметы. Он часто _____ мне, что делать. Я и сейчас всегда _____ ему, когда у меня проблемы.

Сейчас Кирилл живёт и работает в Риме. Но он часто _____ нам и _____ письма. В прошлом году в июле он _____ мне поехать в Рим. Мы много гуляли, и Кирилл _____ мне город и _____ мне об истории Рима. В последний день он _____ мне красивый альбом по архитектуре Рима. Я надеюсь, что я _____ в Рим ещё раз.

5 Составьте предложения из слов.

а *Осенью, идти, Петербург, в, часто, дождь*
— Осенью в Петербурге часто идёт дождь.

б *Россия, в, праздновать, в, Рождество, январь*
_____.

в *Я, сегодня, позвонить, обязательно, мама*
_____.

г *Ты, с, нужно, поздравить, день рождения, Катя*
_____.

д *Мой друг, эта, купить, я, шапка*
_____.

е *Мои друзья, город, обязательно, мы, показать*
_____.

ж *Я, директор, написать, надо, письмо*
_____.

6 Что значат эти знаки? Дополните предложения словами **можно/нельзя.**

а   б   в

г   д   е

а Здесь <u>нельзя</u> говорить по телефону.

б Здесь _____ идти.

в Здесь _____ курить.

г Здесь _____ пользоваться интернетом.

д Здесь _____ фотографировать.

е Здесь _____ выпить кофе.

7 В России есть популярная телеигра «Что? Где? Когда?». Чтобы там выиграть, нужно много знать. Проверьте, что знаете Вы?

1 Петр **Первый** основал …
а Москву
б Пстсрбург
в Сочи

2 **Вторая** мировая война была в … веке.
а XIX
б XX
в XXI

3 Говорят, что Москва — это **третий** …
а Берлин
б Париж
в Рим

4 **Четвёртое** июля — праздник …
а во Франции
б в Мексике
в в США

5 Знаменитая **Пятая** Авеню находится …
а в Лондоне
б в Нью-Йорке
в в Сиднее

6 **Шестая** планета — это …
а Сатурн
б Марс
в Венера

7 **Седьмая** буква в русском алфавите — это …
а Д
б Ж
в Ё

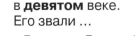

8 **Восьмое** марта в России называется
а Международный женский день
б Рождество
в День Победы

9 Этот французский король жил в **девятом** веке. Его звали …
а Людовик Девятый
б Генрих Четвёртый
в Карл Великий

1 Чита́йте сцена́рий мультфи́льма по ска́зке А. Ми́лна «Ви́нни-Пу́х».

Ви́нни-Пу́х и Де́нь Рожде́ния

Ви́нни-Пу́х: До́брое у́тро, Иа́.

Иа́: До́брое у́тро, Ви́нни-Пу́х. Е́сли оно́ до́брое.

Ви́нни-Пу́х: Как дела́?

Иа́: Не о́чень. Я ду́маю, что совсе́м пло́хо.

Ви́нни-Пу́х: Почему́? Что с тобо́й? Ой! А что случи́лось с твои́м хвосто́м?

Иа́: А что?

Ви́нни-Пу́х: Его́ нет.

Иа́: То́чно?

Ви́нни-Пу́х: Хвост и́ли есть, и́ли его́ нет.

Иа́: А что тогда́ там есть?

Ви́нни-Пу́х: Ничего́.

Иа́: Не мо́жет быть.

Иа́ смо́трит на себя́ в зе́ркало

Иа́: Эх, а сего́дня тако́й день…

Ви́нни-Пу́х: А како́й сего́дня день?

Иа́: Пя́тница и мой день рожде́ния.

Ви́нни-Пу́х: Сего́дня? Твой день рожде́ния?

Иа́: Ну да. Но го́сти не пришли́. Потому́ что никто́ не зна́ет, что у меня́ сего́дня день рожде́ния.

Ви́нни-Пу́х: Стой тут. Я сейча́с.

Пух идёт по ле́су и ви́дит на́дпись: «Здесь живёт Сова́»

Сова́! Открыва́й! Медве́дь пришёл.

Сова́: Апчхи!

Ви́нни-Пу́х: Будь здоро́ва.

Сова́: А, здра́вствуй, Ви́нни-Пу́х. Каки́е но́вости?

Ви́нни-Пу́х: Гру́стные и ужа́сные. У о́слика Иа́ укра́ли хвост.

Сова́: Ну и что?

Ви́нни-Пу́х: Он тако́й гру́стный. У него́ сего́дня день рожде́ния. Поэ́тому я подарю́ ему́ отли́чный пода́рок. Хо́чешь мне помо́чь?

Сова́: Коне́чно. Вот э́тот? Хоро́ший пода́рок.

Ви́нни-Пу́х: То́лько я хоте́л…

Сова: Подарить его Иа?

Винни-Пух: Да. Только чтобы...

Сова: Чтобы мы с тобой вместе его подарили?

Винни-Пух: Нет. Чтобы ты написала на нем «Поздравляю, Пух».

Сова: И это всё?

Винни-Пух: А что ещё?

Сова: Надо написать: «Поздравляю с днём рождения, желаю счастья».

Винни-Пух: Здорово. Так и напиши. А в конце напиши: «Пух».

Сова: А ты не умеешь писать?

Винни-Пух: Умею. Но плохо.

Сова: Нет, всё я написать не могу. Подарок очень маленький. Знаешь, Пух, скажи это сам.

Винни-Пух: Так я не могу. Это очень длинные слова.

Сова: Ну, хорошо, давай напишу.

Пух смотрит на дверь, видит звонок со шнурком

Винни-Пух: Сова, а откуда у тебя это?

Сова: Что? Ах, это. Красивый шнурок, правда? Это очень интересная история. Я шла по лесу. Смотрю — шнурок. И я взяла его домой.

Винни-Пух: Сова, нужно показать этот шнурок Иа.

Сова: Кому?

Винни-Пух: Моему другу Иа. Он очень любил его. Если ты подаришь ему на день рождения этот шнурок, он будет очень счастлив.

---

2 Подумайте, как может закончиться эта история? Если хотите это узнать, смотрите мультфильм «Винни-Пух и день забот» (1972, реж. Ф.С. Хитрук).

Теперь вы можете сказать:

— Что тебе нужно купить?
— Мне нужно купить подарок.
— Кому?
— Подруге. Как ты думаешь, что мне ей подарить?
— Мне кажется, ей можно подарить духи.

— Сколько стоит это платье?
— Две тысячи рублей.
— А это сколько стоит?
— Пять тысяч.

— Когда вы празднуете Рождество?
— В декабре.

— В музее можно фотографировать?
— Нет, нельзя.

Словарь

ботинки	ноябрь
брюки	декабрь
галстук	
джинсы	День Победы
духи	Масленица
костюм	Новый Год
котёнок	Пасха
кошелёк	Рождество
куртка	
мандарин	брать/взять
перчатки	готовиться/
платье	приготовиться к
примерочная	+ Inst
ремень	дать/давать
рубашка	заказывать/
салют	заказать
свеча	кататься/
телефон	покататься на
традиция	+ Prep
туфли	найти
утюг	подарить
чемодан	помогать/
шапка	помочь
шарф	праздновать/
юбка	отпраздновать
яхта	предлагать/
	предложить
	продавать/
январь	продать
февраль	
март	белый
апрель	голубой
май	жёлтый
июнь	зелёный
июль	коричневый
август	красный
сентябрь	синий
октябрь	чёрный

159

1 а) Читайте текст. Читайте предложения.

В выходные мы с друзьями ездили в Суздаль. Это небольшой, но очень интересный и красивый город недалеко от Москвы. Там мы видели традиционные русские дома и церкви. Погода была отличная: светило солнце, было тепло, но не жарко. Я прекрасно провёл время с друзьями в Суздале!

как? проводить/провести время/отпуск **(с кем? где?)**
Я прекрасно провёл время с друзьями в Суздале.

…провёл время…
…я провёл время…
…я прекрасно провёл время….
…я прекрасно провёл время с друзьями…
…я прекрасно провёл время с друзьями в Суздале.

В выходные я прекрасно провёл время с друзьями в Суздале.

1 б) Отвечайте на вопросы.

1 Вы любите ездить в другие города?
2 На чём вы обычно ездите?
3 В какие города вы уже ездили?
4 Как вы провели время там?
5 Куда вы поедете летом?
6 Вы любите ходить по городу?
7 Куда вы пойдёте сегодня вечером?

2 а) Соедините предложения а – е с картинками 1 – 6.

1   2  3  4  5  6

а Она **пришла** на рынок. – 3
б Он **уехал** из Москвы.
в Она **ушла** с рынка.

г Они **приехали** в Екатеринбург.
д Он **ушёл** от подруги.
е Он **пришёл** к другу.

2 б) Смотрите правило. Соедините вопросы 1 – 6 с предложениями а – е задания 2а).

прийти
приехать

уйти
уехать

Он **пришёл** в магазин. =
Он сейчас в магазине.

Он **ушёл** из магазина. =
Он сейчас не в магазине.

Он **приехал** в магазин
на машине.

Он **уехал** из магазина
на машине.

1 **К кому** он пришёл? – е
2 **Куда** она пришла?
3 **Откуда** она ушла?
4 **От кого** он ушёл?
5 **Куда** они приехали?
6 **Откуда** он уехал?

3 а) Дополните таблицу. Читайте диалоги, пишите глаголы из таблицы в правильной форме.

	прийти	уйти	приехать	уехать
Прош. вр. (Past)	Он при**шёл**	Он у**шёл**	Он приехал	Он _____
	Она при**шла**	Она _____	Она _____	Она уехала
	Они _____	Они _____	Они _____	Они _____

1 — Скажите, откуда вы <u>приехали</u>?
— Мы _____ из Лондона.

2 — Могу я поговорить с Людмилой?
— Её нет. Она вчера _____ в Рязань.

3 — Извините, Аня дома?
— Нет, она ещё не _____.

3 б) Отвечайте на вопросы.

Когда вы приехали в Россию?

Когда вы пришли вчера домой?

Когда вы ушли сегодня из дома?

Когда вы пришли сегодня на уроки?

4 — Сколько дней вы были во Владимире?
— Мы _____ в город в пятницу вечером, а _____ в воскресенье ночью.

5 — Во сколько ты _____ домой вчера?
— Я _____ домой очень поздно. В 6 часов я _____ с работы и пошла к подруге на вечеринку. Мы отлично провели время!

4 а) Дополните таблицу. Читайте диалоги, пишите глаголы из таблицы в правильной форме.

	прийти (I)	уйти (I)	приехать (I)	уехать (I)
Буд. вр. (Future)	Я приду	Я уйду	Я приеду	Я уеду
	Ты придёшь	Ты уйдёшь	Ты _____	Ты _____
	Он/Она придёт	Он/Она уйдёт	Он/Она _____	Он/Она _____
	Мы _____	Мы _____	Мы _____	Мы _____
	Вы _____	Вы _____	Вы _____	Вы _____
	Они _____	Они _____	Они _____	Они _____

1 — Извините, когда Иван будет дома?
— Он <u>придёт</u> в 6 часов.

2 — Вы будете в офисе вечером в 7 часов?
— Нет, мы _____ в 6 часов.

3 — Андрей уже в Петербурге?
— Нет, он _____ в пятницу.

4 — Во сколько ты _____ домой?
— У меня много работы сегодня, поэтому думаю, что _____ в 8 часов вечера.

5 — Могу я встретиться с Вами завтра?
— К сожалению, завтра я _____ в Киев.

6 — Вы _____ на машине?
— Моя машина сейчас на ремонте, поэтому мы _____ на электричке.

4 б) Отвечайте на вопросы.

Когда Вы уйдёте сегодня с уроков?
Когда Вы придёте сегодня домой?
Когда Вы придёте завтра на уроки?
Вы хотите уехать в другой город?

5 а) Дополните таблицу. Используйте слова из рамки.

> банк   работа   подруга   гостиница   директор фирмы
> занятие   стадион   турфирма   менеджер компании
> аэропорт   друг   встреча   аптека   улица   брат

ГДЕ?	КУДА?	ОТКУДА?
в + П.п. (Prep.)	**в + В.п.** (Acc.)	**из + Р.п.** (Gen.)
в банке	в банк	из банка
на + П.п. (Prep.)	**на + В.п.** (Acc.)	**с + Р.п.** (Gen.)
на работе	на работу	с работы
У КОГО?	К КОМУ?	ОТ КОГО?
у + Р.п (Gen.)	**к + Д.п.** (Dat.)	**от + Р.п.** (Gen.)
у подруги	к подруге	от подруги

5 б) Читайте диалог. Спрашивайте и отвечайте.
Используйте слова задания 5 а).

— Привет! Куда ты идёшь?

— Я иду в банк. А ты?

— Я иду на работу. А откуда ты идёшь?

— Я иду от подруги. А ты?

— Я иду от брата.

— Понятно. Сколько времени ты будешь на работе?

— Весь день. А ты в банке?

— Думаю, час.

6 Читайте предложения. Дополните предложения местоимениями в правильной форме.

Это я. Вчера друг пришёл **ко мне** в 9 часов. Он был <u>у меня</u> час. Он ушёл <u>от меня</u> через час.

Это ты. Я пришёл **к тебе** в 10 часов. Я был ___ _____ полчаса. Я ушёл ___ _____ в 10:30.

Это Андрей. Я пришёл **к нему** в 1:30. Я был ___ _____ 15 минут. Через 15 минут я ушёл ___ _____.

Это Даша. Мы приехали ___ _____ в 10 часов. Мы были ___ _____ весь день. Мы уехали ___ _____ вечером.

Это мы. Завтра они приедут ___ _____ в гости. Они будут ___ _____ весь день. Вечером они уедут ___ _____.

Это вы. Можно, я приду ___ _____ завтра? Я буду ___ _____ недолго. Через 5 минут я уйду ___ _____.

Это наши друзья. Мы пойдем ___ _____ в гости завтра! Мы будем ___ _____ два или три часа. Потом мы уйдём ___ _____.

7 а) Читайте рассказ Джона о поездке в Екатеринбург.
Пишите слова в скобках в правильной форме с предлогами в, на, у, к, из, с, от.

Я всегда **мечтал поехать** <u>в Россию</u> (*Россия*), потому что на Урале, _____ (*Екатеринбург*), живёт мой друг Андрей. Мы познакомились с ним по интернету.

И вот, наконец, сегодня утром я **приехал** _____ (*Екатеринбург*). _____ (*вокзал*) было очень много людей. _____ (*вокзал*) я решил сразу поехать _____ (*гостиница*). Гостиница находится _____ (*центр*), и я ехал туда почти час. _____ (*гостиница*) я немного отдохнул и **решил пойти** _____ (*Андрей, дом*). Я **ушёл** _____ (*гостиница*) в час и уже через полчаса был _____ _____ (*Андрей, дом*).

Я был ужасно рад встретиться с ним, и он, мне кажется, тоже. Мы пообедали _____ (*кафе*), и я **попросил** Андрея **пойти** со мной _____ (*центр*) и показать мне город. Сначала мы **пошли** _____ центральную площадь, потом — ___ Троицкий _____ (*собор*), а _____ (*собор*) пошли ужинать в ресторан. Мы ушли _____ (*ресторан*) поздно вечером, поэтому я **пришёл** _____ (*гостиница*) только в 11 часов. Это был замечательный день! Я прекрасно провёл время. Мы договорились, что завтра **пойдём** ___ Оперный _____ (*театр*), а послезавтра **поедем** _____, _____ (*дача, подруга Андрея*). Ещё я хочу поехать _____ (*Невьянск*), посмотреть собор и старую известную башню. Надеюсь, что там мы тоже прекрасно проведём время.

7 б) Читайте предложения.

...Джон приехал...
...Джон приехал к Андрею...
...Джон приехал к Андрею в Екатеринбург...
Сегодня Джон приехал к Андрею в Екатеринбург из Лондона.

Джон ушёл...
Джон ушёл из гостиницы....
Джон ушёл из гостиницы и через полчаса был у Андрея...
Джон ушёл из гостиницы и через полчаса был у Андрея дома.

7 в) Смотрите выделенные слова в тексте. Составьте вопросы с ними. Отвечайте.

Модель: — *Куда* всегда **мечтал поехать** Джон?
— Джон всегда мечтал поехать *в Россию*.

7 г) Расскажите, где был Джон сегодня.

Сегодня утром Джон приехал на вокзал в Екатеринбург.
С вокзала…

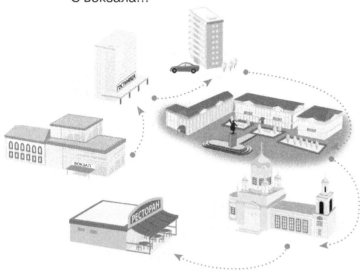

8 а) Читайте глаголы. Пишите нужную пару глаголов рядом со схемами.

идти – ехать
ходить – ездить
пойти – поехать
прийти – приехать
уйти – уехать

ходить – ездить

_____

_____

_____

_____

8 б) Смотрите картинки. Дополните предложения.

Вчера Антон ходил в школу.
Он ушёл из дома в 9:30.
Он пришёл в школу _____.

Антон ушёл _____ в 2:00.
Антон пришёл _____ в 2:10.

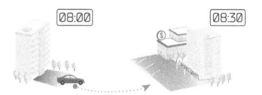

Вчера Борис ездил на работу.

_____.

_____.

Борис уехал _____.

_____.

9 а) Читайте диалоги. Подчеркните правильный глагол.

1 — Ты рад, что ты ехал/приехал в Екатеринбург?
— Конечно, рад. Ты же знаешь, что я всегда мечтал поехать/уехать в Россию.
— Мы уже ходили/пошли на набережную. Куда ты ещё хочешь пойти/прийти?
— Я очень хочу идти/пойти в Храм-на-крови. Давай придём/пойдём туда завтра?
— Завтра утром я работаю. Я могу уйти/прийти с работы только после обеда.
— Хорошо. Где и когда мы встретимся?
— Я пойду/приду к тебе в гостиницу в 3 часа.
— Договорились!

2 — Как ты провёл время вчера? Где ты был? Куда ты поехал/ездил?

— Я отлично провёл время вчера! Мы с Андреем ездили/ехали на дачу.

— Это далеко? Сколько времени вы ехали туда?

— Ну, как сказать. Для России это, наверное, не очень далеко. Мы ехали/уехали из дома в 8, а приехали/поехали на дачу в 10.

— И что вы там делали?

— Пошли/Ходили по лесу, ели шашлыки, разговаривали. Мы уехали/поехали с дачи только вечером.

3 — Так, завтра в 9 часов мы поедем/будем ездить на экскурсию в Невьянск.

— Это далеко? Сколько времени мы будем ехать/поедем туда?

— Ну, если мы приедем/поедем на машине, то будем ездить/ехать примерно 2 часа.

— Значит, мы приедем/уедем туда около одиннадцати. И долго мы будем идти/ходить по городу?

— Мы можем провести там почти весь день. Там очень красиво. Тебе понравится! Но нам нужно приехать/уехать из Невьянска в 4 часа, потому что в 7 я должен встретиться с начальником.

— Отлично! Мне тоже нужно поехать/приехать в гостиницу в 6 часов, потому что завтра я уйду/пойду на концерт.

◄)) **9 б)** Слушайте и проверяйте.

10 Спрашивайте и отвечайте.

Куда Вы ходили/ездили вчера (в выходные/ на прошлой неделе)?

Когда Вы пришли/приехали туда?

Когда Вы ушли/уехали оттуда?

Куда Вы хотите пойти/поехать завтра (в выходные/на следующей неделе)?

Вы пойдёте/поедете один или с друзьями?

Где и когда Вы можете встретиться с друзьями?

Сколько времени Вы будете идти/ехать туда?

Когда Вы придёте/приедете туда?

Когда Вы уйдёте/уедете оттуда?

11 а) **Дополните рассказ. Пишите местоимения в правильной форме и предлоги** к, у, от.

Вчера мы с Андреем ездили на дачу к его подруге Даше. Мы решили, что я приду <u>к нему</u> *(он)* в 7:30, и мы сразу уйдём из дома. Но когда я пришёл к Андрею, он ещё спал. Он сказал, что вчера вечером ездил к родителям и уехал ____ _____ *(они)* домой только в 1 ночи. В общем, я был ___ _____ *(он)* полчаса.

Наконец, мы поехали к Даше. Мы приехали ___ _____ *(она)* в 10 часов. Я первый раз был на русской даче. Я увидел прекрасный загородный дом и очень симпатичную хозяйку Дашу. Мы провели ___ _____ *(она)* весь день. Готовили шашлык, гуляли по лесу, много разговаривали. Она сказала нам, что послезавтра приедет ___ _____ *(мы)* в гости в Екатеринбург, и мы все вместе пойдём куда-нибудь пообедать. Мы уехали ____ _____ *(она)* только вечером. Когда мы ехали домой, я думал, что будет очень хорошо, если она приедет ____ _____ *(я)* в Лондон.

11 б) Отвечайте на вопросы:

1 Куда ездили Джон и Андрей?

2 Когда они договорились уйти из дома и когда они ушли из дома? Почему?

3 Что они делали на даче?

4 Что сказала им Даша?

5 О чём думал Джон, когда они ехали домой? Почему?

12 **Расскажите (или напишите) о том, как вы провели день.**
Что вы делали, куда ходили/ездили, что видели. Как вы провели время?
Куда Вы пойдете/поедете завтра, послезавтра?
Используйте слова пойти (поехать), прийти (приехать), уйти (уехать).

1 а) Пишите предлоги под картинками.

около + Р.п. (Gen.) ~~слева от +Р.п. (Gen.)~~
напротив + Р.п. (Gen.) справа от + Р.п. (Gen.)

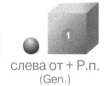

слева от + Р.п. (Gen.)

1 б) Смотрите план города. Где находятся эти объекты? Дополните предложения, используйте слова задания 1а).

а Сквер находится <u>напротив</u> драматического театра.

б Галерея находится _____ ____ большого супермаркета.

в Станция метро находится _____ ____ нового кинотеатра.

г Аптека находится _____ нашей гостиницы.

д Остановка автобуса находится _____ галереи.

е Кафе «Жили-были» находится _____ библиотеки.

ж Русский музей находится _____ ____ ресторана «Кавказ».

1 в) Читайте мини-диалог. Смотрите план города. Спрашивайте и отвечайте. Используйте слова в рамке.

Извините, скажите пожалуйста, где находится остановка автобуса?

Напротив галереи.

Спасибо!

Пожалуйста!

остановка автобуса   супермаркет   стоянка такси
кинотеатр   сквер   магазин «Сувениры»   галерея
аптека   гостиница   станция метро   вокзал
кафе «Жили-были»

2 а) Соедините пары слов. Смотрите схему и читайте фразы.

Где находится?	Куда идём?
слева (от)	сюда
справа (от)	вниз
здесь	налево (от)
там	наверх (от)
наверху (вверху)	направо (от)
напротив	туда
внизу	домой
прямо	напротив
дома	прямо

Поверните налево!

Поверните направо!

2 б) Дополните предложения словами из задания 2а).

а Это станция метро. Идите <u>прямо</u>, галерея будет <u>справа</u>.

б Это ваша гостиница. Идите _____, сквер будет _____.

в Вон кафе «Теремок». _____ можно попробовать блины. Вы уже ходили _____?

г Иди _____! Я покажу тебе мои фотографии.

д После работы я обычно иду _____. В 7 часов я уже _____.

е Выйдите из гостиницы и поверните _____. Идите _____. _____ будет вокзал.

ж Фитнес-клуб _____, третий этаж. Лифт справа от вас.

3 Продолжите диалоги.

1 — Скажите, пожалуйста, где Московский вокзал?
— _____
_____

2 — Покажите мне, пожалуйста, вон то пальто.
— _____

3 — Помогите мне, пожалуйста. Я не знаю, где метро.
— _____
_____

4 а) Смотрите план города в задании 1б). Слушайте диалог. Скажите, куда идут Майкл и Лиза?

4 б) Смотрите план города в задании 1б). Слушайте диалог ещё раз. Нарисуйте их маршрут на плане. Отметьте другие объекты, о которых говорят в диалоге. Пишите, правильно – П, неправильно – Н.

Майкл хочет пойти в Русский музей. – Н
Лиза не хочет идти в кафе.
В районе их гостиницы есть 2 ресторана.
Кафе «Теремок» находится напротив их гостиницы.
Сегодня они идут только в Русский музей.
Завтра они пойдут в ресторан.

5 Читайте предложения. Смотрите план города в задании 1б). Как вы думаете, куда идут эти люди? Дополните пропуски.

1 — Извините, скажите пожалуйста, где находится _____?
— Смотрите, вот метро. Идите прямо, Вы увидите супермаркет справа. Потом поверните направо на Садовую улицу. Идите прямо.
_____ будет справа.

2 — Скажите пожалуйста, где находится _____?
— Сейчас мы на Литейном проспекте. Идите прямо, справа вы увидите галерею. Напротив галереи есть автобусная остановка. Около остановки идите на другую сторону проспекта, а потом поверните направо. Идите прямо, слева будет сквер. Потом поверните налево и идите прямо. Слева вы увидите _____.

3 — Извините, скажите пожалуйста, где _____?
— Это недалеко. Видите эту церковь? Идите прямо, потом будет ресторан. Потом поверните направо и идите прямо. Справа вы увидите гостиницу, а потом будет _____.

6 Смотрите план города в задании 1б). Читайте модель. Спрашивайте и отвечайте.

Извините, скажите пожалуйста, где находится библиотека?

Идите прямо, справа вы увидите кафе «Жили-были». Библиотека находится напротив кафе.

7 Пишите ваш диалог: спрашивайте, где находится место, куда вы идёте, и объясните, как идти туда. Используйте план города в задании 1б).

1 Смотрите фотографии. Отвечайте на вопросы.

1 Куда ходят люди, если они хотят отдохнуть? Почему?

2 Какое ваше любимое место в городе?

3 Почему вам нравится проводить время там?

4 Как часто вы ходите туда?

5 Куда вам больше нравится ходить?

2 Читайте предложения. Смотрите таблицу. Заполните пропуски.

Это спорткомплекс «Лужники». *Сегодня* Егор **приехал** сюда, потому что у него тренировка. *Каждое воскресенье* Егор **приезжает** сюда и играет здесь в футбол.

Это Воробьёвы горы. *Сегодня* Мария **пришла** сюда, потому что она хочет погулять здесь. Мария *часто* **приходит** сюда, потому что ей нравится это место.

один раз	всегда/часто/обычно/каждый день/ в выходные/иногда
прийти (I) СВ	**приходить (II) НСВ**
Я <u>приду</u> к вам через полчаса.	Я <u>прихожу</u> сюда каждые выходные.
Ты _____ к ним в гости?	Когда ты обычно _____ на работу?
В прошлые выходные он _____ ко мне с большим букетом цветов.	Он иногда _____ в бар с друзьями.
Сегодня она _____ на работу в 9 часов.	Она _____ домой в 6.
Вы _____ на банкет завтра?	Когда вы обычно _____ домой?
Вчера мы _____ к родителям в шесть часов.	Мы _____ в университет в 8:30.
Сегодня они _____ домой поздно ночью.	Раньше они часто _____ сюда и занимались спортом.
приехать (I) СВ	**приезжать (I) НСВ**
Я <u>приеду</u> в город через полчаса.	Я <u>приезжаю</u> сюда каждые выходные.
Ты _____ к нам завтра?	Ты _____ к нам очень редко.
Вчера он _____ домой около восьми часов.	Обычно он _____ на машине.
Вчера мы _____ в Санкт-Петербург рано утром.	Каждый понедельник мы _____ в Москву рано утром.
Вы _____ к нам ещё раз?	Вы иногда _____ в родной город?
Они _____ с экскурсии сегодня вечером.	Когда мы _____ в Москву, мы часто обедаем в кафе «Муму».

3 Читайте диалоги, пишите глаголы из скобок в правильной форме в настоящем, прошедшем или будущем времени.

1 Я <u>прихожу</u> сюда каждые выходные *(прийти – приходить)*.

2 Вчера Ян _____ с работы в 8 вечера *(прийти – приходить)*.

3 На прошлой неделе к нам _____ друзья из Пскова. Мы отлично провели время вместе. Они _____ в Ригу летом ещё раз *(приехать – приезжать)*.

4 Мы редко _____ в гости без подарка *(прийти – приходить)*.

5 Вы _____ к нам в следующем году *(приехать – приезжать)*?

6 Посмотри расписание. Этот поезд _____ в Самару в 10 часов *(приехать – приезжать)*.

7 Они купили дом недалеко от Севастополя и теперь _____ _____ сюда каждое лето *(приходить – приезжать)*.

4 а) Читайте новые слова в рамке и примеры с ними. Как вы думаете, что они значат?

> влюбляться/влюбиться *в кого? во что?*
> собираться/собраться *где?*
> открывается вид *на что? откуда?*
> фотографировать/сфотографировать *кого? что?*
> фотографироваться/сфотографироваться *где? (на фоне чего?)*
> возвращаться/вернуться *откуда? куда?*
> молодожёны
> посетить *что?*

1 — Расскажите пожалуйста, как вы познакомились с Вашей женой?
— Я познакомился с ней на вечеринке у друга. Мы много разговаривали, смеялись. После вечеринки я понял, что **влюбился** в неё.

2 — Где вы любите проводить время вечером?
— Нам очень нравится бар «СССР». Каждую пятницу там **собирается** вся наша группа. Сегодня мы тоже **соберёмся** там.

3 — Отсюда **открывается** прекрасный **вид** на город. Ты хочешь **сфотографировать** его?
— Нет, я сам хочу **сфотографироваться** на фоне города.

4 — Вчера мы ездили на экскурсию в Суздаль: весь день гуляли по городу, **фотографировали** церкви и традиционные русские дома. Мы **вернулись** в Москву поздно вечером.

5 — Кто такие **молодожёны**?
— Молодожёны — это муж и жена. Недавно они встречались, а теперь это новая семья.

6 — В Санкт-Петербурге вам нужно обязательно **посетить** Эрмитаж и Русский музей.

4 б) Катя, Тони и Илга рассказывают об их любимых местах в городе. Читайте тексты. Соедините предложения с текстами.

1 Моё самое любимое место в городе — площадь у Домского собора. – Илга

2 Когда я в первый раз пришла сюда, я влюбилась в это место.

3 Мне кажется, что паб — это любимое место англичанина.

Тони

Привет! Меня зовут Тони. Я живу в Англии, в Лондоне. Все туристы знают, что нужно посетить в Лондоне: Биг-Бэн, Трафальгарскую площадь, Тауэр… и, конечно, паб. Мне кажется, что паб — это самое любимое место англичанина. Англичане приходят в паб не только чтобы выпить пива, но и чтобы посмотреть футбольный матч, поиграть в карты и в дартс или просто поговорить друг с другом. Моё любимое место — это паб «Белый крест» недалеко от Темзы. Отсюда открывается прекрасный вид на реку. Когда на улице тёплая погода, вы можете посидеть в тихом саду около паба. Год назад я пришёл в этот паб первый раз, чтобы отдохнуть после работы, и сразу влюбился в это место. Здесь очень уютная атмосфера, вкусная и недорогая еда, здесь часто собираются мои друзья. Теперь я прихожу сюда каждую пятницу, чтобы встретиться с друзьями, и каждый раз прекрасно провожу время. Приходите в этот паб — вам понравится!

Катя

Привет! Меня зовут Катя. Я живу в Москве. Все туристы знают, что сначала нужно посетить в Москве: Кремль, Красную площадь, Третьяковскую галерею. Но мне кажется, что самое лучшее место в Москве — это Воробьёвы горы. Когда я первый раз пришла сюда, я сразу влюбилась в это место.

Парк Воробьёвы горы находится на берегу Москвы-реки. Много лет назад здесь был большой лес, теперь тут находится МГУ и отличный парк. Напротив университета есть площадка, откуда открывается прекрасный вид на Москву. Каждый день сюда приходит и приезжает много людей, чтобы посмотреть панораму Москвы и купить сувениры на небольшом рынке. Молодожёны приходят сюда, чтобы сфотографироваться на фоне Москвы.

Я прихожу сюда не только чтобы спокойно погулять по парку, но и чтобы позаниматься спортом. Летом здесь можно покататься на велосипеде и на роликах, а зимой — на сноуборде.

Если вы придёте на Воробьёвы горы один раз, то обязательно вернётесь сюда ещё!

Илга

Привет! Меня зовут Илга. Мой родной город — Рига. Я его очень люблю и хочу немного рассказать о нём. Рига — древний город, поэтому туристы могут увидеть здесь дома разного архитектурного стиля. Улицы Риги расскажут вам много интересного и увлекательного. Моё самое любимое место в городе — площадь у Домского собора. Я часто прихожу сюда не только,

чтобы послушать музыку, но и чтобы ещё раз увидеть старинный орган. Домский собор знают любители музыки во всём мире. Жители города и его гости любят слушать органные концерты в этом соборе. А ещё нам очень нравится отдыхать в Юрмале. Это город-курорт, который находится недалеко от Риги, на берегу Балтийского моря. Тридцать минут — и вы там. Лес, море и свежий воздух. Это отличное место для отдыха всей семьёй.

Улица Йомас — главное место для прогулок в Юрмале. Здесь много ресторанов, магазинов, где можно купить традиционные латышские сувениры. Летом в городе идут музыкальные фестивали, интересные выставки, но основная жизнь — на пляже. Взрослые и дети проводят здесь целый день. Все, кто приезжает в Юрмалу, хотят вернуться сюда ещё.

Если приедете к нам один раз, вы будете приезжать сюда снова и снова. Я приглашаю вас в Латвию!

5 а) Читайте тексты ещё раз. Пишите, правильно – П или неправильно – Н.

Воробьёвы горы находятся на берегу Темзы. – Н

С площадки напротив университета открывается прекрасный вид на Москву.

В Риге надо обязательно посетить паб.

Паб «Белый крест» находится на берегу Темзы.

На берегу Темзы раньше был большой лес.

Из паба открывается прекрасный вид на Темзу.

Сувенирные магазины находится на берегу реки.

Концерты органной музыки всегда проходят в Домском соборе в Риге.

5 б) Назовите место, где можно:

покататься на лыжах и сноуборде

– Воробьёвы горы

купить сувениры

позаниматься спортом

встретиться с друзьями

сфотографироваться на фоне Москвы

покататься на велосипеде

поиграть в дартс или в карты

посидеть в тихом саду

купить латышские сувениры

6 а) Читайте предложения. Дополните предложения союзами потому что – чтобы.

Мы пойдем в парк,…	
почему?	**зачем?**
потому что сегодня хорошая погода.	**чтобы** <u>отдохнуть</u> там.

а Мы приходим сюда каждую неделю, _____ поиграть в боулинг.

б Нам нравится этот магазин, _____ он находится недалеко от нашего дома.

в Люди приходят на Воробьёвы горы, _____ там можно покататься на сноуборде.

г Туристы ходят в Домский собор, _____ послушать органную музыку.

д Мы часто приходим в это кафе, _____ _____ здесь собираются наши друзья.

е Сегодня мы пришли в это кафе, _____ встретиться с друзьями.

6 б) Читайте вопросы. Пишите вопросы к предложениям в задании 6а).

Почему вы пойдёте сегодня в парк?

Мы пойдём в парк, **потому что** сегодня хорошая погода.

Зачем вы пойдёте в парк?

Мы пойдём в парк, **чтобы** отдохнуть там.

1 <u>Зачем вы приходите сюда каждую неделю?</u>

2 _____
_____?

3 _____
_____?

4 _____
_____?

5 _____
_____?

6 _____
_____?

7 Отвечайте на вопросы. Смотрите тексты задания 4.

1 Зачем на Воробьёвы горы приходит много людей?

2 Зачем молодожёны приходят на Воробьёвы горы?

3 Зачем Тони пришёл в паб год назад?

4 Зачем он приходит сюда каждую пятницу?

5 Зачем туристы приходят в Юрмале на улицу Йомас?

6 Зачем жители Риги приходят в Домский собор?

8 а) Читайте предложение. Смотрите текст задания 4. Ищите ещё 2 предложения с конструкцией не только чтобы…, но и чтобы.

Катя приходит на Воробьёвы горы **не только чтобы** спокойно погулять по парку, **но и чтобы** позаниматься спортом.

8 б) Отвечайте на вопросы:

Зачем англичане приходят в паб?

Зачем Катя приходит на Воробьёвы горы?

Зачем Илга приходит в Домский собор?

9 Расскажите о вашем любимом месте в городе.

1 Где находится это место?

2 Что можно увидеть там?

3 Когда вы пришли туда в первый раз?

4 Зачем туда приходят люди?

5 Зачем вы приходите туда?

6 Как часто вы приходите туда?

7 Пригласите туда вашего друга.

10 Вы работаете в рекламном агентстве. Расскажите об интересном месте в городе (музее, ресторане, парке и т.д.) туристам. Слушайте других студентов. Решите, куда вы хотите пойти.

1 Смотрите план города в Модуле 2, задание 1б). Дополните предложения словами из скобок и предлогами напротив, около, слева от, справа от.

а Новый кинотеатр находится напротив гостиницы *(гостиница)*.

б Супермаркет находится _____ ____ _____ _____ *(кафе «Жили-были»)*.

в Сквер находится _____ ____ _____ *(библиотека)*.

г Аптека находится _____ ____ _____ *(вокзал)*.

д Магазин «Сувениры» находится _____ ____ _____ _____ *(кафе «Жили-были»)*.

е Галерея находится _____ ____ _____ *(турфирма)*.

ж Стоянка такси находится _____ _____ *(кинотеатр)*.

з Сквер находится _____ _____ _____ *(остановка автобуса)*.

2 Дополните диалоги словами из скобок в правильной форме и предлогами.

1 — Где ты был в выходные?
— Я ездил в Москву к брату *(Москва, брат)*.
— Когда ты уехал ____ _____ *(Петербург)*?
— Я уехал в пятницу вечером и приехал ___ _____ *(Москва)* в субботу утром.
— Сколько времени ты был ___ _____ *(брат)*?
— В воскресенье вечером я уехал ____ _____ *(брат)* и сегодня утром приехал ___ _____ *(Петербург)*. Я был у него 2 дня.

2 — Ты можешь приехать ____ _____ *(я)* через час?
— А что мы будем делать?
— Моя сестра пригласила нас в гости. Мы вместе поедем ___ _____ *(она)*.
— Мы долго будем ___ _____ *(она)*? Завтра утром мне нужно рано прийти на работу.
— Я думаю, мы уедем ____ _____ *(она)* около девяти. Договорились?
— Хорошо. Через час я приеду ___ _____ *(ты)*.

3 Дополните диалог глаголами НСВ или СВ в правильной форме.

— Вы первый раз приехали *(приезжать/приехать)* в Саратов?
— Нет, я _____ *(приезжать/приехать)* сюда каждый год.
— Почему сегодня вы _____ *(приходить/прийти)* сюда? Вам нравится это место?
— Да, я очень люблю этот маленький сквер. Я _____ *(приходить/прийти)* сюда каждый вечер и очень не хочу _____ *(уходить/уйти)* отсюда.
— Завтра вы тоже _____ *(приходить/прийти)* сюда?
— К сожалению, нет. Завтра утром я _____ *(уезжать/уехать)* домой.
— Но вы ещё _____ *(приезжать/приехать)* сюда?
— Да, конечно, в следующем году я обязательно _____ *(приезжать/приехать)* в Саратов ещё раз!

4 Дополните диалог словами из рамки.

> взять ~~доехать~~ поехать напротив выйти

— Извините, скажите пожалуйста, как доехать до вокзала?
— О, это далеко! Когда отправляется Ваш поезд?
— Через полтора часа.
— Вы можете _____ такси или _____ на метро. На метро примерно сорок минут.
— А на какой станции мне нужно _____?
— На станции «Площадь Восстания». Там есть выход на вокзал.
— А где находятся кассы?
— _____ выхода из метро.
— Спасибо!

5 а) Журналист Сергей Петров берёт интервью у посетителей торгового центра. Слушайте диалоги. Заполните таблицу.

	Татьяна	Дмитрий	Ольга
пришёл (пришла) первый раз	нет		
как часто приходит			
что нравится здесь			

5 **б)** **Расскажите об этих людях по таблице задания 5а).**

Татьяна пришла сюда, чтобы…

Она приходит сюда потому что…

Ей нравится этот торговый центр, потому что…

*6 **Дополните письмо правильными формами глаголов.**

Привет, Мэри!

Вчера утром мы <u>приехали</u> в Петербург. С вокзала мы сразу _____ в гостиницу на такси. После обеда мы _____ гулять по городу.

Погода была плохая, шёл дождь (здесь часто идут дожди), поэтому мы решили _____ в Эрмитаж. Мы _____ туда в 3 часа и около трёх часов _____ по музею. Но 3 часа — совсем немного, потому что Эрмитаж очень большой! Наш экскурсовод сказала, что если смотреть каждую картину 1 минуту, то будешь _____ по музею 5 лет! Я влюбилась в этот музеи и хочу _____ в Эрмитаж ещё раз! Мы _____ оттуда в 6 часов. Майкл очень устал, поэтому мы сразу _____ домой отдыхать.

Завтра утром хотим _____ в Петергоф, чтобы посмотреть фонтаны. Мы _____ туда на электричке или на маршрутке. Я видела фотографии этого места, думаю, там очень красиво! Наверно, мы проведём там весь день и _____ домой только вечером. Завтра вечером напишу!

Пока, Лиза!

*7 **а)** **Вы знаете, что такое сказка? Одна из русских сказок называется «Колобок». Читайте слова в рамке, смотрите их в словаре. Смотрите картинку. Скажите, где на картинке Колобок, Дедушка, Бабушка, Заяц, Волк, Медведь и Лиса. Пишите глагол уйти в правильной форме.**

> заяц волк лиса мука
> горячий катиться
> покатиться печка нос язык

Жили-были Бабушка и Дедушка. Жили они хорошо. В один день говорит Дедушка Бабушке: «Давно мы не ели колобок. Посмотри, Бабушка, есть дома мука или нет?». Бабушка посмотрела, взяла муку и приготовила колобок. Лежит он на столе, горячий. Лежал-лежал, а потом покатился на улицу.

Катится Колобок, катится. Встречает Зайца. Заяц ему говорит: «Колобок-Колобок, я тебя съем!». А Колобок отвечает: «Не ешь меня, Заяц, я тебе песню спою:

Я Колобок-Колобок,
Из печки вышел,
На окне лежал,
На солнце отдыхал,
Я от Дедушки <u>ушёл</u>,
Я от Бабушки _____,
И от тебя, Заяц, _____!»

И покатился Колобок дальше. Встречает серого Волка. Волк и говорит ему: «Колобок-Колобок, я тебя съем!». А Колобок отвечает Волку: «Не ешь меня, Волк, я тебе песню спою:

Я Колобок-Колобок,
Из печки вышел,
На окне лежал,
На солнце отдыхал,
Я от Дедушки _____,
Я от Бабушки _____,
Я от Зайца _____,
И от тебя, Волк, _____!».

И покатился Колобок дальше. Встречает Медведя. Медведь тоже хотел съесть Колобка, но

Колобок спел ему песню: «…Я от Дедушки _____, я от Бабушки _____, я от Зайца _____, я от Волка _____ и от тебя, Медведь, тоже _____!». И покатился он от Медведя.

И вот встретил Колобок Лису. Лиса ему и говорит: «Здравствуй, Колобок! Слышала я, что ты песни петь умеешь?». «Умею, — отвечает Колобок:

Я Колобок-Колобок,
Из печки вышел,
На окне лежал,
На солнце отдыхал,
Я от Дедушки _____,
Я от Бабушки _____,
Я от Зайца _____,
Я от Волка _____,
От Медведя _____.
И от тебя, Лиса, _____!»

Тут Лиса отвечает: «Хорошая у тебя песня, Колобок, только я плохо слышу. Сядь ко мне на нос и спой ещё раз!» Колобок сел к Лисе на нос и спел песню ещё раз.

Лиса говорит: «Хорошая песня. Сядь ко мне на язык и спой последний раз». Колобок сел к Лисе на язык, а она его — ам! и съела.

7 **б)** **В вашей стране есть известные сказки? Расскажите одну из них. Назовите главных героев вашей сказки.**

1 Читайте новые слова и предложения с ними. Смотрите в словаре значения новых слов.

следующий	Следующая остановка — Невский проспект.
выходить/выйти *откуда?*	Извините, Вы выходите на следующей остановке?
отправляться/отправиться *куда? когда?*	Поезд «Москва-Санкт Петербург» отправится в 20 часов 45 минут.
заказывать/заказать *что?*	Здравствуйте! Я хочу заказать столик на это воскресенье.
туда и обратно	Будьте добры, два билета до Петергофа. Туда и обратно.

2 Слушайте диалоги.
Соедините диалоги 1-4 с картинками а–г.

а – 1

б

в

г

Словарь

галере́я	сле́дующий
молодожёны	
орга́н	нале́во
орга́нная му́зыка	напра́во
остано́вка (авто́буса)	туда́ и обра́тно
ро́лики	
сквер	
собо́р	
стоя́нка такси́	
шашлы́к	

взять такси́
выходи́ть – вы́йти
зака́зывать – заказа́ть
открыва́ется вид
отправля́ться – отпра́виться
посети́ть
приезжа́ть – прие́хать
приходи́ть – прийти́
провести́ вре́мя
собира́ться – собра́ться
уйти́ (уходи́ть)
уе́хать (уезжа́ть)
фотографи́ровать – сфотографи́ровать
фотографи́роваться – сфотографи́роваться

◄)) 3 Слушайте диалоги ещё раз. <u>Подчеркните</u> правильный вариант.

1

— Извините, Вы <u>выходите</u>/уходите
на следующей остановке?
— А какая следующая остановка?
— Достоевская/Дмитровская.
— Нет, не выхожу/ухожу.
— Разрешите мне уйти/выйти,
пожалуйста.
— Пожалуйста!

2

— Простите, Вы не скажете, когда
отправляется следующая электричка
на Пушкин?
— В 9:45/10:45. Через десять минут.
— Хорошо! Будьте добры, 2 билета
до Пушкина. Только туда/Туда и
обратно.
— 96/97 рублей.
— Вот, пожалуйста! А какая
платформа?
— Платформа номер 2/12, правая/
левая сторона.
— Спасибо!

3

— Здравствуйте! Мы хотим заказать экскурсию в
Новгород. Когда будет следующая экскурсия?
— В среду/В субботу. Автобус отправляется
от вокзала в 7/8 часов утра. Мы будем ехать
туда примерно 3/4 часа. Около одиннадцати/
двенадцати будем в Новгороде. С двенадцати
до пяти/шести часов мы будем в городе и потом
поедем обратно.
— А когда мы вернёмся домой?
— Вечером. Около девяти/десяти часов.
— Отлично! Тогда мы едем!

4

— Извините, помогите мне, пожалуйста.
Мне кажется, я заблудилась. Где находится
Московский вокзал?
— У Вас есть карта/схема города?
— Да, конечно. Вот она.
— Так. Сейчас мы здесь, а вокзал вот здесь.
— Боже мой, это ещё так далеко! Я опаздываю!
Мой поезд отправляется через полтора часа/
полчаса!
— Я думаю, Вам нужно взять такси, и через 10/50
минут вы будете на вокзале.
— Большое спасибо!

Теперь вы можете сказать:

Я приехал на дачу к другу на машине.

Я ушёл от подруги поздно вечером.

Мы пойдём в парк, потому что сегодня хорошая
погода.

Мы пойдём в парк, чтобы отдохнуть там.

— Извините, скажите, пожалуйста, где находится
остановка автобуса?
— Идите прямо, около кафе поверните направо.

— Извините, вы выходите на следующей
остановке?

4 Читайте ситуации, составьте диалоги.

Ситуация 1. Вы в метро, выходите на следующей
остановке. Около дверей стоит
мужчина.

Ситуация 2. Вы едете в Петергоф. Узнайте время
отправления электрички и номер
платформы.

Ситуация 3. Закажите экскурсию в Суздаль.
Узнайте время отправления,
возвращения и программу экскурсии.

Ситуация 4. Вы на улице, не знаете, где вокзал.
Ваш поезд отправляется через час.
Попросите незнакомого человека
помочь вам.

🔊 **1 а)** Слушайте начало романа Б. Акунина «Смерть Ахиллеса». Отвечайте на вопросы.

а Кто шёл рядом с молодым человеком?
б Куда поехали друзья?

Это интересно!

извозчик — «таксист» в XIX веке
губернатор — мэр

🔊 **1 б)** Слушайте диалог ещё раз. Вставьте окончания.

Высок___, стройн___ и красив___ молод___ человек шёл по вокзалу. Рядом с ним шёл маленьк___ японец. Молод___ человек посмотрел вокруг. Недалеко громко говорили три извозчика:

— К нам, в «Метрополь»! Как в Европе! Удобн___ номера! — сказал перв___ мужчина.

— В «Метрополе» я был семь лет назад. Хорош___ гостиница, — сказал молод___ человек.

— Зачем вам это шумн___ место? — спросил второй. — У нас в «Дрездене» тихо и окна на Тверскую улицу, на дом губернатора.

— Правда? — спросил молод___ человек.
— Это замечательно, потому что я буду работать с губернатором.

— А у нас в «Дюссо» жили известн___ писатели — и Достоевский, и граф Толстой! — сказал последн___ мужчина.

— Сам граф Толстой? — спросил его молод___ человек.

— Конечно!

— Тогда едем в Дюссо, — решил молод___ человек. — Возьмите наши вещи.

— Хорошо, — и извозчик быстро взял два чемодана.

🔊 **1 в)** Читайте рекламу гостиниц. Пишите, правильно – П или неправильно – Н.

ГОСТИНИЦА «МЕТРОПОЛЬ»

Москва, Театральная площадь.

Большая гостиница в центре города, рядом с Кремлём. Удобные номера.

ГОСТИНИЦА «ДРЕЗДЕН»

Москва, Тверская улица, 28.

Тихая гостиница на главной улице Москвы. Прекрасный вид и недорогие номера. У нас всегда как дома!

ГОСТИНИЦА «ДЮССО»

Москва, Неглинная ул., д.3.

Хорошая гостиница с рестораном на первом этаже. Известные гости и дешёвые номера!

а Гостиница «Дрезден» находится на площади. – Н
б В гостинице «Метрополь» удобные номера.
в Ресторан в гостинице «Дюссо» находится на втором этаже.
г В «Дрездене» номера дорогие.
д В «Дюссо» есть дешёвые номера.

1 г) Какая гостиница нравится вам? Почему?

🔊 **2 а)** Слушайте, повторяйте, читайте прилагательные.

худой	бедный	активный
спокойный	толстый	умный
высокий	добрый	несчастный
честный	весёлый	серьёзный
злой	маленький	нервный
богатый	глупый	ленивый
грустный	стройный	
счастливый	нечестный	

2 б) Найдите антонимы.

худой — толстый
стройный — толстый

3 Слушайте ещё один отрывок из романа.
Читайте информацию о Фандорине и выберите правильный вариант.

Фандорин

1 Он <u>высокий</u>/маленький.

2 Он молодой/старый человек.

3 Фандорин толстый / стройный и красивый/некрасивый.

4 «Метрополь» — хорошая/плохая гостиница.

Маса

1 Это был высокий/маленький японец.

2 Он думает, что в России женщины толстые/худые.

3 Фандорин решил не слушать нервного/спокойного друга.

4 Маса считает, что только глупый/умный человек будет думать о женщине.

4 а) Смотрите таблицу.

Грамматика
Творительный падеж существительных (Instrumental)

	Кто это?	**С кем? С чем?**	
она	Это Кат**я**. Это сестр**а**.	с Кат**ей** с сестр**ой**	**-я → -ей** **-а → -ой**
он	Это пап**а**. Это дру**г**. Это преподавател**ь**. Это музе**й**. Это му**ж**.	с пап**ой** с друг**ом** с преподавател**ем** с музе**ем** с муж**ем**	**∅ → -ом** **-ь, -й** **-ж -ш → -ем** **-о → -ом** **-е → -ем**
оно	Это молок**о**. Это мор**е**.	с молок**ом** с мор**ем**	

Обратите внимание!

дочь → с дочерью
мать → с матерью
отец → с отцом

4 б) Дополните предложения словами из скобок в правильной форме.

1 Японец шёл с большим <u>чемоданом</u> (чемодан).

2 Один мужчина спорил с другим _____ (мужчина).

3 Ему говорили о гостинице с хорошим _____ (вид).

4 Маса возьмёт на обед пирожок с _____ (мясо).

5 Фандорин не хотел разговаривать с _____ (друг).

4 в) Кто с кем познакомился? Составьте предложения.

Фандорин — Маса
Фандорин познакомился с Масой.

Ванда — Михаил

Пётр — Павел

Прохор — Алексей

Михаил — Ванда

Фандорин — губернатор

актёр — актриса

мама — папа

жена — муж

бабушка — дедушка

5 а) Читайте рассказ Фандорина о Масе.

У меня есть друг. Его зовут Масахиро Сибата, или Маса. Я познакомился **с ним** 4 года назад в Японии. Сейчас ему 22 года. Маса — маленький, симпатичный и умный молодой человек. У него хороший, спокойный характер. Он работает вместе **со мной**. Я люблю разговаривать с ним о его семье, о жизни до встречи со мной. Мы много путешествуем, и **с нами** часто случаются неприятности. Вчера, например, у нас на вокзале украли вещи. А **с вами** такое случалось?

5 б) Дополните таблицу местоимениями из задания 5а).

Грамматика	
Творительный падеж (Inst.)	
Кто это:	С кем?
Это я.	
Это ты.	с тобой
Это он.	
Это она.	с ней
Это мы.	
Это вы.	
Это они.	с ними

5 в) Пишите местоимения в правильной форме.

а Рядом с Вандой шёл молодой генерал. – Он шёл рядом с ней.

б Я всегда гуляю с друзьями. – Я всегда гуляю _____.

в Фандорин, Вы так много знаете! _____ очень интересно разговаривать.

г Ты меня не слушаешь! А я _____ говорю!

д Я всегда прав! _____ никто не спорит!

е Мы с мамой ехали в поезде. _____ была наша собака.

ж Фандорин шёл по вокзалу. Рядом _____ шёл маленький японец.

6 а) Читайте текст о Масе. Пишите названия профессий в правильной форме.

До встречи с Фандориным Маса был студентом. Его отец хотел, чтобы он был _____ (врач) или _____ (юрист). Но сам Маса хотел быть только _____ (художник) или _____ (актёр). Тогда он ушёл из дома и начал работать в клубе сначала _____ (официант), а потом _____ (музыкант) и _____ (певец). Так он встретил Фандорина.

6 б) Дополните рассказ Масы о Фандорине.

а Я хочу рассказать вам о друге, об Эрасте Петровиче Фандорине (друг, Эраст Петрович Фандорин).

б Мы познакомились с _____ (он) в _____ (Йокогама).

в Я был _____ (ученик) в _____ (банда) и работал в _____ (клуб).

г Он часто ходил в этот _____ (клуб) и _____ (играть) в карты.

д У _____ (мы) было много общего: мы оба любили _____ _____ (японская литература), _____ (музыка) и _____ (песни).

е Сейчас он учит меня говорить _____ (русский) и через _____ _____ (2, неделя) мы _____ (поехать) в _____ (Россия).

6 в) Отвечайте на вопросы.

а Когда и где познакомились Маса и Фандорин?
б Где Маса работал?
в Что они любят?

КЕМ?
работать официантом
быть писателем

7 Спросите, у кого в вашей группе есть лучший друг или подруга? Что они делают вместе?

Когда вы познакомились?

Где вы познакомились?

Вы часто вместе ходите в кино/в театр/...?

1 а) Читайте текст.

Они ехали, а молодой человек смотрел на соборы и церкви, сады и парки, площади и мосты. Он не видел их шесть лет. Наконец он сказал другу по-японски:

— Маса, как я люблю Москву! Как я давно не был здесь!

Но его друг думал только о чае, поэтому он ответил:

— В гостинице мы сразу будем пить чай. Вы — дорогой, а я выпью дешёвый. Да и женщины тут хорошие. Высокие, толстые…

— Не буду тебя слушать, Маса! И разговаривать с тобой не буду! — сказал Эраст Петрович Фандорин и снова посмотрел в окно. А спокойный японец всё смотрел на друга:

— Всё не можете забыть о женщине из Йокогамы? Только глупый человек будет думать о ней. Не понимаю. — Он начал говорить что-то ещё, но Фандорин его уже не слушал. Он спал.

1 б) Пишите вопросы к тексту из задания 1а).

1 Куда _____
_____?

2 На что _____
_____?

3 Что _____
_____?

4 Какие _____
_____?

5 Кто _____
_____?

6 О чём _____
_____?

2 а) Слушайте ещё один отрывок. Что Фандорин увидел в гостинице?

2 б) Заполните анкету, пользуясь информацией из текста.

Губернатор посмотрел резюме и визитку молодого человека. Фамилию он помнил, а вот имя и отчество забыл. Уже два раза он внимательно прочитал резюме и узнал, что Эраст Петрович — человек молодой, неленивый, честный, талантливый и интересный: 26 лет, русский, из Москвы, учился в гимназии, знает четыре иностранных языка (английский, французский, турецкий и японский). Работал в полиции и в русском посольстве в Японии. Два года жил в Санкт-Петербурге, был в Турции, в Китае, потом поехал в Японию, а теперь вернулся в Россию. Он брал отпуск только один раз, любит кататься на велосипеде, делать гимнастику и ненавидит опаздывать.

Имя: _____

Возраст: _____

Национальность: _____

Образование: _____

Опыт работы: _____
_____

Языки: _____
_____

Хобби: _____

Характер: _____

2 в) Дополните текст прилагательными-антонимами.

— Здравствуйте, дорогой. А мы вас тут уже ждём! Так встретил Фандорина губернатор Москвы Владимир Андреевич Долгорукий. Это был немолодой (молодой) человек, не _____ (худой), но и не стройный. Враги говорили, что он _____ (молодой), _____ (интересный) и смешной. Друзья отвечали, что он просто _____ (весёлый), _____ (злой) и очень _____ (ленивый).

— Знакомьтесь, Эраст Петрович. Этот _____ (нервный), _____ (маленький) человек — Ваш коллега, московский полицейский Караченцев Евгений Осипович. А это Петр Павлович Хуртинский, мой секретарь.

_____ (стройный) господин лет сорока посмотрел на Фандорина и сказал: «А я Вас хорошо помню, Эраст Петрович. Видел Вас восемь лет назад, Вы тогда были такой _____ (грустный) и _____ (несчастный)».

3 Дополните предложения глаголами из таблицы в правильной форме.

НСВ	СВ	Вопросы
знакомиться	познакомиться	с кем? где?
встречаться	встретиться	с кем? где?
спорить	поспорить	с кем? о чём?
советоваться	посоветоваться	с кем? о чём?

а — Фандорин часто советуется с другом.

б — Я очень хочу _____ с Эрастом. Говорят, он такой умный!

в — Я давно не _____ с другом. Вчера я _____ с ним в Москве.

г — Вы часто _____ с генералом о политике? О чём вы _____ сегодня?

◀)) 4 Слушайте ещё один фрагмент истории. Пишите, правильно – П или неправильно – Н.

а Губернатор посоветовал Фандорину отдохнуть и послушать оперу. – П

б Слуги генерала Соболева не готовили завтрак.

в Генерал встал очень рано.

г Вся Европа знает генерала Соболева.

д Соболев — друг Фандорина.

е Они познакомились два года назад.

ж Фандорин не должен ничего рассказывать губернатору.

5 Дополните предложения.

а Если у Фандорина сложное дело, то он советуется с Масой.

б Если будет интересное дело, то губернатор _____ _____.

в Если журналисты узнают о смерти генерала Соболева, будет _____.

г Если Фандорин что-то узнает, он _____ _____.

6 а) Читайте диалог Фандорина (Ф) с администратором (А) гостиницы.

Ф — Здравствуйте. У вас есть свободные номера?

А — Да, есть. Какой номер вам нужен?

Ф — Мне нужен номер на двоих, с душем и с телефоном. Сколько он будет стоить?

А — С завтраком?

Ф — Нет, без завтрака.

А — За номер в день – 5 рублей. Сколько дней вы будете в Москве?

Ф — Шесть дней.

А — Пожалуйста, дайте ваш паспорт и заполните анкету.

Ф — Спасибо. А какой у меня номер?

А — Ваш номер 357, на третьем этаже, с видом на тихую улицу.

Ф — Хорошо, спасибо.

А — Вот ваш ключ.

6 б) Составьте диалог между Масой и администратором. Используйте информацию ниже.

Маса:
— номер на одного
— 4 дня

Администратор:
— 3 рубля
— номер 241, вид на парк

6 в) Теперь вы хотите снять номер в гостинице. Составьте диалог.

1 а) **Читайте текст. Найдите в тексте все глаголы и подчеркните их. Определите, какие глаголы СВ, а какие – НСВ.**

У гостиницы «Дюссо» уже ходили журналисты, полицейские и обычные москвичи. Фандорин пошёл в номер генерала на втором этаже. Эраст Петрович увидел зеркало, а на столе лежало уже холодное тело. Рядом с ним стояли два человека: врач и секретарь генерала, Гукмасов.

— Здравствуйте, Гукмасов. Расскажите нам, что генерал делал вчера, — попросил Фандорин секретаря.

1 б) **Слушайте диалог. Пишите вопросы детектива Фандорина.**

Со слов Гукмасова, 6 июня 1882 г.

Гукмасов: Что тут рассказывать? Приехали в гостиницу в шесть часов. Михаил Дмитриевич часа два отдыхал, а я ходил на почту. В девять ужинали здесь, в ресторане. Потом он поехал в английский клуб. А в полночь он решил покататься по Москве. Потом сказал, что ещё должен написать письмо и пошёл в гостиницу пешком.

Фандорин: _____?

Гукмасов: Нет, не пошёл. Он любил гулять один.

Фандорин: _____?

Гукмасов: Я поехал к другу. Посидели с ним, поговорили, выпили. Потом я поехал в гостиницу и сразу лёг спать.

Фандорин: _____?

Гукмасов: Официанты в ресторане видели, а кто ещё — не знаю.

Фандорин: А мне в ресторане сказали, что вчера для генерала пела дама и даже сидела полчаса с вами за столом. Известная в Москве певица и зовут её Ванда.
_____?

Гукмасов: Да, была тут эта девушка. Говорят, немка из Берлина. Ушла сразу после ужина, потом мы её не видели.

Фандорин: А вот официанты говорят, что генерал весь вечер с ней смеялся, купил кольцо с бриллиантом, потом долго спорил с ней и потом ушёл. _____?
_____? _____
?

Гукмасов: Нет, откуда?

2 **Расставьте события в правильном порядке.**

1 Генерал Соболев и его секретарь Гукмасов приехали в Москву.

Гукмасов поехал в гостиницу и лёг спать.

Соболев и Гукмасов ужинали в ресторане гостиницы.

Соболев пошёл до гостиницы пешком.

Соболев два часа отдыхал, а Гукмасов ходил на почту.

Соболев решил покататься по ночной Москве.

Гукмасов поехал к другу.

Соболев поехал в английский клуб.

3 Дополните таблицу.

Грамматика
Императив (Повелительное наклонение) (Imperative)

	я	Имп. «ты»	Имп. «вы»
I (-А-, -Я-)		**+Й**	**+ЙТЕ**
чит**а**ть	читаю	читай	читайте
работ**а**ть	работаю		
гул**я**ть	гуляю		
II (-Е-, -И-)		**+И**	**+ИТЕ**
смотр**е**ть	смотрю	смотри	смотрите
говор**и**ть	говорю		
Запомните!			
купить	куплю		
идти	иду	иди	идите
сказать	скажу		
писать	пишу		

4 Дополните предложения глаголами из скобок в правильной форме.

а <u>Дайте</u> *(Вы, дать)* нам, пожалуйста, два билета.

б _____ *(Вы, написать)* ему сегодня вечером.

в _____ *(ты, идти)* к нам, здесь ещё есть место!

г Не _____ *(Вы, гулять)* так поздно, это опасно.

д _____ *(ты, посмотреть)* на это здание! Оно такое красивое!

е _____ *(Вы, отдыхать)* в Сочи! Там есть и горы, и море!

ж Дорогой, _____ *(ты, купить)* мне это кольцо!

◀)) 5 Слушайте последний фрагмент истории. Чего нет на картинке?

Номер Соболева

1 Найдите лишнее слово.

высокий стройный толстый ~~умный~~

весёлый злой честный добрый

серьёзный грустный богатый нечестный

маленький глупый ленивый активный

говорить разговаривать спорить знакомиться

встречаться познакомиться умываться бояться

2 Дополните текст глаголами из рамки в правильной форме.

Настоящее имя русского писателя Бориса Акунина — Григорий Шалвович Чхартишвили. Он жил в Москве, учился в МГУ. С первой женой он _____ в университете. Она была японкой и _____ книгу о русской культуре. Но через несколько лет они расстались. Потом он _____ со своей любимой женой Эрикой. Сегодня они вместе _____ ____ в Лондоне.

Борис Акунин _____ уже 15 книг о Фандорине. Также есть три фильма об Эрасте Фандорине. В фильме «Турецкий Гамбит» главную роль _____ актёр Егор Бероев, в четвёртом фильме роль Фандорина будет _____ Данила Козловский. Говорили, что известного режиссёра Фёдора Бондарчука _____ в Голливуд, и он снимет новый фильм по роману Акунина.

До сих пор не понятно, _____ автор в последней книге Фандорина или нет. Сейчас Борис Акунин _____ новую книгу об истории России.

3 Дополните рассказ Ванды словами из скобок в правильной форме.

Утром я поссорилась с братом (брат), потому что он ночью съел все продукты. Я должна была завтракать в кафе. В кафе недалеко от _____ (дом) я встретилась _____ (подруга). Мы не встречались _____ (она) уже 4 _____ (год). Когда мы учились в школе, мы _____ (Катя) всегда были вместе: вместе гуляли, ходили в кино, делали уроки. Сейчас Катя учится _____ (университет). У нас было мало _____ (время), и Катя пригласила _____ (я) вечером в гости. _____ (час) я была уже у Кати дома. Там были все её друзья. Её друзья очень весёлые и интересные люди. И там я познакомилась _____ (Сергей). Он учится вместе _____ (Катя). После _____ (вечеринка) мы _____ (Сергей) долго гуляли. Мы разговаривали _____ (он) о кино, _____ (музыка), о книгах. Он очень умный и добрый человек. Мы расстались _____ (Серёжа) только поздно ночью. Дома я помирилась _____ (брат). Теперь он может есть ночью всё, что хочет.

> жить
> знакомиться/познакомиться
> играть/сыграть
> приглашать/пригласить
> писать/написать
> убивать/убить
> встречаться/встретиться

4 Составьте предложения из слов. Дополните их предлогами.

а Я /знакомиться /вчера /Анна.
Она/ умный /девушка /и /весёлый.

Я вчера познакомился с Анной.
Она умная и весёлая девушка.

б мой / брат / часто / спорит / я.
Он /характер /ужасный.

_____
_____

в Что / вы / поспорить / генерал?

_____
_____

г Он / пригласить / девушка / ресторан.

_____
_____

д Вчера/ я / встречаться / улица /друг.
Я /не / видеть /он / два / год.

_____
_____

е Если/ я/ вопросы/ я/ всегда /
спрашивать / Маса.

_____
_____

ж Когда /я /встречаться /Алексей/я /
всегда /спорить/ он / политика.

_____
_____

з Кто /ты/ обычно /ходить/ кино?

_____
_____

5 Слушайте песню из х/ф «Ирония судьбы, или С лёгким паром!». Закончите фразы.

1 Если у вас нету дома, …

а … её не отравит сосед.
б … то вам и не умирать.
в … пожары ему не страшны.

2 …, если у вас нет жены.

а И если вы не живёте, …
б И с другом не будет драки, …
в И жена не уйдёт к другому, …

3 Если у вас нет собаки, …

а … то вам её не потерять.
б … пожары ему не страшны.
в … её не отравит сосед.

4 …, если у вас друга нет.

а И с другом не будет драки, …
б И жена не уйдёт к другому, …
в И если вы не живёте, …

5 Если у вас нету тёти, …

а … её не отравит сосед.
б … то вам её не потерять.
в … то вам и не умирать.

6 И если вы не живёте, …

а … то вам и не умирать.
б … то вам её не потерять.
в … пожары ему не страшны.

(С. Никитин)

*6 Дополните «вредный совет», пишите глаголы в правильной форме.

Если ты _____ *(идти)* к подруге,
Не здоровайся ни с кем.
Слов «пожалуйста», «спасибо»
Никому не _____ *(говорить)*.
Тихо стой и на вопросы
Ни за что не _____ *(отвечать)*.
И тогда никто не _____ *(сказать)*
Про тебя, что ты болтун.

(по Г.Остеру)

Игра

«Фандорин, Эраст Фандорин»

Персонажи

Эраст Петрович Фандорин
Маса (Масахиро Сибата)
Владимир Андреевич Долгорукий
Евгений Осипович Караченцев
Прохор Андреевич Гукмасов
Ванда Толле
Алексей Иванович Дадашев
Петр Павлович Хуртинский

Эраст Петрович Фандорин

Ваша карточка — это роль в игре.
На ней есть информация: как Вас зовут и кто Вы.
Никому не показывайте Вашу карточку и не говорите, кто Вы!

Теперь вы можете сказать:

— С кем вы сегодня говорили?
— С другом Кириллом и сестрой Дашей.
— А с преподавателем?
— С ним я не говорил.

— Это ваша жена/ваш муж? Когда вы с ней/с ним познакомились?
— Мы познакомились 5 лет назад.
— Где вы познакомились.
— На отдыхе.
— Вы часто вместе ходите в гости?
— Да, я люблю ходить с ней/с ним в гости.

— Знакомьтесь, это мой друг Андрей.
— Очень приятно. Познакомьтесь, это моя жена Алина.
— Рад с вами познакомиться.

— У вас есть свободный номер?
— Да, конечно. Какой номер вам нужен?
— На двоих, недорогой и уютный.

— Если до гостиницы далеко идти пешком, возьми такси.

Словарь

неприятность
номер
кольцо с бриллиантом

Прилагательные

активный
бедный
богатый
весёлый
высокий
глупый
грустный
добрый
злой
ленивый
маленький
нервный
несчастный
нечестный
серьёзный
спокойный
стройный
счастливый
толстый
умный
худой
честный

Глаголы

бояться
встретиться
встречаться
заплатить
знакомиться
платить
познакомиться
поспорить
спорить
убить
украсть
умереть

наконец
опасно

Спряжение глаголов

ГРУППА I - АТЬ/- ЯТЬ		ГРУППА II - ИТЬ/- ЕТЬ	
читать	**гулять**	**учить**	**смотреть**
я чита**ю**	я гуля**ю**	я уч**у**	я смотр**ю**
ты чита**ешь**	ты гуля**ешь**	ты уч**ишь**	ты смотр**ишь**
он/она чита**ет**	он/она гуля**ет**	он/она уч**ит**	он/она смотр**ит**
мы чита**ем**	мы гуля**ем**	мы уч**им**	мы смотр**им**
вы чита**ете**	вы гуля**ете**	вы уч**ите**	вы смотр**ите**
они чита**ют**	они гуля**ют**	они уч**ат**	они смотр**ят**

Спряжение глаголов с частицей СЯ

	заниматься	**учиться**
Настоящее время	я занима**юсь**	я уч**усь**
	ты занима**ешь**ся	ты уч**ишь**ся
	он занима**ет**ся	он/она уч**ит**ся
	мы занима**ем**ся	мы уч**им**ся
	вы занима**ете**сь	вы уч**ите**сь
	они занима**ют**ся	они уч**ат**ся
Прошедшее время	он занима**лся**	он учи**лся**
	она занима**лась**	она учи**лась**
	они занима**лись**	они учи**лись**

Повелительное наклонение

читать

я чита-ю
ты чита + й **читай!**
Вы читай + те **читайте!**

говорить

я говор-ю
ты говор + и **говори!**
Вы говори + те **говорите!**

готовить

я готов-лю
ты готов + ь   готовь!
Вы готовь + те   готовьте!

сказать

я скаж-у
ты скаж + и **скажи!**
Вы скажи + те **скажите!**

заниматься

я занима-юсь
ты занима+й+ся **занимайся!**
Вы занимай+те+сь **занимайтесь!**

знакомиться

я знаком-люсь
Ты знаком+ь+ся **знакомься!**
Вы знакомь+те+сь **знакомьтесь!**

Изменение личных местоимений

И.п. (Nom.)	Я	ТЫ	ОН	ОНА	МЫ	ВЫ	ОНИ
Р.п. (Gen.)	МЕНЯ	ТЕБЯ	ЕГО/ У НЕГО	ЕЁ/ У НЕЁ	НАС	ВАС	ИХ/ У НИХ
Д.п. (Dat.)	МНЕ	ТЕБЕ	ЕМУ/ К НЕМУ	ЕЙ/ К НЕЙ	НАМ	ВАМ	ИМ/ К НИМ
В.п. (Acc.)	МЕНЯ	ТЕБЯ	ЕГО	ЕЁ	НАС	ВАС	ИХ
Т.п. (Instr.)	МНОЙ	ТОБОЙ	ИМ/ С НИМ	ЕЙ/ С НЕЙ	НАМИ	ВАМИ	ИМИ/ С НИМИ
П.п. (Prep.)	ОБО МНЕ	О ТЕБЕ	О НЁМ	О НЕЙ	О НАС	О ВАС	О НИХ

Изменение существительных и прилагательных

Падеж	Вопросы	М.р.	С.р.	Ж.р.	Мн.число	Предлоги
И.п. (Nom.)	КТО? ЧТО?	новый студент последний год	новое/ последнее письмо	новая студентка последняя неделя	новые студенты последние рассказы	—
Р.п. (Gen.)	КОГО? ЧЕГО? ОТКУДА?	нового студента последнего года	нового/ последнего письма	новой студентки последней недели	новых студентов последних рассказов	из, без, до≠после, от – до, для, около
Д.п. (Dat.)	КОМУ? ЧЕМУ?	новому студенту последнему году	новому / последнему письму	новой студентке последней неделе	новым студентам последним рассказам	к, по, благодаря
В.п. (Acc.)	КОГО? ЧТО? КУДА?	нового студента последний год	новое/ последнее письмо	новую студентку последнюю неделю	новых студентов последние рассказы	в/на, через
Т.п. (Instr.)	КЕМ? ЧЕМ?	новым студентом последним годом	новым/ последним письмом	новой студенткой последней неделей	новыми студентами последними рассказами	с, между, над≠под, за ≠перед
П.п. (Prep.)	О КОМ? О ЧЁМ? ГДЕ?	о новом студенте в последнем году	в новом/ последнем письме	о новой студентке о последней неделе	о новых студентах в последних рассказах	о, в/на

Случаи употребления НСВ и СВ

НСВ	СВ
1. Факт — Рауль, ты делаешь домашнее задание? — Нет, не делаю. Я смотрю телевизор.	
2. Процесс **(долго, 3 часа, всё утро, весь день/вечер, всю ночь)** Он долго писал тест.	**2. Результат** **(уже, наконец)** Он уже написал тест.
3. Повтор **(часто ≠ редко, обычно, каждый день, иногда, всегда ≠ никогда)** Каждое утро Мария встаёт в 7 часов.	**3. 1 раз** **(вчера, позавчера, сегодня, в среду, в прошлый четверг ...)** Сегодня Мария встала в 9 часов.
4. Параллельные действия НСВ ⟶ НСВ ⟶ Когда Рауль отдыхал, Мария делала домашнее задание.	**4. Последовательные действия** СВ ⟶ СВ ⟶ Когда Мария сделала домашнее задание, она начала смотреть телевизор.

Глаголы движения идти–ходить, ехать–ездить **в настоящем, прошедшем и будущем времени**

Когда?	идти ехать (НСВ)	ходить ездить (НСВ)
Прошедшее время	вчера, позавчера, раньше, недавно ≠ давно, в прошлый вторник…	
	шёл/ шла/шли ехал, -а/,-и	ходил, -а/ -и ездил, -а, / -и
	Он шёл в школу и слушал музыку. Она ехала на дачу на электричке и читала роман.	Вчера он ходил в школу. В выходные она ездила на дачу.
Настоящее время	сейчас	часто ≠ редко, обычно, всегда ≠ никогда не…, каждый день
	иду еду идёшь едешь идёт едет идём едем идёте едете идут едут	хожу езжу ходишь ездишь ходит ездит ходим ездим ходите ездите ходят ездят
	Сейчас он **идёт** в школу. Сейчас она **едет** на дачу на электричке.	Он **ходит** в школу каждый день. Обычно она **ездит** на дачу на электрич-ке.
Будущее время	завтра, послезавтра, в следующий вторник…	
	пойти **поехать** пойду поеду пойдёшь поедешь пойдёт поедет пойдём поедем пойдёте поедете пойдут поедут	
	Завтра он **пойдёт** в школу. Он **поедет** на дачу в следующие выходные.	

Скороговорки

Три сороки тараторки тараторили на горке.

Варя и Валя играли на рояле.

Купили Варе и Вале варежки и валенки.

Морская волна сильна и вольна.

Карл у Клары украл кораллы. Клара украла у Карла кларнет.

Шла Саша по шоссе и сосала сушку.

На иве галка, на берегу галька.

Дед Данила делил дыню: дольку Диме, дольку Дине.

Батон, буханку, баранку пекарь испёк спозаранку.

У крошки матрёшки пропали серёжки. Серёжа серёжки нашел по дорожке.

У Зины болит зуб, она не может есть суп.

Слушали старушки, как куковали кукушки.

Рыжий рыжик рыж не зря, рыжик вестник сентября.

Щёткой чищу я щенка, щекочу ему бока.

На дворе трава, на траве дрова.

Прочитайте отрывки из стихотворений русских поэтов.

В тот год осенняя погода
Стояла долго на дворе.
Зимы ждала, ждала природа
Снег выпал только в январе.

(А. Пушкин)

Ночь. Вокруг тишина.
В природе всё спит.
Своим блеском луна
Всё вокруг серебрит.

(С. Есенин)

Ночевала тучка золотая
На груди утёса-великана;
Утром в путь она умчалась рано,
По лазури весело играя.

(М. Лермонтов)

Ещё в полях белеет снег,
А воды уж весной шумят.
Бегут и будят сонный брег,
Бегут, и блещут, и гласят…

(Ф. Тютчев)

Администрация языковых центров Liden & Denz, как издатель данного учебного пособия, выражает благодарность всем участникам проекта: Ирине Некрашевич, Анне Орловой, Александре Васильевой, Елизавете Марковой, Анне Оняковой, Надежде Любич, Елене Денисовой-Шмидт, Павле Шлегель.

В записи аудио-материлов участвовали актеры: Роман Артемьев, Софья Лебедева
Звукорежиссер: Кирилл Варламов
Иллюстрации: Александр Байдин, Мария Кострикина, Артур Сидоров
Компьютерная верстка: Регина Кошелева

Аудио-материалы

Фонетика - http://resources.lidenz.ru/audio/a1v2/phonetics/

Урок 1
Модуль 1 http://resources.lidenz.ru/audio/a1v2/l1/m1/
Модуль 2 http://resources.lidenz.ru/audio/a1v2/l1/m2/
Модуль 3 http://resources.lidenz.ru/audio/a1v2/l1/m3/
Повторяем http://resources.lidenz.ru/audio/a1v2/l1/repeat/

Урок 2
Модуль 1 http://resources.lidenz.ru/audio/a1v2/l2/m1/
Модуль 2 http://resources.lidenz.ru/audio/a1v2/l2/m2/
Модуль 3 http://resources.lidenz.ru/audio/a1v2/l2/m3/
Повторяем http://resources.lidenz.ru/audio/a1v2/l2/repeat/

Урок 3
Модуль 1 http://resources.lidenz.ru/audio/a1v2/l3/m1/
Модуль 2 http://resources.lidenz.ru/audio/a1v2/l3/m2/
Спрашиваем время http://resources.lidenz.ru/audio/a1v2/l3/time/
Модуль 3 http://resources.lidenz.ru/audio/a1v2/l3/m3/

Урок 4
Модуль 1 http://resources.lidenz.ru/audio/a1v2/l4/m1/
Модуль 2 http://resources.lidenz.ru/audio/a1v2/l4/m2/
Модуль 3 http://resources.lidenz.ru/audio/a1v2/l4/m3/
Повторяем http://resources.lidenz.ru/audio/a1v2/l4/repeat/

Урок 5
Модуль 1 http://resources.lidenz.ru/audio/a1v2/l5/m1/
Модуль 2 http://resources.lidenz.ru/audio/a1v2/l5/m2/

Урок 6
Модуль 1 http://resources.lidenz.ru/audio/a1v2/l6/m1/
Модуль 2 http://resources.lidenz.ru/audio/a1v2/l6/m2/

Урок 7
Модуль 1 http://resources.lidenz.ru/audio/a1v2/l7/m1/
Модуль 2 http://resources.lidenz.ru/audio/a1v2/l7/m2/

Модуль 3 http://resources.lidenz.ru/audio/a1v2/l7/m3/

Урок 8
Модуль 1 http://resources.lidenz.ru/audio/a1v2/l8/m1/
Модуль 2 http://resources.lidenz.ru/audio/a1v2/l8/m2/
Модуль 3 http://resources.lidenz.ru/audio/a1v2/l8/m3/

Урок 9
Модуль 1 http://resources.lidenz.ru/audio/a1v2/l9/m1/
Модуль 2 http://resources.lidenz.ru/audio/a1v2/l9/m2/
Повторяем http://resources.lidenz.ru/audio/a1v2/l9/repeat/

Урок 10
Модуль 1 http://resources.lidenz.ru/audio/a1v2/l10/m1/
Модуль 2 http://resources.lidenz.ru/audio/a1v2/l10/m2/
Модуль 3 http://resources.lidenz.ru/audio/a1v2/l10/m3/

Урок 11
Модуль 1 http://resources.lidenz.ru/audio/a1v2/l11/m1/
Модуль 2 http://resources.lidenz.ru/audio/a1v2/l11/m2/
Модуль 3 http://resources.lidenz.ru/audio/a1v2/l11/m3/
Свобода слова http://resources.lidenz.ru/audio/a1v2/l11/svoboda/

Урок 12
Модуль 1 http://resources.lidenz.ru/audio/a1v2/l12/m1/
Модуль 2 http://resources.lidenz.ru/audio/a1v2/l12/m2/

Урок 13
Модуль 1 http://resources.lidenz.ru/audio/a1v2/l13/
Модуль 2 http://resources.lidenz.ru/audio/a1v2/l13/m2/
Повторяем http://resources.lidenz.ru/audio/a1v2/l13/repeat/
Свобода слова http://resources.lidenz.ru/audio/a1v2/l13/svoboda/

Урок 14
Модуль 1 http://resources.lidenz.ru/audio/a1v2/l14/m1/
Модуль 2 http://resources.lidenz.ru/audio/a1v2/l14/m2/
Модуль 3 http://resources.lidenz.ru/audio/a1v2/l14/m3/

Издатели благодарны за разрешение на перепечатку некоторых материалов и фотографий на страницах учебника. Ниже приведены все ссылки на источники этих материалов.
Урок 1, М1, 2 - www.shutterstock.com; Урок 1, М1, 8 - www.shutterstock.com; Урок 1, М2, 4 - а) top.rbc.ru, б) www.gazeta.ru, в) mootennis.com, г) s1.goodfon.ru, д) dic. academic.ru, е) www.ttelegraf.ru; Урок 2, М1, 4а - 1) topwar.ru, 2) www.annanetrebko. com, 3) ru.wikipedia.org, 4) www.spletnik.ru, 5) www.montrealgazette.com/sports, 6) www.legadoexposevilla.org, 7) az.lib.ru, 8) ru.wikipedia.org; Урок 2, М1, 6в - а) www.kinopoisk. ru, б) lifeinbooks.net, в) www.kinopoisk.ru, г) anuck.livejournal.com, д) www.kinopoisk.ru, е) www.peoples.ru, ж) www.kinopoisk.ru; Урок 2, М2, 2а - www.shutterstock.com; Урок 2, М3, 3а - www.shutterstock.com, Урок 2, Повторяем!, 4 - www.shutterstock.com, Урок 2, Повторяем!, 13 - www.kinopoisk.ru, Урок 3, М1, 2а - www.shutterstock.com; Урок 3, Свобода слова, 1 - commons.wikimedia.org; Урок 4, М1, 2а - www.shutterstock.com; 4а - а) www.kinopoisk.ru, б) www.kinopoisk.ru, в) www.kinopoisk.ru, г) s1.goodfon.ru, д) wikimedia.org; Урок 4, М1, 5 - www.shutterstock.com; Урок 4, М2, 3 - www.shutterstock. com; Урок 4, М2, 8 - www.shutterstock.com; Урок 4, М3, 3а - www.shutterstock.com; Урок 4, М3, 4 - www.shutterstock.com; Урок 4, Повторяем!, 2 - 2fam.ru; Урок 5, М2, 1а - www.shutterstock.com; Урок 5, М2, 8 - www.shutterstock.com; Урок 5, М3, 3 - www. shutterstock.com; Урок 5, Свобода слова, 1 - www.shutterstock.com, wikimapia.org; Урок 6, М2, 4а - www.shutterstock.com; Урок 6, М3, 4б - www.shutterstock.com; Урок 7, М1, 4б, 6а, 8а, 9 - www.shutterstock.com; Урок 7, М2, 3 - www.shutterstock.com; Урок 7, Повторяем! 11 - www.shutterstock.com; Урок 7, Свобода слова, 2а - invest.ulmeria.ru/ guest/restaurant/; Урок 8, М1, 1, 2а, 3а, 7а, 9а, 11а - www.shutterstock.com; Урок 8, М2, 4а - www.shutterstock.com; Урок 8, М3, 3а - www.shutterstock.com; Урок 8, Повторяем!, 2 - www.shutterstock.com; Урок 8, Свобода слова - Макаревич: lenta-ua.net, Сильвия: ru.wikipedia.org; Хенкс: www.kinopoisk.ru, www.shutterstock.com; Урок 9, М1, 4 - а) www.filmz.ru, б) ria.ru/interview, в) popclip.ru, г) www.spletnik.ru, д) www.vokrugsveta.ru, е) fotograf.x1.ru; Урок 9, М1, 9 - 1) joinfo.ua, 2) www.kostyor.ru, 3) roooar.ru, 4) vpleny. ru, 5) www.proza.ru, 6) www.interviewrussia.ru, 7) mygazeta.com, 8) murakamiharuki. ru; Урок 9, М1, 12а - www.shutterstock.com; Урок 9, М2, 7б - www.shutterstock.com; Урок 9, Повторяем - www.kinopoisk.ru; Урок 10, М1, 1, 2в - www.shutterstock.com; Урок 10, М1, 5а - interior-blog.ru, znat-obo- vsem.ru, www.masterk.ru; Урок 10, М1, 8а - www.shutterstock.com, УРок 10, М3, 2, 10а - www.shutterstock.com; Урок 10, Свобода слова - www.shutterstock.com; Урок 11, М1, 1, 4 - www.shutterstock.com; Урок 11, М3, 5б - www.shutterstock.com; Урок 12, М1, 1а - www.shutterstock.com; Урок 12, М2 - www. shutterstock.com; Урок 12, М3, 6а, 7а - www.shutterstock.com; Урок 12, Повторяем!, 7 - www.shutterstock.com; Урок 12, Свобода слова - www.depositphotos.com; Урок 13, М1, 1а, 2б, 5б - www.shutterstock.com; Урок 13, М3, 1, 2, 4б - www.shutterstock.com; Урок 13, Повторяем! - fotolia.com; Читаем стихи и скороговорки - Пушкин: quovadis.ucoz.ru, Есенин: blogs.kp40.ru, Лермонтов: ru.wikipedia.org; Тютчев: ru.wikipedia.org

Для заметок

CPSIA information can be obtained
at www.ICGtesting.com
Printed in the USA
LVHW071457170919
630978LV00013B/127/P